78 度的智慧

Seventy-Eight Degrees of Wisdom

瑞秋‧波拉克（Rachel Pollack）◎著

孫梅君◎譯

給瑪麗蓮（Marilyn），她藉由成為我的學生而教了我如此之多；給伊狄（Edie），我所知道的最佳占卜者；以及瓊·葛斯坦（Joan Goldstein），她知道最好的牌，就是說出真相的牌。

目錄
CONTENTS

中外推介

東西方塔羅卜者一致推薦！

「不論初學者或進階者，人人都可以藉著學習來汲取七十八張塔羅牌中蘊藏的無窮智慧，進而以塔羅為基礎來自由思考，並且擴展我們物質和精神的世界。本書充滿了口耳相傳的智慧和故事分享。瑞秋不僅發揚了塔羅的神祕學傳統，也替塔羅添加了人性化的一面。」

—— 邦妮・塞何維（Bonnie Cehovet），是一位有證照的塔羅大師，有十年以上的解牌經驗，也是美國塔羅協會的一員。

「瑞秋・波拉克的《78度的智慧》名列我心目中從古至今傑出塔羅著作的『十大』排行榜。這部經典之作的實用性永不過時。」

——瑪麗・K・葛瑞爾（Mary K. Greer），塔羅名著《為自己算塔羅》（*Tarot for Yourself: A Workbook for Personal Transformation*）（暫譯）及《金色黎明的女性》（*Women of the Golden Dawn*）（暫譯）作者。

「有史以來最權威的塔羅著作之一。它鼓勵占卜者去覺察塔羅的深刻訊息。」

——凱特琳・馬修斯（Caitlin Matthews），「亞瑟傳奇塔羅」（*The Arthurian Tarot*）設計者。

「《78度的智慧》以神話、生命靈數與心理學為基礎，並且萃取出人生歷練中所遇到的困境，藉由圖像概念喚醒你內在冥想與省思。」

——塔羅卜卜風教育訓練總監 小孟老師

「由神話與象徵的角度，深入解析塔羅圖形當中的深層智慧，塔羅研究者不可不看！」

——塔羅教父 丹尼爾

「翹首盼望多年，《78度的智慧》終於發行中譯版，實乃華文塔羅界之福音。」

——《塔羅葵花寶典》作者 向日葵

「以多元精確的視角，帶領我們重新學習塔羅智慧中的精髓；從歷史的脈絡，細細推敲塔羅神祕的進化史。一本書裡盡述數百年來塔羅神祕迷霧真面目，本世紀塔羅學習最經典的航海圖。」

——知名塔羅作家 思逸SEER

「《78度的智慧》協助你釐清深層的夢想與恐懼，掌握生命的正確道路，並將為你打通解牌的任督二脈！」

——知名塔羅卜者暨奇幻小說家 納蘭真

「豐富而知性的筆觸，揭露了塔羅牌的美麗、神祕及蘊含的真理！」

——知名占星塔羅占卜師 許書維

「《78度的智慧》可以改變生命內在意識的轉化，引導占卜者覺察自己，找到自我內在的力量。」

——神祕學塔羅師 寶靈

「《78度的智慧》，不只是塔羅牌的內涵、西洋神祕學的要義，更是人生修煉的七十八個指標，推薦給塔羅占卜師與神祕學愛好者。」

——知名塔羅老師 魔女克洛蒂

推薦人順序以姓名筆劃排序

推薦

《78度的智慧》──指引我們的七十八種智慧

　　同樣的一張塔羅牌，為什麼每一個人解讀起來有不一樣的意涵？當我在教塔羅牌時，常遇到學生有這樣的疑問，事實上同一套塔羅牌的基礎意涵是相同的，但是卻因為解讀塔羅的占卜師有著不同的身分、背景、教育涵養、生活經歷，而對同一張牌有著不同的觀感。在生活當中也相同，當下面對現實的生活，我們可能遇到一些困境或痛苦，但是當我們站在不同的角度，用不同的視野來看待同一件事情的時候，它或許成為一種成長的體驗。

　　如果我們學塔羅牌，要的只是得到一個答案，那麼你的愚人牌或許就只會告訴你流浪、天真、不顧危險，你的皇后牌可能告訴你富足的豐饒的成果，但是如果你尋求的是人生的指引、心靈的成長，塔羅牌同樣的可以站在這個角度提供你相同（或許更豐富）的指引。愚人牌象徵著原始狀態的無限可能性，如同出生的小孩一樣，有著許多的可塑性，即將面對一連串的生命體驗。

　　《78度的智慧》的作者瑞秋・波拉克，是歐洲相當著名的塔羅學者，

她從身心靈的成長角度來看待塔羅牌，幫助我們從不同的角度來看待塔羅牌所暗示的人生意涵，這本書能夠在中文出版界當中出現，是華人塔羅學習者的福音，我們不再用過去微觀的角度來解讀塔羅牌。塔羅牌不再侷限為回答現實問題的占卜工具，甚至在我們處理人生問題時，成為指引我們的七十八種智慧。這本書能夠提升我們對塔羅與身心靈的視野，更是一本非常適合塔羅進階學習者的自學教材。

魯道夫

2010年11月10日倫敦

一九九七年修訂版序

一九六九至七〇年間的冬天,我在紐約州立大學的普拉茨堡(Plattsburgh)分校教授英文。普拉茨堡鄰近加拿大邊境,到了冬天冷得可怕——往往會到攝氏零下三十度。我的一位同事琳達沒有開車,雖然她住的地方離校園只有十分鐘的腳程,她有時還是會等上一兩個小時,請人開車載她回家。一九七〇年初的某一天,琳達提議要為我做一次塔羅占卜,答謝我讓她搭便車。我當時從未見過塔羅牌。我對它的知識僅僅來自於艾略特(T. S. Eliot)的詩作〈荒原〉(*The Wasteland*),其中提到一位「索索斯垂絲夫人(Madame Sosostris)……是歐洲最有智慧的女人,有一副鬼精靈的紙牌」(譯註:查良錚先生譯文)。

對於我的第一次占卜,我幾乎已經完全不記得了,只除了那些紙牌對我的衝擊。我從沒見過這樣的東西——鮮明的色彩,生動卻又神祕的畫面,有著奇特名稱的奇異人物:「魔法師」、「女祭司」、「吊人」……。琳達並不是個經驗老到的占卜者,有好幾張牌她還得查書。不過這並沒有減損塔羅對我的吸引力,反而更增添了它,因為這些牌和文字

似乎是種自成一格的藝術形式。

　　那時的塔羅書都很簡單。通常它們會描述每張牌，古怪地重複你可以用自己的眼睛看見的東西，雖然會有一些微妙的提示，似乎開啟著通往一個更複雜故事的道路。「在沮喪哀傷的情緒中，一位婦人和小孩乘船渡過湖水，駛向寧靜的彼岸……」（伊登‧葛蕾〔Eden Gray〕，《塔羅完全指南》〔A Complete Guide to the Tarot〕）。但這些人是誰呢？他們為何哀傷？在那「寧靜的彼岸」，又有什麼在等待他們？在這類描述之後，這些書會提供算命的公式，像是「前往新家的旅程」之類的片語（葛蕾）。發掘祕密和預知未來的可能性吸引著我，但這些紙牌本身和隨附它們的文字告訴我，我必須為自己找一副牌。

　　要找一副塔羅牌並不容易。一直要到兩、三年後，它們才開始在每個地方出現，但在當時，我搜尋了好幾個星期，才在蒙特婁——一個比普拉茨堡還冷的地方——一間奇特的小店裡找到一副牌。連同塔羅牌，我也買了伊登‧葛蕾的書。她的作品提供了簡單的公式，但也包含了開啟塔羅更深刻層面的暗示（為上面描述過的那張牌，她很典型地補充了一句「同時也是意識的旅程」）。葛蕾的描述捕捉了潘蜜拉‧史密斯繪製的萊德版圖像的特殊魔力，它們那卡通般的精緻畫面，隱藏著一個象徵與哲學的浩瀚體系。一段時間後，我找到了一本亞瑟‧愛德華‧韋特（Arthur Edward Waite）自己闡釋萊德牌的著作《塔羅圖像金鑰》（The Pictorial Key to the Tarot），此書包含了對大阿卡納牌引喻幽微而複雜深奧的陳述，但同時也收錄了各張牌的畫面，並在其下列出與伊登‧葛蕾類似的牌義描述。

　　和琳達一樣，我開始了一手翻牌，一手查書的占卜練習。當我想起那些早期的「占卜」，其中有些仍深深震撼著我。尤其是，我似乎發現了友人的婚外情。

到了那年的終了，琳達要我幫她做一次占卜。她要請假一年，到哥本哈根教書，想知道塔羅牌會為她預測些什麼。我告訴她，她會嫁給一個丹麥人，不再回來。她笑了起來，因為她已認定自己會一輩子當個老處女。來年春天，學校接到了她的辭職信。她即將與一位丹麥老師結婚，婚後會留在哥本哈根。

　　如果說占卜令我著迷，某種別的東西則更讓我興奮。一天下午，另一位老師來訪，我們一張一張翻著牌，先不管書上怎麼說，而只依照畫面自由發揮。羅斯是位詩人，而我則寫小說。我們不考慮概念性的結構和預測的公式，只是尋找故事，從畫面本身出發，但也參照葛蕾與韋特的描述。我還記得那一刻，我領悟到塔羅開啟了超越表面場景與「正規」象徵意象的世界。我們那時正在看著「五角星十」，尤其是那位穿著五顏六色衣袍的白髮老翁。他看起來像個乞丐，我心想，但顯然遠遠不止於此。沒有人看見他，除了那兩條狗。奧狄修斯！我靈光一閃。這老者是奧狄修斯，離家二十年後返鄉，偽裝成一個乞丐，只有他的老狗還認得他。當我查閱韋特的描述，我發現了好幾處類似史詩《奧狄賽》的主題，尤其是對安全感的需求，相對於對冒險犯難的渴望。

　　我倒不認為史密斯與韋特是刻意將奧狄修斯的密碼編入「五角星十」中。那會遠遠不及另一種可能性來得有趣：我們可以從這些畫面──通往異世界的開口──中發現神話與文學中的人物。

　　我對塔羅的研究於焉展開──不是從文字或象徵或圖形，而是從畫面本身。在相當大的程度上，這本書的素材並非源自於塔羅教師（我從未從師於任何人或上過任何課程），而只是來自與牌的互動：端詳它們，思忖是怎麼回事，思考數字與意象，將之與神話及通俗文化中的人物和故事相比較──以及進行占卜。

話說當年，塔羅界仍存在著一種年深日久的分歧。一邊是神祕學者的恢宏傳統，從安東・古德傑伯林（Antoine Court de Gébelin），一直到「漢密特金色黎明會」（The Hermetic Order of the Golden Dawn）及其後繼者。另一邊則是占卜的傳統——幾乎被前者所鄙視。在某種程度上，這也反映著一種性別的分歧。那些偉大的神祕學者幾乎全都是男性（狄安・馥瓊〔Dion Fortune〕是最著名的例外），塔羅卜者則多半是女性。大多數人想到塔羅卜者時，心中都會浮現一位披著頭巾的女子，並非偶然。

　　一九八〇年代，一群作家，以女性為主，像是瑪麗・葛瑞爾（Mary Greer）、安琪莉絲・艾琳（Angeles Arrien）、詹姆士・溫勒斯（James Wanless），以及蓋兒・費爾菲德（Gail Fairfield）等人，開始將塔羅帶往一個新方向。他們的作品以神祕傳統的知識（以及心理學與心理諮商的概念和技巧）出發，但卻聚焦於塔羅占卜尚未充分發展的潛力上，以闡釋人類的經驗。《78度的智慧》——原本在一九八〇和一九八三年分為兩部分出版——便是此一運動最早的作品之一。儘管此書是沿襲傳統的逐張牌解說的方式，而非如瑪麗・葛瑞爾的《為自己算塔羅》（Tarot for Yourself）（暫譯）或蓋兒・費爾菲德的《抉擇塔羅》（Choice-centered Tarot）（暫譯）等書般著重於技法，《78度的智慧》仍試圖給人們一種工具，去瞭解並最終去轉化其生命。

　　這本書和其中的概念隨著時間而逐漸成形。在我的朋友琳達移居丹麥的一年後，我和我的伴侶伊狄絲也到了歐洲，打算在那兒待上一兩年。我在十九年後回到了美國（伊狄絲還留在歐洲，她在那兒教塔羅，並且是位專業占卜師。如同我在本書的獻辭中所說，她是，也向來都是我所知道的最佳占卜者）。我們隨身帶著牌，藉著燭光將它們攤排在帳棚的地上，塞在背包中歷經風霜雨雪，直到它們看來像是流傳了好幾代的古董牌。

在法國，我們遇見了一群藝術家，正在整修一座中世紀古堡。看見我們的萊德牌，他們大為驚訝，正如我們也同樣訝異於他們玩的塔羅「遊戲」。他們使用的牌上繪有精緻的宮廷人物，但卻沒什麼象徵意象。

每年當我們返回紐約探訪親友，都會帶著塔羅牌。一九七五年夏天，我們和伊狄絲的表妹和幾位友人在一座海灘別墅待了幾天。頭一天晚上，瑪麗蓮——一位心理治療師——問我能不能教她塔羅。接下來的幾天，我們每天都花好幾個小時，在海灘上討論塔羅牌的象徵意象與哲學，審視牌的結構，並將牌中的訊息與心理學的概念相比較。到了最後，我們各自都學到了一些東西。瑪麗蓮覺得她已能自在地運用塔羅，可以開始將它用在諮商對象身上。而我則發現我有一些東西可以教人。

一年半後，我需要一份工作。我在持續寫作之餘，一直有一份兼職的工作，但現在那份工作終止了。在考慮到貝立茲學院教英文後，我決定做點更激進的事。我來到科斯莫靜坐中心，要求在那兒教授塔羅。

教學委員聽了我的想法，便問我可否當場示範占卜。通常我痛恨公開占牌，尤其是作為一種挑戰，但顯然我別無選擇。委員中唯一的女性自願占牌，當我占出牌陣，我看見如此強烈的心碎悲傷，我知道我唯一能做的，就是當作這屋子裡除了她和我沒有別人，為她解牌。我問她：「妳是否正在經歷一場苦戀？」聞言她哭了起來。這次占卜深入地描述了此一情境，包括她該如何繼續她的人生。當我們結束時，全場好一陣子鴉雀無聲，然後委員會的主持人問我：「妳想要何時開始上課？」直到好幾個月後，我才聽說他和那位自願算牌的女子之間錯綜複雜的關係。

這課程持續了兩年。從它衍生出了一群為數不多、但卻十分投入的塔羅師，其中有好幾人進而深入鑽研喀巴拉。要組織我的課程，我必須發展並編纂我對塔羅的理解。在這個過程中，我決定要將我上課的筆記改編成

一本書。當我有了足夠的素材可以讓出版商看時，我去找華倫討教——他是一位美國人，是阿姆斯特丹最好的神祕學書店的經理。我問他能否建議一家可能的出版商。「嗯，」他說：「我們可能會有興趣。」原來這間書店的老闆，尼克‧修爾斯（Nick Schors）——他的主業是珍本書商——決定要跨足新書的出版。

於是，萌芽於紐約海灘上的一次討論的《78度的智慧》，首先以荷蘭文的譯本誕生了。我始終感念尼克，願意在一個籍籍無名的作者身上冒險，他和他的兒子大衛還安排了這本書的好幾種國際版本——包括「Aquarian Press」出版的英文版。

由於種種原因，這本書早期的版本是分為兩冊出版的。第二部分「小阿卡納」，比第一部分（大阿卡納）更熱烈地開啟了研習塔羅的風潮，因為在那個時候（即使今天也是），很少塔羅書深入地探討小阿卡納牌。不過，長久以來我始終覺得合併為一冊會是個好主意。就說一件，對那些覺得兩本書查起來很不俐落的人，這會讓它更容易使用。這個新版本，也給了我機會去做一些變更。自從第一部分出版後的十八年間，我一直持續占算、研究塔羅，並研習它的歷史。儘管這本書大體上維持原貌——我不會徹底地更改如此多人都覺得有助益的東西——我還是仔細爬梳了上、下兩冊，修改了在新的理解下顯得扎眼的部分。

如果我是現在來寫這本書，有一件事我可能會改弦更張：在第一部分，我採用了以「聖杯」及其伴隨器物的故事為基礎的古代歐洲啟蒙儀式的概念。現在我不那麼確信這樣的祕密團體確實存在了。「聖杯」或許全然是文學上的虛構（雖然源自於更早的塞爾特神話）。儘管如此，我還是讓這些段落留存了下來，因為「聖杯祕儀」和啟蒙的概念，構成了一則珍貴的塔羅神話。

當我初寫《78度的智慧》時，幾乎沒有任何塔羅書比較過不同版本的牌。雖然我是以萊德牌為焦點，我也試圖用其他的牌來作為對照，以及闡釋象徵符號。在寫這本書之後，我創作了我自己的牌——「閃亮女子塔羅」（*Shining Woman Tarot*）。我決定不把它（或是任何一九八○年之後問世的牌）帶進這兒，好讓這本書維持它原始的風貌。

　　在《78度的智慧》之後的這些年間，我又寫了十本塔羅書。但是這本書對我始終很特別，不僅因為它是我的第一部非小說類著作（我的第一本小說在同年出版），也因為許許多多人曾告訴我這本書對他們的意義，它是如何幫助他們運用塔羅來改變人生。我尤其記得一位女子——艾絲特（Aster，這個名字的意思是「星星」）。艾絲特在一次飛機意外中神經受損，以致於閱讀常常會造成劇烈的頭痛。她拒絕放棄她的人生計畫，進入了醫學院，說服學校讓她以口試進行所有的考試，又商請友人輪流為她唸誦教材，好讓她能記熟。不過艾絲特每年只有半年待在學校，其餘時間她住在希臘的米克諾斯島（Mykonos），為人占算塔羅為生——在海灘上。在我認識艾絲特後不久，我到她的公寓參加一場派對。她的書架上只有寥寥幾本書，因為畢竟她不太能閱讀。但是在那幾本書中，有兩冊書因為破舊的外觀而特別顯眼，由於經常使用而磨損得很厲害。這兩冊書，當然，就是她的兩本《78度的智慧》。

　　為了感念他們各自對這本「塔羅之書」表達信任的方式，我謹將這部完整的新版本獻給尼克·修爾斯和艾絲特·薛爾普（Aster Schelp）。

第一部分
大阿卡納

Part One
THE MAJOR ARCANA

引言
INTRODUCTION

塔羅的起源
ORIGINS OF THE TAROT

　　大約十五世紀中葉，距離歐洲首次出現關於紙牌的文字記載後沒有多久，一位名叫班波（Bonifacio Bembo）的畫家為米蘭的威斯康提（Visconti）家族繪製了一副牌。這些紙牌沒有各別的名稱，也未曾編號。它們構成了用來玩一種義大利牌戲「塔羅奇」（Tarocchi）的典型的一套牌：四副各有十四張的牌組（suits），外加二十二張描繪著不同景象的「大牌」。這些「大牌」後來被稱為「trionfi」——也就是英文中「勝利」（triumphs）或「王牌」（trumps）之意。

　　這二十二幅圖像中，有許多可以被單純地詮釋為中世紀社會類型的點

將錄，像是（也就是它們日後名稱的由來）「教皇」或「皇帝」，又或是中古時期常見的道德訓誡，例如「命運之輪」。有些牌表現著美德，例如「節制」或「堅毅」，另一些則呈現了宗教／神話的場景，像是亡者聽見號角而從墳墓中爬起來，迎接「最後的審判」。甚至有一張牌描繪著一則流行的「異端邪說」，也就是「女性教皇」的圖像，我們可以把它形容成對教會的玩笑，但較之大多數對教會的揶揄，其含意要深刻得多。儘管如此，我們仍可認為這幅異端的圖像乃是深植於通俗的文化中，因此作為中世紀「類型」的表現，其涵意是十分明顯的。

然而，有幅圖像卻相當奇特，突出其間。牌上畫著一個年輕人，以右腿倒吊在一座簡單的木架上。他的雙手隨意地反折在背後，與下方的頭部形成一個三角形。他的左腿屈曲在膝蓋之後，形成一個十字，又像是阿拉伯數字「4」。他的臉孔看起來很放鬆，甚至像是有點陶醉。這幅圖像，班波是從何處取材的？它一定不是像某些後世的藝術家以為的那樣，是在絞架上吊死的罪犯。在義大利，有時會對叛徒處以倒吊之刑，事實上，許多現代的義大利塔羅牌都管這張牌叫「L'Apezzo」，也就是「叛徒」。但是班波的圖像並未蘊藏著邪惡。那年輕人看起來很美，很平靜。

基督教傳統描述聖彼得是頭下腳上地被釘在十字架上，表面上看，是為了讓人沒法說他是在模仿他的上主。北歐神話集《古埃達經》（The Elder Edda）描述大神奧丁（Odin）倒吊在「世界之樹」上九天九夜，不是作為懲罰，而是為了接受靈啟，以獲得預知的能力。不過這幅神話場景本身，乃是衍生自西伯利亞及北美等地的薩滿（shaman）──也就是巫醫和醫女──的實際做法。薩滿候選人在入門和受訓時，有時會被頭下腳上地倒吊起來。顯然身體的倒轉可以產生某種心理上的益處，如同飢餓和極度的寒冷能夠引發光燦的靈視那般。煉金師──他們和女巫或許是歐洲薩

滿傳統的倖存者——也會將自己倒吊起來，相信精液中攸關不朽的重要元素，能夠藉此往下流到頭頂的心靈中樞。而即使在西方人開始認真看待瑜珈之前，瑜珈士以頭倒立的形象也早已為人熟知。

　　班波只是單純地想要描繪一位煉金師嗎？那他為何不採用比較常見的形象：攪拌著大鍋，或是混合著化學製劑的長鬍男子？這幅圖像——在後世的牌中被起了「吊人」的標題，後來又因艾略特（T. S. Eliot）的詩作〈荒原〉（The Wasteland）而出了名——看起來並不那麼像個煉金師，反倒像是某種祕密傳統的年輕入門者。班波本人是這樣一位入門者嗎？吊人雙腿特殊的交叉方式可能暗示如此。而如果，他納入了一項對祕傳之術的指涉，其他那些表面看來是社會紀實的圖像，實際上會不會代表著一整套祕傳的知識體系？為什麼，舉例說，原始的牌包含了二十二張圖卡，而不是二十、二十一，或二十五等在西方文化中更常被賦予意義的數字？這是偶然，抑或是班波（又或是其他的人，班波只是從他們那兒描摹來的）想要詭祕地表現與希伯來字母系統的二十二個字母相連的祕義？然而，如果有任何證據存在，顯示班波或威斯康提家族與任何祕術團體有所聯繫，並不曾有人將它提出來訴諸公論。

　　只消簡略地審視一下塔羅和猶太神祕主義及祕傳知識體系——統稱為「喀巴拉」（Kabbalah）——之間驚人的相應性，我們便能看出班波的牌幾乎必定有著某種祕傳的詮釋，即使欠缺具體的證據。喀巴拉深深植根於希伯來字母的象徵體系，每個字母都連結著「生命之樹」的各條路徑，並被賦予了獨特的象徵意義。如上所述，希伯來文包含二十二個字母，正是「塔羅奇」中大牌的數目。同時，喀巴拉深入探討了上帝無法被發音的名字「YHVH」的四個字母，它們代表著造物的四個世界，中世紀科學的四種基本元素，存在的四個階段，以及四種詮釋《聖經》的方法等等。而在

班波的四個牌組中，每一組各有四張宮廷牌。

最後，喀巴拉也運用了數字「十」——「十誡」，以及四棵生命樹上各有的十個「薩弗洛斯」（Sephiroth，顯化的階段），而塔羅的四個牌組各包含了一到十號的數字牌。那麼，對於某些塔羅學者聲稱，此牌一開始乃是喀巴拉的「圖像版」，在一般大眾眼中並無意義，對少數人卻蘊有深意，我們還會感到奇怪嗎？不過，在成篇累牘的喀巴拉文獻中，卻從未有一個字提到過塔羅。

神祕學者提出過許多塔羅牌的祕密源頭，像是西元一三〇〇年喀巴拉學者和其他大師在摩洛哥召開的大會，但也沒人曾對這些主張提出過任何史料的證據。更要命的是，塔羅評論者一直遲至十九世紀才提到了喀巴拉。而當然，對塔羅的詮釋至關重要的紙牌名稱及數字序列，也是在原始的圖像之後才出現的。

如果我們接受榮格（Carl Jung）的概念，人類心靈中內建了基本的靈性原型，我們或許可以說，班波是無意識地汲取了潛藏的知識泉源，容許後人的想像做出有意識的連結。然而，像是二十二張大牌、四個牌組中的四張宮廷牌和十張小牌，以及「吊人」的姿態和狂喜的面孔這樣確切且完整的對應，似乎就連「集體無意識」這樣強大的力量也很難做到。

許多年來，「塔羅奇」主要被視為一種賭博牌戲，偶爾也被當作算命的工具，但要少用得多。然後，到了十八世紀，一位名叫安東・古德傑伯林（Antoine Court de Gébelin）的神祕學者宣稱，「塔羅」（Tarot，法國人如此稱呼這種牌戲）是《托特之書》（*Book of Thoth*）的遺跡。此書乃埃及的魔法之神所創造，用以將所有的知識傳遞給門徒。古德傑伯林的說法似乎幻想的成份遠大於事實，但在十九世紀，另一位法國人阿方斯・路易・康斯坦（Alphonse Louis Constant）——他以伊萊・列維（Eliphas

Lévi）之名為人所知——首次將塔羅與喀巴拉連繫起來。從此，人們越來越深入地研究塔羅，在其中發現越來越多的意義、智慧，甚至——透過冥想與深刻的鑽研——獲致啟悟。

今天，我們將塔羅視為某種道途，一種透過對自我及生命的瞭解獲致個人成長的途徑。對某些人，塔羅的起源仍是個重要的問題；對另一些人，重要的只是紙牌歷經歲月累積了意義。

因為班波（以及他那些可能存在的前輩）確實創造了一種原型——無論是有意識地，或是來自深刻的直覺。超越了任何體系或詳盡的解釋，這些圖像本身——經過這些年來不同藝術家的變更與精煉——令我們著迷、神往。由此方式，它們將我們引入其神祕的世界，而這世界終究無法被解釋，只能被體驗。

塔羅的不同版本
DIFFERENT VERSIONS OF THE TAROT

大多數現代的塔羅牌與十五世紀的牌差異甚小。它們仍舊包含七十八張牌，分為四個牌組：「權杖」、「聖杯」、「寶劍」、「錢幣」或「五角星」，統稱為「小阿卡納」（Minor Arcana），以及二十二張大牌，稱為「大阿卡納」（Major Arcana）（「arcanum」這個字的意思是「祕密知識」）。的確，有些圖像經過相當程度的變動，但是每種版本通常都仍保留著相同的基本概念。例如，「皇帝」牌就有好幾種變異頗大的版本，但是它們全都表現出「皇帝」的某種概念。一般而言，這些改變往往傾向於更富象徵性及神祕性。

本書主要係以亞瑟·愛德華·韋特（Arthur Edward Waite）所設計的塔羅牌為本，他製作的十分風行的「萊德牌」（Rider，係以它在英國的出版商命名）於一九一〇年面世。韋特因為改動了某些大牌的公認版本而遭到批評。例如，「太陽」牌常見的圖像是兩個孩童在花園中手牽著手，韋特則將它改為一個小孩騎馬奔「出」花園。批評者聲稱韋特改變了這張牌的意義，以符合他個人的看法。這或許是事實，因為韋特相信自己的想法，甚於其他任何人的。但是很少人停下來思考，「太陽」牌最早的版本，也就是班波所繪製的，跟那所謂的「傳統」版本一點兒也不相似。事實上，它與韋特的版本似乎更接近些；圖中畫著一個神奇的孩童，高舉著一顆燦然發光的人頭飛過天際。

韋特和他的畫師——潘蜜拉·柯爾曼·史密斯（Pamela Colman Smith）——所做的變革中，最顯著的就是為所有的牌都附上了一幕場景，包括小阿卡納中的數字牌。幾乎所有先前的牌，還有許多後來的，都只在這些「小牌」上畫著簡單的幾何圖案。譬如說，「寶劍十」就會畫著十把劍，以某種模式排列著，與它所衍生的「黑桃十」的排列方式十分類似。萊德牌就不同了。潘蜜拉·史密斯的「寶劍十」上畫著一名男子，倒臥在一片烏雲下，背上和腿上插著十把劍。

我們並不確知這些小牌的圖像是誰設計的。是韋特本人構思的（如同大阿卡納無疑是他的構想），或者他只是告訴史密斯他想要的特質和概念，然後允許她自行發揮？韋特所著的塔羅書《塔羅圖像金鑰》（The Pictorial Key to the Tarot）並沒有對這些圖像多加著墨。在某些例子中，例如「寶劍六」，圖像的蘊意遠比韋特所陳述的要豐富得多；而在另一些例子中，尤其是「寶劍二」，圖像和他所提供的牌義幾乎是互相牴觸的。

這些圖像無論是韋特或史密斯所設計，它們對後來的塔羅設計者都產

生了重大的影響。幾乎所有在每張牌上都繪有畫面的塔羅牌，都在極大程度上仰賴了萊德牌的圖像。

韋特稱他的牌為「修正版塔羅」（rectified Tarot）。他堅稱他的圖像「恢復」了這些牌真正的意義，而在韋特的著作中，他不時輕蔑地批評前輩的版本。對於「修正版」之說，許多人會猜想，韋特身為一些祕密會社的成員，讓他得以接觸到「原始的」祕密塔羅。較為可能的是，他的意思只是他的圖像賦予了這些牌最深刻的意義。比如說，當他如此徹底地更動了「戀人」牌，他這麼做是因為他覺得古早版的圖像意義不大，而他的新版本卻象徵了一種深刻的真理。

我無意暗示韋特的牌只是一種智識上的建構物，就像是一個學者重新整理《哈姆雷特》的某些台詞，改成他覺得較有意義的版本。韋特是位神祕主義者，一位神祕學家，以及魔法和祕術的研習者。他的塔羅乃是植基於個人靈啟的深刻經驗。他相信他的塔羅是對的，別人是錯的，因為它表現了那份經驗。

我選擇萊德牌是基於兩個理由。首先，我認為它的許多革新極具價值。韋特－史密斯版的「愚人」牌觸動著我，它比任何早先的版本更富蘊意。再者，小阿卡納革命性的變革，在我看來，似乎把我們從長久以來支配著這些小牌的公式中釋放出來。以往，一旦我們研讀、記憶了某張小牌既有的牌義，我們便無法再增添什麼；圖像上的暗示非常少。而在萊德牌中，我們可以容許畫面對潛意識發生作用；也可以將自身的經驗應用其上。簡言之，潘蜜拉・史密斯給了我們一些詮釋的素材。

前頭我說我選擇萊德牌作為我「主要的」藍本。大多數塔羅書只用一種牌做為插圖，這種自我設限或許是源自於一種表現「真正的」塔羅的欲望。藉由選擇某種牌，而非另一種，我們事實上是在宣告這種是正確

的，另一種是錯誤的。這類的宣告，對於像是艾利斯特·克勞利（Aleister Crowley）或保羅·佛斯特·凱斯（Paul Foster Case）這樣的作者最為重要，因為他們將塔羅視為一種客觀知識的象徵體系。然而，本書傾向於將塔羅牌視為一種經驗的原型。以這種方式來看待它們，沒有哪副牌是對的或錯的，而都只是這個原型的一種衍伸。「塔羅」既是多年以來所有不同版本的總體，也是獨立於任何版本之外的一種存在。當某種韋特牌以外的版本更能加深某張特定的牌的意義時，我們會兩種圖像一併參看。在某些例子裡，像是「審判」或「月亮」，不同版本間的差異十分幽微；而在其他的牌中，像是「戀人」或「愚人」，其差異卻很劇烈。透過審視同一種經驗的數種不同的版本，我們將能提高對此種經驗的覺知。

占卜
DIVINATION

今天，大多數人都將塔羅視為一種算命——或是「占卜」——的工具。奇怪的是，在歷史上我們對塔羅牌的此一面向所知道的，比起其他任何方面都來得少。從相對於賭戲，占卜方面的史料相對較少這點來判斷，使用塔羅來占卜是在紙牌本身面世之後一段時間才變得普遍的。或許是吉普賽人在遷徙到歐洲時見到了「塔羅奇」牌戲，便決定把它用來算命。又或是個別人士發展出了這種概念（最早的文字記載是個人的解牌記錄，雖然它們可能衍生自某種不曾被寫下來、但卻被普遍使用的更早的體系），而吉普賽人將之借用過來。過去人們相信，就是吉普賽人把塔羅牌從埃及帶進歐洲的。但事實是，吉普賽人很可能是來自印度，而他們是在塔羅牌

在義大利和法國面世之後一百多年才抵達西班牙的。

在關於解牌的篇章，我們將專門探討「占卜」是怎麼回事，而這樣一種荒誕無稽之術又怎麼可能管用。這兒我們可以簡單地說，人們可以、而且已經用過任何東西來算命──剛被屠宰的野獸還冒著熱氣的內臟、鳥飛過天空的模式、彩色的石頭、擲出的銅板……，任何東西。這種做法來自於人們想要預知未來的單純欲望，而更微妙地，是源自人們內在的信念，相信萬事萬物都是互有關聯的，凡事皆有意義，沒有任何一件事是隨機發生的。

「隨機」這個概念其實是相當現代的。它是從「因果關係是兩樁事件之間唯一合理的關聯」的教條中發展出來的。缺乏這種邏輯聯繫的事件就是隨機的，也就是無意義的。然而，在早先，人們卻是以「相應性」來思考的。在「存在」的某個領域中的事件或模式，與其他領域中的模式是相應的。星座的模式與某個人的生命模式相應，茶杯底下的茶渣圖案與一場戰役的結果相應。一切事物都是互相連結的。這種觀念始終有其擁護者，近年來甚至有些科學家有感於事件往往會一連串地發生（像是「禍不單行」），也開始認真地研究起它來。

如果我們能用任何東西來算命，那麼為何要用塔羅呢？答案是，任何算命體系都能告訴我們「一些東西」；而那一些東西的價值則有賴於該體系內在的智慧。由於塔羅的圖像本身便蘊含著深刻的意義，它們在占卜時形成的模式，也就能對我們自身及生命整體啟迪良多。遺憾的是，長久以來大多數占卜者都忽略了這些深層的意義，而偏好易於解說、又能讓問卜客快速消化的簡單公式（「一個膚色黝黑的男子，可能會有助於你」）。

那些公式化的牌義往往自相矛盾而又生硬粗糙，也不曾說明該如何在這些意義之間選擇。這種情形尤以佔大部分張數的小阿卡納為然。幾乎沒

有一本塔羅著作曾經完整探討過這個主題，大多數嚴肅的作品——那些探討大阿卡納深層意義的著作，若非完全不提小阿卡納，就是把它們扔到最後，給上又一組的公式，作為勉強應付那些堅持要用塔羅牌來算命的讀者的附贈品。就連韋特，如前面提過，也只是為潘蜜拉·史密斯繪製的那些非凡的圖像提供了一套他自己的公式。

本書一方面會廣泛地討論每張牌所體現的概念及其象徵意義，同時也會詳細探討這些概念在塔羅占卜上的應用。許多作者，尤其是韋特，將占卜貶低為塔羅的一種墮落的用法。但是妥善的運用占卜，將能大大增進我們對牌義的體悟。研究某張特定的牌的象徵意義是一回事，將它與其他牌結合起來看待又是另一回事。許許多多次，我都看見特定的占卜開啟了重要的意義，那是其他任何方式都無法揭露的。

占卜同時教導了我們一項普遍性的功課，而且是非常重要的一課。占卜以一種沒有任何解釋可能企及的方式，說明了沒有任何牌、任何對生命的態度，是好的或壞的——除了在那個時刻的脈絡中。

最後，進行占卜還可以給每個人一個機會，去更新他們對圖像本身的直覺感應。本書或任何其他書籍所提供的所有象徵意義、所有原型、所有解釋，都只能為你做好準備，去觀看那幅圖像，然後說：「這張牌告訴我……」

第一章
四張牌的模式
THE FOUR CARD PATTERN

合一與二元對立
UNITY AND DUALITY

在塔羅的漫長歷史中，大阿卡納吸引了許許多多的詮釋。今天，我們傾向將大牌視為一種心理進程，它顯現我們通過許多不同的存在階段，達到一種完全發展的狀態；這種狀態，我們可以暫時將之描述為與周遭世界的「合一」，或者說是從軟弱、困惑，以及恐懼中解脫出來。全副的大阿卡納詳細地描述了這個過程，但要獲得一種整體的瞭解，我們只須先看四張牌；以一種進化及靈性覺知的圖形排列的四種基本原型。

如果你有自己的萊德版塔羅牌（註），取出「愚人」、「魔法師」、「女祭司」和「世界」四張牌，如下圖所示排列成菱形。仔細端詳它們一會兒。留意「愚人」和「世界」牌上都畫著歡欣舞蹈的人物，而「魔法

師」和「女祭司」卻是靜止不動的。如果你把其餘的大阿卡納牌也瀏覽一遍，就會留意到除了「0」和「21」號兩張牌，所有的大牌都像是擺定姿勢要拍靜止照片似的，而不是，這麼說吧，要拍一幅動畫。它們將自身展現為存在的固定狀態。

　　不過這兩位舞者之間卻有個差異。「愚人」是穿著華麗的衣裳向前闖

註：在其他的牌裡，尤其是比韋特版更早的牌，「愚人」的樣貌與這裡所呈現的相當不同。
　　在討論「愚人」的象徵意義的章節（第43頁），我們將會探討這另一種傳統。

的，而「世界」牌中的人物卻是裸著身子。「愚人」看來正要從某個遙遠的高處躍入下方的世界；而「世界」牌卻弔詭地呈現於物質宇宙之外——那舞者是懸浮在一個象徵勝利的魔法花環中。

同時也請留意這四張牌的號碼。嚴格說來，「0」根本不算是一個數字，而是代表任何特定的數字都不存在，因此我們可以說，它在自身中包含著所有的數字。它象徵著無限的可能性。一切事物都仍是可能的，因為還沒有採取任何明確的形式。「1」和「2」是頭兩個真正的數字，是最初的實相；又一次，是一種固定的狀態。它們形成了「奇（數）」和「偶」的原型，因而代表著一切的二元對立，雌與雄，光明與黑暗，被動與主動，諸如此類。但「21」則在一個數字中結合了這兩個數字。

觀察他們的姿勢。「魔法師」朝天舉起一柄魔杖。在「靈能」與「合一」的概念之外，那陽具般的魔杖也象徵著陽性。「女祭司」坐在兩根柱子中間，這既是陰道的符號，也是「二元性」的象徵。這兩根柱子在大阿卡納中一再地出現，有的是在明顯的地方，像是「教皇」牌中的神殿，有的則是以比較微妙的方式，像是六號牌中的兩位戀人，或是拴在「戰車」上的兩頭人面獅身獸。不過現在來看看「世界」牌。那舞者，一個女性的人物（雖然有些牌把她描繪成雌雄同體）一手一支拿著兩根魔杖。雌與雄合一了，更甚者，它們分離的特質被歸附到了更高的自由與喜悅之下，閃耀在那舞者手持這些強大象徵的輕盈姿態之中。

那麼，顯而易見地，當水平線上的兩張牌「魔法師」和「女祭司」展現了某種二元對立，垂直線的「0」與「21」則展現了一種合一：「愚人」是二元對立之前的某種完美狀態，而「世界」則讓我們瞥見那種令人振奮的自由感——只要我們能夠調解深埋心靈之中的對立面，它就是可能的。

塔羅如同許多思想體系，更確切地說，如同許多神話系統，都是以雌

與雄的分離來象徵二元性。喀巴拉學者相信，亞當原本是雌雄同體的，後來夏娃從他之中分離出來，是為了讓他們能將彼此視為獨立的個體。在大多數文化中，在或多或少的程度上，男女都將彼此視為截然不同、幾乎是分離的社群。今天，許多人認為每個人身上都有陽剛和陰柔的特質，但在早先，這樣的觀念只在祕傳的合一理論中才找得到。

如果我們將「二元性」戲劇化地想像成雌與雄，或黑與白，我們同時也在日常生活中經驗著更為微妙的分裂，特別是在我們的希望之間，在我們想像為可能、與實際上所達成的現實之間。往往，我們所採取的行動，並沒有實現我們所期望的結果。婚姻並沒有帶來預期中加總的快樂，工作或事業帶來的挫折多過於滿足。許多藝術家曾說，畫布上的圖畫從來都不是他們預想的那樣；他們從來沒法表達出真正想要訴說的。不知怎地，生命的實相總是及不上潛在的可能。許多人強烈地覺知到這一點，他們做每個決定時都飽受折磨，無論這決定多大或多小，因為他們無法接受，一旦朝某個方向踏出一步，就喪失了走上原本對他們開啟的所有其他方向的機會。他們無法接受在真實世界中採取行動的侷限。

潛在的可能與現實之間的分裂，有時被視為心靈與身體的分離。我們感受到，思想和情緒與我們俗世肉身的存在是甚為殊異的。心靈是不受限制的，能夠遨遊宇宙，上下四方，古往今來。而身體則是軟弱的，會餓會累會生病。為了化解這種分離，人們曾在哲學上走了極端。行為主義者聲稱，「心靈」並不存在；只有肉體和它所發展出來的習慣是真實的。在另一極端，許多神祕論者將身體感知為由我們受限的理解所創造出來的一種幻象。基督教傳統將「靈魂」定義為不朽的「真」我，在容納它的肉體之前及之後都存在著。許多宗教及教派，像是諾斯底真知派（Gnostics）和某些喀巴拉學者，則將身體視為牢籠，是由我們墮落祖先的罪惡或錯誤所

創造的。

在這種種二元對立的源頭，我們感到我們並不瞭解自己。我們感受到在我們的真實本性深處，有著某種更強大、更自由、更具智慧和力量的東西；又或是某種具有強烈激情及狂野動物慾望的東西。無論是哪一種，我們**知道**，這個「真我」隱藏或深埋在我們受限於社會的正常人格之中。但要如何觸及它呢？假設這本質的自我是種充滿力與美的東西，我們該如何釋放它呢？

我們稱之為「神祕學」的學門，就是從對這一切的分裂與侷限的強烈覺知而開始的。然而，它們又推展至另一個理念，相信有一把鑰匙，或一個計畫，能夠將所有的一切整合起來，在我們釋放自身潛藏的力量與智慧的同時，將我們的生命與希望統合起來。人們往往混淆了靈性修持的目的。許多人以為塔羅是用來算命的，煉金師想靠著把鉛塊變成黃金來發財，而喀巴拉學者則運用祕密的字眼來施咒，諸如此類。事實上，這些學術的目標是精神的統合。煉金師想要轉化成黃金的「卑金屬」其實是他自己。神祕學者接受我們是從一種完美狀態墮落到受限狀態的說法，但卻不認為我們只得被動地等待，仰賴某種外來的力量獲得未來的救贖。相反地，他們相信，藉由找到統合的鑰匙來獲致這種救贖，是我們自己的責任。

塔羅描繪了這把「鑰匙」的一種版本，卻不是唯一的一種，正如它也並不真的是一種祕密教義。它代表著一種進程，而它所教導我們的事情之一是，如果我們假設統合是透過任何簡單的鑰匙或公式而來，那我們可就錯了。其實，它是來自我們一步步走過大阿卡納二十一個階段的過程中，所獲得的成長和日益增加的覺知。

「愚人」代表真正的天真，一種喜悅與自由的完美狀態，一種無時無

刻不與生命的精神合一的感覺；換句話說，也就是我們感到受困於世俗世界的混亂與妥協中的「不朽」自我。這種光輝燦爛的自我或許從未真正存在。我們對它的直覺經驗始終像是某種失落的東西。幾乎每個文化都曾發展出從原始天堂「墮落凡塵」的神話。

「天真」（innocence）是個時常被誤解的詞。它並非意味著「無辜」，而是一種自由，一種對生命的全然開敞，是完全的無有恐懼——那是透過對活著、對你自己的本能自我之全然信任而來的。「天真」也不像某些人以為的那樣，意味著「無性」（asexual）。它是沒有恐懼、沒有罪咎、沒有縱容和欺偽地表達的性。它是發乎自然、自由表達的性，是愛與生之狂喜的表現。

「愚人」的數字是「0」，因為對於一個永遠準備走上任何方向的人來說，一切都是可能的。他並不屬於任何特定的地方；他並不像其他的牌那樣是固定靜止的。他的天真讓他成為一個沒有過去、因而有著無限未來的人。每個時刻都是一個新的起點。在阿拉伯數字中，「0」的形狀像個雞蛋，暗示一切事物都由此生發。最初，「零」是寫成一個點的；在漢密特（Hermetic）及喀巴拉傳統中，宇宙是從一個光點中迸發出來的。而在喀巴拉中，上帝常常被描述為「無有」，因為若是將上帝描述為任何「東西」，都是將祂限制於某種有限的固定狀態。那些議論「愚人」牌應該是在其他的牌之前、之後，或是之間某處的塔羅論述者似乎都錯失了這一點。「愚人」是運動、是變化，是穿越生命的不斷跳躍。

對「愚人」而言，可能性與現實之間的差異並不存在。「0」意味著希望與恐懼的全然空無，而「愚人」不期待任何事，不計畫任何事。他只對眼前的情況做出立即的反應。

其他人將會接收到他這份全然的隨性。沒有任何算計，任何保留。

他這麼做並非出於刻意，像是某個人有意識地決定要對某個朋友或情人完全誠實。「愚人」發乎自然地付出真誠和愛，給每一個人，連想都不曾去想。

我們稱「愚人」為「他」而稱「世界舞者」為「她」，是因為他們在畫面上的外觀，但兩者都可以是個女人或男人，而沒有實質上的改變。正如「愚人」不會經驗到與物理世界的分離感，他或她也並不會感受到任何與「異性」的隔離感。「愚人」和「舞者」在心靈上都是雌雄同體的，以其真正的本質，時時刻刻表現著他們完整的人性。

現在再看一下這幅四張牌的圖形。看看「愚人」是如何分裂成「魔法師」與「女祭司」，而這兩者必須再次被整合，形成「世界」。這兩張牌代表著「愚人」的天真分裂成對立的幻象。「世界」牌則讓我們看見一種復原的統合，但卻是透過其餘十八張牌所描繪的成長歷程，而獲致的一種更高、更深的統合。「愚人」是天真，而「世界」則是智慧。

天真與自由
INNOCENCE AND FREEDOM

「愚人」教導我們，生命就是一場連續不斷的經驗之舞。但是我們大多數人對於這種隨性和自由，就連短暫的片刻都無法維持。由於恐懼、制約，或僅只是日常生活非常真實的問題，我們無可避免地容許「小我」（ego）將我們與經驗隔離開來。但在內心深處，我們能夠隱約地感覺到自由的可能性，因此我們將這種朦朧的失落感，稱為一種純真的「墮落」。然而，一旦我們失去了那份純真，我們無法就這麼爬回「愚人」的層次，

而必須透過成熟、自我發現，以及靈性的體悟，去掙扎、學習，直到獲致「世界」所代表的更高自由。

「魔法師」代表行動，「女祭司」則是被動；「魔法師」陽剛，「女祭司」陰柔；「魔法師」代表「意識」，而「女祭司」則是「無意識」。

這裡所說的「意識」並不是指「世界」牌的高度覺知，而是「小我」那強大卻受限的意識，由它創造了一個以界限及形式構築的外在宇宙。這段描述並無意詆毀或貶低「魔法師」的創造力量。還有比為混沌的經驗賦予形式更為強大的創造力嗎？是「魔法師」給了生命意義與目的。靈療師、藝術家，以及神祕學者全都以「魔法師」作為他們的守護牌。儘管如此，他的力量仍代表著從「愚人」的自由或「世界」的領悟的一種分離。

同樣地，「女祭司」也以她的「無意識」象徵著一種非常深刻的直覺體悟狀態。不過，她的內在知識並不屬於「空無」那個光燦的核心——那個讓「愚人」得以如此隨心所欲的中心點。

「女祭司」代表「內在真相」的原型，但因為這份真相是無意識的，是無以名狀的，她只能透過全然的被動來維持它。這種情形以許許多多方式展現在生活中。我們都在內心之中懷藏著一份朦朧的自我感，那個別人永遠看不見、也無法向人解釋的真正的自我。但是那些投身於競爭、事業、責任，而不曾同時努力增進自我覺知的男男女女，往往到了某個時刻會發現他們失去了那份自我感，不再知道自己是誰，曾經在人生中想要什麼。而佛門僧尼等出家人則與這些人完全相反，他們從俗世中完全抽離，因為些微的糾葛就會令他們分心，無法專注於冥思的核心。

「魔法師」和「女祭司」兩者都帶有一種原型的純粹性。在某方面，他們並沒有失去「愚人」的光輝，而只是分割成光明與黑暗。在東西方宗教的傳統分隔上，「魔法師」代表著西方，強調行動和過去歷史的救贖，

而「女祭司」則是東方，象徵從俗世與時間的出離之道。而進入到這兩種傳統最深處的人，將能結合這些元素。

「女祭司」端坐在「光明」與「黑暗」兩柱中間。雖然她本身象徵著黑暗、被動的一面，但她的直覺卻能在兩者之間找到一種平衡。這並沒有乍聽之下那樣矛盾。如果我們感到自身的生命充滿了無法調解的對立面，我們可以從兩種方式中擇一來反應。我們可以來回衝撞，從一個極端奔到另一個，或者我們可以完全無為。坐在正中央，不被任何一方引誘，只是保持被動，讓對立的元素在你身旁周流而過。只不過，這當然也是一種選擇，而最終，我們會失去那份平衡與內在的覺知，只因為生命會在我們四周繼續運轉下去。

在喀巴拉意象系統中，「女祭司」代表「和諧之柱」，是調解對立的「慈悲」與「審判」之柱的一種力量。因此，她坐在神殿的這兩根柱子中央。但是，由於無法納入「魔法師」的積極力量，「女祭司」的和諧感也被消蝕了。

作為原型，「魔法師」和「女祭司」並不比「愚人」更能真實存在於我們的生活中。無可避免地，我們將這些元素摻混起來（而非融合它們），從而體驗到它們較低的形式，像是惶惑的行動，又或是充滿不安與內疚的被動。換言之，由於生活將它們混攪在一起，這兩極的純粹性便失落了。

大阿卡納的目的是雙重的。首先，藉由將我們生命的元素分離成各種原型，它使我們得以看見它們純粹的形式，也就是心理實相的各個層面。再者，它幫助我們真正調解這些不同的元素，引領我們一步步走過生命的不同階段，直到帶領我們獲致統合。在現實中，「愚人」所象徵的純真或許從未存在。我們始終感覺它是某種失落的東西。大阿卡納告訴我們如何把它找回來。

第二章
概述
THE OVERVIEW

塔羅牌序列
THE CARDS AS A SEQUENCE

　　大多數塔羅詮釋者都採取以下兩種看法之一：其一是將各張牌視為分離的實體，或者是將它們視為一個序列。在第一種詮釋方式中，每張牌代表著對個人靈性發展具有重要性的不同特質或情境。「皇后」表現著在自然界受到增華的靈魂，而「皇帝」則象徵對自我的掌控。這種體系將牌上的數字視為其象徵語言的一部分。數字「1」屬於「魔法師」，並不是因為他是頭一個出場的，而是由於這個數字所代表的理念——統合，意志力——與魔法師的概念是相通的。

　　第二種看法則是將所有的大牌視為一種進程。「魔法師」是「1」，是因為他的特質構成了其他的牌所描繪的成長模式的起點。又譬如，數字

「13」恰恰屬於「吊人」和「節制」之間的那一點，而非其他。每一張新的大牌都是建構在先前那張之上，並為下一張牌引路。

概略而言，我是採取第二種方式。我們固然不應忽視數字的象徵意義，瞭解每張牌在整體架構中的位置也是同樣重要的。與其他的數字做比較，也能幫助我們看見每張牌的限制和長處。例如數字「7」，「戰車」，常常被稱為「勝利」牌。但它指的是何種勝利？它是「世界」牌的全然解放嗎？或者是某種比較狹隘、但仍然極具價值的東西？觀察牌的位置將能回答這些問題。

採取這種方式的詮釋者，為了易於理解，通常會尋找某個位置，將大牌劃分為幾個段落。最常見的選擇是「命運之輪」。作為數字「10」，它象徵著一個循環的結束，另一個循環的開始。同時，如果你以「愚人」做為起點，這將會把大牌齊整地劃分為十一張牌的兩組。更重要地，「轉輪」的概念象徵觀點的改變，從對外在事物的關注，像是成功和愛情，轉移到較為內省的取向，像是「死神」和「星星」等牌中所描繪的。

儘管將大阿卡納劃分為兩半有其價值，但我發現大阿卡納可以更合乎結構地區分為三個部分。將「愚人」牌抽離出來自成一類（將它抽離出來，也讓我們看見它乃無所不在，屬於每個地方），給了我們二十一張牌——七張的三組。

數字「7」在象徵傳統中有著悠長的歷史：古典占星學中的七顆行星，「7」作為「3」與「4」的結合——它們本身也是原型的數字，智慧的七柱，「生命之樹」的七個較低的「站」，人頭的七竅，七個脈輪，還有，當然，一星期的七天。「7」的意義多半衍生自這個事實：在望遠鏡發明前，人類能夠看見天空中的七顆「行星」，也就是七個運轉的天體：太陽、月亮、水星、金星、火星、木星和土星。儘管七天一週的概念來自

古以色列（可能是從巴比倫傳來的），每一天的歐洲名稱，則是來自這些行星擬人化後採用的羅馬及北歐神祇的名號。

「7」的一個特殊面向直接與塔羅有關。希臘字母「π」代表著存在於所有圓形的圓周與直徑之間的比率。不論這個圓多大或多小，這兩者之間的比率永遠是一樣的：「22／7」。計入「愚人」的大阿卡納共有二十二張，不計入「愚人」則可化約為七張。同時，「22」乘以「7」等於「154」（「1」、「5」、「4」三個數字加總為「10」，呼應「命運之輪」），而「154」除以「2」（兩組阿卡納）得到「77」，是整副塔羅牌再次不計入「愚人」的張數。

如同喀巴拉對上帝的概念，原點是空無，然而卻輻射出整個圓。而「愚人」的數字，「0」，則被表現為既是一個點，又是一個圓。

將大牌劃分成三部分的最佳理由存在於大阿卡納本身。首先，請思考這些圖像的象徵意義。看看每一行的第一張牌。「魔法師」和「力量」兩者顯然都是力量之牌，然而「惡魔」也是。「魔法師」和「力量」頭上都有個「無限大」符號，連繫著二者，而「惡魔」則頂著一個倒轉的五角星。如果你細看「惡魔」的姿勢，一手指天，一手朝地，你會發現這幅圖像在某些方面是「魔法師」的「仿諷」（parody），朝天舉起的魔杖，被換成了指向地面的火把。在某些牌中，十五號「惡魔」牌被冠上「黑魔法師」的標題。（在許多牌中，八號牌是「正義」，而非「力量」。如果你看看「正義」牌上人像的姿勢，就會看出他與「魔法師」和「惡魔」更加近似。）同樣的垂直對應，在整個序列的三行中從頭到尾都存在。

三種經驗領域

THE THREE AREAS OF EXPERIENCE

分為三組的劃分法，容許我們將大阿卡納視為在處理三種明確的經驗領域。簡略地說，我們可以將之稱為：「意識」，對社會生活的外在關注；「潛意識」，或是向內的追尋，去發現我們究竟是誰；以及「超意識」，即靈性覺知的發展，以及原型能量的釋放。這三個階層並非勉強劃分的類別。它們衍生自牌的本身。

第一行，焦點擺在愛情、社會威權，以及教育這類的事項上，描述著社會主要的關注所在。在許多方面，我們所見反映在小說、電影，以及學校中的世界，可以被大阿卡納的頭七張牌總結起來。一個人可以活過、死去，並被周遭每一個人視為成功人士，卻從來不曾超越「戰車」牌的層次。事實上，許多人連這個層次都未曾達到過。

大阿卡納的第二行是現代深層心理學所關注的主題，裡頭有著隱士般退轉進入自我覺知的象徵，接著是象徵性的死亡與重生。最後一張牌「節制」中的天使，象徵在我們允許小我的幻象、防衛心，以及過去僵固的習慣消融之後，我們發現自身中實質為真的那一部分。

最終，那最後一行呢？還有什麼能超越真實自我的發現呢？簡單地說，這七張牌描繪著與生命本身的偉大力量之相遇及最終的融合。其他的牌，先前被看得如此重要，現在卻變成僅只是在為這件事做準備：下降入黑暗中的偉大旅程，光的釋放，以及那光的歸返，進入陽光照耀的意識世界。

對大多數讀者而言，這最後一行似乎太過朦朧不明而虛無飄渺。我們可以稱此主題為「宗教的」或「神祕的」，但是這些字眼仍然很難掌握。

我們心中的這份朦朧，或許是源自於我們自身和我們的時代，多過於這個主題本身。任何社會，單憑它所使用的語言，都會自動教導人們對這個世界做出某些假設。我們的文化中的例子，包括個人的價值與獨特性，愛情的實存及其壓倒一切的重要性，自由與社會公義的必要性，以及更為複雜、但卻同樣強烈的，每個人基本的孤離。「我們獨自生，獨自死。」我們的社會，構築於物質主義的十八及十九世紀，不僅拒斥「超意識」或「宇宙力量」的概念，甚至並不真的知道它們的意義。

　　那麼，當我們探討大阿卡納的最後一排時，我們是在處理一個令許多人感到不安的領域。這將使理解這些牌的任務更加困難──或許也更能令人獲益。探討這些古老的圖像，將能帶給我們被我們的教育所忽略的知識。

第三章
揭開序幕的大牌：象徵與原型
THE OPENING TRUMPS: SYMBOLS AND ARCHETYPES

（a）　　　　　　　　　　　　　（b）　　　　（圖一）

愚人
THE FOOL

　　我們已經審視過「愚人」的面向之一——全然自由之心靈的意象，但我們也可以從另外一面，來探討「愚人」——進入大阿卡納原型世界的縱躍。

　　想像你正要進入一片奇異的幻境。這個世界裡有魔法師、上下倒吊的人，還有在明燦的空中跳舞的舞者。你可以從高處一躍而入，或是通過

陰暗的洞穴，或是迷宮，甚至可以追逐一隻帶著懷錶的維多利亞時代的兔子，鑽進一個兔子窟。無論你選擇哪種方式，你都是個傻子。為什麼要窺入心靈的深邃世界，當你可以安全地留在工作、居家和家庭的尋常景物中？梅維爾在《白鯨記》中警告他的讀者，連一步也不要踏出社會為你鋪好的平凡道路——你或許再也回不去了。

然而，對那些願意冒險一試的人，這種跳躍可以帶來喜悅、刺激，還有最後，當這仙境變得可怕多於可喜時，對那些仍有勇氣繼續前進的人，這跳躍將能帶來知識、寧靜和解脫。有趣的是，「愚人」的原型在神話中較常出現，在組織化的宗教中反倒少見。體制化的教會鮮少會去鼓勵人們超越體制的界限，相反地，教會為我們提供了一個安全的避風港，遮蔽生命的恐懼。神話則直指這些恐懼的核心，而在每種文化中，神話的世界裡總會有一個促狹鬼的形象——每當國王和英雄偏離了真理的內在世界時，他就會跳出來又推又戳地提點他們。

在亞瑟王傳奇中，梅林不僅僅以魔法師與智者的面貌出現，也時常會惡作劇。他不時喬裝出現在亞瑟面前，幻化成小孩、乞丐，或是老農夫。那年輕的國王，已經因他崇高的社會地位而染上了浮誇之氣，總是無法認出梅林，直到同伴點出他又上了當。比律法或軍事謀略更重要的，是看穿幻象的能力。東方的道家大師也以戲弄門徒而聞名。

「愚人」的原型甚至也表現在真實社會中，那就是「宮廷弄臣」。我們都從《李爾王》中熟知了「傻子」的形象，他們被允許告訴國王其他人都不敢說的真相。如今，我們的喜劇演員和諷刺作家也享有類似的特權。

在許多國家，一年一度的嘉年華會釋放了壓抑一整年的狂野。性愛較為自由，許多律法暫緩實施，人們喬裝改扮，而被選來主持這個節慶的是「愚人之王」。今天，在歐洲及北美，四月一日仍是「愚人節」，是專屬

於整人把戲和惡作劇的日子。

　　萊德牌右邊的那張牌是奧斯華·沃斯（Oswald Wirth）所設計的「愚人」。這副牌是比韋特牌更早的傳統，它將「愚人」的原型描繪為一個古怪可笑的流浪漢。這幅圖像有著各式各樣的詮釋，像是開悟之前的靈魂、進入經驗世界的新生兒，以及無秩序的原則等等。心靈導師依莉莎白·海區（Elizabeth Haich）曾對沃斯這幅古怪的愚人形象提出一種有趣的詮釋。她將「愚人」放在「審判」和「世界」之間，描述他是一個真正開悟的人在外在世界眼中所見到的樣子。因為愚人不遵循他們的規則，也沒有他們的弱點，在他們眼中他就成了這副醜陋扭曲的怪樣。海區形容「愚人」的臉是張面具，不是他自己戴上的，而是外在世界加諸於他的。最後一張牌──「世界」，呈現了同一個開悟的人，只不過是從內在──也就是他自己所見的形象。

　　在一些早期的塔羅牌中，「愚人」的形象是一個巨大的弄臣，聳立於四周的人群之上。他的標題是「上帝的傻子」，這個詞也被用在白癡、無害的瘋子，以及嚴重的癲癇患者身上，這些人正是因為與其餘的人群脫了軌，而全都被認為能夠接觸到某種更高的智慧。

　　這個原型在現代通俗神話中也留存了下來。由於其富於幻想的素樸本質，漫畫書往往比小說更能反映神話的主題。在《蝙蝠俠》中，主角最強大的對手叫做「小丑」，他是個沒有過去的人物，從沒人見過他在撲克牌中鬼牌的古怪化妝之下的真面目。鬼牌並不是──如我和其他塔羅研究者曾經以為的──從「愚人」衍生而來的，它是紐約一間撲克俱樂部發明的，用來當作「百搭牌」，以增添牌戲的趣味。不過，以宮廷弄臣為基礎的鬼牌，的確與「愚人」召喚著相同的原型。蝙蝠俠與「小丑」的對抗，向讀者發送了一則明確的訊息：不要反叛社會價值。支持律法與秩序。近

年來，漫畫雜誌把「小丑」描繪成偏向精神錯亂，而非刻意犯罪。對社會而言，「愚人」的行徑——遵循本能而非規則——就是一種危險的瘋狂。

到目前為止，我們都將「愚人」視為「他人」，用他的嬉笑怒罵和瘋癲偽裝刺激我們不要得意自滿。作為「自我」，他則代表了「傻弟妹」的漫長傳統。傻弟妹總是被兄姊鄙視，但是最後總能以本能的機智和善良贏得公主或王子的青睞。

奇怪的是，「愚人」作為「自我」的形象，在童話中比神話更常出現。在我們眼中，神話表現著比我們自身更偉大的力量；而比較簡單的童話，則容許我們表達自身的愚蠢。

就像童話中的傻弟傻妹總有各種動物幫手陪伴，幾乎每一種塔羅牌中的「愚人」也都有個同伴一起上路。韋特牌中是隻跳躍的狗，其他的牌裡則有貓，甚至鱷魚。這隻動物象徵自然的驅力，以及人的動物性自我，全都與發諸本能的心靈和諧一致。神話中的狗往往令人畏懼，例如追逐迷失靈魂的地獄之犬。但這兩者事實上是同樣的野獸；只是我們的態度改變了。否認我們內在的自我，它就會變得凶猛。順從它，它就會變得溫馴。

韋特的「愚人」拿著一朵白玫瑰。玫瑰象徵熱情，而白色——傳統上代表純潔的顏色，加上愚人拿花的細緻手勢，暗示這熱情已昇華至更高的層次。希臘人把愛神艾洛斯（Eros）看成一個愛惡作劇的神，總讓最中規中矩的人做出滑稽可笑的舉動。但是那些已經表現出自身愚蠢的人，就不會被愛情搞得窘迫失態。希臘人同時也把艾洛斯形容成（以其他形式出現時）為宇宙注入生氣的力量。

「愚人」背後的包袱裝載著他的經驗。他並沒有拋棄它們，他並非愚蠢無心，只是它們不再控制他，如我們的記憶和舊創太常控制我們的生活那般。袋子上有個老鷹的頭——飛昇心靈的象徵。他高度的本能充盈、

轉化了所有的經驗。老鷹同時也是提升到更高層次的蠍子的象徵，也就是說，性慾被提升為靈性。性與靈之連結的概念，將會在「惡魔」牌中再次出現。

像個流浪漢般，「愚人」肩上扛著一根木棒，但這木棒其實是柄魔杖，是力量的象徵。「魔法師」和「戰車」御者也都拿著魔杖（權杖），但卻是很自覺地、強有力地握著它。「愚人」和「世界」舞者卻是如此不經意地握著手杖，幾乎讓人注意不到。有什麼能比擁有一根魔杖，卻用它來掛包袱更蠢的呢？我們可以想像這樣一則童話故事：傻弟弟在路邊撿到了一根木棍，渾然不知那是一位巫師遺落的魔杖，因而沒像他兩個哥哥那樣，為了自己的好處去揮舞了魔杖，結果把自己給毀滅了。

「愚人」的魔杖是黑色的；其他人則是白的。對不自覺的愚人而言，靈性力量始終是潛藏的、蓄勢待發的，因為他並沒有刻意地導引它。我們往往誤解了黑色，視它為邪惡，或生命的否定。相反地，黑色意味著一切皆可能，是意識建構任何界限之前的無限生命能量。當我們恐懼黑色或黑暗，我們其實是在恐懼生命本身深藏的無意識源頭。

如同鬼牌，「愚人」其實在整副牌中無處不在，和其他的牌互相組合，居中串連。他是為那些靜止的圖像賦予生命的力量。在大阿卡納中，他屬於任何有著困難轉折的地方。因此他的位置在最開端，這是從小阿卡納的日常世界過渡到原型世界的轉折處。「愚人」同時也幫助我們躍過從這一行到下一行之間的鴻溝，亦即，從「戰車」到「力量」，從「節制」到「惡魔」。要到達「戰車」或「節制」需要極大的努力和勇氣，若是沒有「愚人」躍入新領域的準備，我們很可能會停止在我們已經成就的境地。

「愚人」也屬於那些代表艱困通道的牌，像是「月亮」和「死神」

（留意這兩張牌中都有蜿蜒的道路），他在那兒激勵我們，儘管懼怕，也要繼續前進。

在小阿卡納中，「愚人」與「權杖」牌最有關連——行動、熱切，不經考慮的舉動。但是它和強調想像力與本能的「聖杯」牌也有所連結。事實上，「愚人」結合了這兩個牌組。稍後我們將會看見，這種結合——火與水——代表了轉化的道路。

最後要討論的問題是「愚人」在占卜解讀中的位置。我已經談到過占卜對於更充分理解牌意的重要性。更進一步的是，占卜能幫助我們將牌中的智慧運用到日常生活中。在解牌時，「愚人」對我們訴說著勇氣和樂觀，激勵我們對自身與生命的信念。在艱困的時刻，當我們受到周遭人群的壓力，要我們實際一點，「愚人」提醒我們，內在的自我能給我們最佳的指引，告訴我們該如何做。

「愚人」往往象徵新的開始，勇敢地躍入某個新的階段，尤其是當這跳躍是出自某種深心的感覺，而非審慎的計畫。

這些是「愚人」牌在正位時的意義，我們也必須考慮「逆位」時的牌義，也就是當我們洗過牌後，翻出來的「愚人」牌是頭下腳上倒立時。逆位的牌義在塔羅評註者之間頗有爭議。那些只提供公式作為牌義的人，通常就只是倒轉這個公式——這種過分簡化的做法，使得一些塔羅占卜者乾脆揚棄了整個逆位牌義的概念。但是我們也可以將牌的逆轉，視為牌的整體意義的深化。一般而言，逆位的牌暗示這張牌的特質受到了阻礙、扭曲，或是被導入另一個方向。

就「愚人」而言，逆位首先意味著未能追隨你的直覺。它可以意味著在某個關鍵時刻沒有把握機會，因為恐懼，或是太過依賴計畫，以及他人務實的勸告。

「愚人」另一個逆位意義，乍看之下似乎與剛才那個互相牴觸。莽撞輕率、狂野不羈、瘋狂的計畫，這似乎全都跟過分謹慎恰恰相反。然而，它們卻都源自於相同的弱點：無法從內在行動。莽撞的人把蓄意或人為的愚蠢加諸於他的生活上，既是因為他不信任無意識作為指引，也是因為他害怕什麼也不做。

　　這第二種逆位的意義暗指出「愚人」的另一個向度──體認到偉大的機會必須只在適當的時機把握。畢竟，許多時候審慎是必要的，也有些時候最好什麼也不做。任何神諭給我們的基本教導是，沒有任何行動或態度是對的或錯的，端視它合宜的時機。

　　隨著我們逐漸深入地探討塔羅，我們將會看見，這個「適當時機」的概念瀰漫在所有的牌中，而它，事實上，就是正確使用這些牌的真正關鍵。在萊德牌中，恰恰落在三行牌正中央的那張牌，也就是「正義」，正是意味一種恰當的反應。

THE MAGICIAN. （圖二）

魔法師
THE MAGICIAN

　　「魔法師」以「惡作劇專家／巫師」的形象，非常直接地從「愚人」之中浮現。如先前提過，梅林實現了這兩種角色（連同導師和智者），而許多其他的神話也做了相同的連結。較早的塔羅牌將這第一號大牌描繪成一個變戲法的人，而非魔法師，或者甚至是一位向空中投擲彩球的雜耍表演者。查爾斯‧威廉斯（Charles Williams）則將他描寫成一個拋擲日月星辰的雜耍者。

　　在大多數現代的塔羅牌中，這張大牌都沿襲著韋特所構思的巫師形象，高舉魔杖，將精神的力量——最具創造力的生命能量形式——導入實相界。他小心地握著魔杖，對於「愚人」如此輕盈地拎在肩上的靈性力量，他有著充分的覺知。因此，魔法師——作為大阿卡納正式的起點——代表著意識、行動，以及創造力。他象徵「顯化」的概念，也就是從生命

的可能性中造出實物。於是，我們看見了小阿卡納的四種象徵物，擺放在他面前的法壇上。他不僅運用物質世界進行魔法的操作（這四種標誌全都是巫師在魔法儀式中使用的法器），同時他賦予了生命意義和方向，可以說也是在創造著世界。

魔法師四周圍繞著花朵，提醒我們在生活中感受到的情感與創造的力量，必須被落實在物質的實相中，我們才能從其中獲得價值。除非我們把潛能化為現實，否則它們就不算是真的存在。

「太初，上帝創造天地。」《聖經》開始於聖靈降臨到物質實相界的那一刻。對我們而言，在物質世界中，在那個時刻之前我們什麼也沒法談。在塔羅與希伯來字母的聯繫中，「愚人」往往分配到第一個字母「Aleph」。（Aleph 並不發音；它是母音無聲的載體，因此象徵空無。它是「十誡」的第一個字母。）這就把第二個希伯來字母「Beth」——第一個真正有發音的字母——歸給了「魔法師」。「Beth」是〈創世記〉的第一個字母。

請看韋特牌的「魔法師」圖像。他並沒有在施咒，也並非在召喚惡靈。他只是站在那兒，一手舉向天空，一手指向綠地。他就像是一支避雷針，藉著向靈能開啟自己，他將它導引下來，進入自己身上，然後那隻朝下的手，就像埋在地裡的避雷針，又將這能量導入大地，導入實相界。

我們在《聖經》中、其他宗教文獻以及現代宗教經驗中，看見過許多「聖靈降臨」的記載。靈恩派教會（Pentecostal churches）的信徒會說「方言」，會在佈道會上放聲哭叫，並在地板上打滾。分施聖體的教士將自身視為聖靈的「器皿」或管道。但是我們也可以在簡單得多、非宗教的情境中見到這種經驗。人們在運動賽事中，興奮得渾身顫抖。「我興奮得快要爆炸了！」在新戀情或新事業剛展開時，我們會感到一股力量充溢全身。

有時你會看見人們在某個人生的重要階段開始時，不斷上下叩著雙腿，幾乎要從椅子裡蹦跳起來，充滿了某種似乎無法釋放的能量。還有作家和藝術家，當他們創作順利時，會覺得自己幾乎像是某種靈能般力量的被動管道。而「靈感」（inspiration）這個詞原本的意思是「被神聖的氣息充滿」，與「靈」（spirit）衍生自同樣的字根。

請留意上述的例子，除了教士和藝術家外，全都被某種狂熱所掌控。神靈附體的教徒和足球場上快要「爆炸」的青少年，同樣都覺得自己的身體被某種太過強大的力量淹沒。這種能量的湧動一點也不溫和，幾乎會令人痛苦。陷入宗教狂熱的人會又叫又跳，就是為了釋放某種無法承受的能量。

充塞於宇宙間的生命能，既不溫和也不親善。它必須被釋放、被落實在某種實在的東西上，因為我們的身體，我們的自我，並不是要來容納它的，而只是將它傳導出去。因此，藝術家並不會像其他人那樣陷入身體的癲狂，因為他將那能量釋放到作品之中。相仿地，教士則將那力量導入麵包和酒之中。

當作為能量的管道時，我們運作得最好。除非我們追隨「女祭司」的道路，從俗世間抽離出來，當我們在創造或是積極活躍時，我們活得最為淋漓盡致。「創造」並不單指藝術，而是製作出我們自身之外，某種真實而有價值的事物的任何活動。

許多人是如此鮮少體驗到充滿力量的感覺，他們會試圖緊抓住這種感受。藉著什麼也不做，他們希望能留住那神奇的時刻。但是我們只有藉由不斷地釋放它，才能真正掌握我們生命中的能量。透過創造力的釋放，我們敞開自己，去接收更多的能量流。然而，如果試圖抓住它，我們便阻塞了通道，而那力量的感覺——其實就是生命本身——便在我們之中枯萎

了。足球場上的球迷，甚至神靈附體的信徒，將會發現他們的興奮在引發它的事件終止後就消失了。但是工藝家或科學家或教師——或者，塔羅占卜者——將會發現，他們越是將這能量釋放到物質現實中，這力量便會與時俱增。

　　當我們看著「魔法師」，我們當中那些在生活中感到有所欠缺或平淡乏味的人，將會被舉向天空的魔杖所吸引。但是真正的魔法是在那根指向大地的手指上。創造的能力給了他「魔法師」的稱號，他的形象不只源自於惡作劇專家兼巫師，同時也來自原型的英雄。在我們的文化中那會是普羅米修斯，他把天火帶給了贏弱飢寒的人類。

　　在西方，我們傾向於把巫師看成操控者。他們學習祕術，或是與撒旦做交易，以求獲取個人的力量。這種有幾分墮落的形象，一部分來自巫師本身，因為他們會施法術去尋找埋藏的寶藏，但同時也來自基督教會，他們將魔法師視為競爭者，因為他們直接與靈界打交道，而不透過官方的教士階層。塔羅和所有的神祕學術在某種意義上是深具革命性的，因為它們教導直接的救贖——在現世，透過你自身的努力。

　　我們可以透過「薩滿」（shaman）——或稱巫醫——的形象得到一個不一樣的魔法師的概念。由於不曾受到階級組織之教會的驅逐，薩滿並沒有被孤立於社群之外。他們的角色是治療者、導師，以及死後靈魂的引領者。如同巫師，薩滿研究、學習許多複雜的技術。他們的魔法語彙往往比周遭人群的日常語彙要廣泛得多。然而，他們所有的訓練都並非用來操控靈能或取得個人的利益。相反地，薩滿只尋求成為一個妥善的管道，既是為了他自己，好讓他不致被摧毀，也是為了社群，好讓他更能服務人們。他知曉在他出神時將會進入他體內的強大力量，而他要確定它不會毀滅他，致使他對周遭的人群毫無用處。

如同巫師，薩滿將他的意志發展至某種程度，能夠導引充溢在他體內的靈能火焰。在此同時他保持開放，允許他的小我消融在靈能的直接襲擊之下。而西方的巫師作法時要站在魔法圈之內，以確保惡靈不能侵犯他們，這點出了我們文化的某些特性。

我們可以將薩滿的態度應用到我們對整副塔羅牌的運用上。我們研究這些牌，學習象徵的語言，甚至特定的公式，都是為了替它們在我們心中激起的感覺找出一個方向。但是我們一定不要忘記，真正的魔法存在於圖像本身，而非詮釋之中。

「魔法師」在占卜上的意義衍生自他的雙手，一是接收能量的手，一是導引它的手。這張牌首先意味著對你生命中的力量、對佔據你身心的靈能，或單純的興奮的一種覺知。它也可以意味──視牌的位置和你對它的反應──他人的力量影響著你。如同「愚人」，這張牌代表開始，但是這裡是確實的起步。它可以意味激發你展開某種新計畫或人生新階段的靈感，也可能是支持你承擔完成目標所需的辛勤工作的興奮感。對許多人而言，「魔法師」可以代表貫穿他們人生的創造力，成為一種強有力的個人象徵。

其次，「魔法師」代表意志力；經過統合並導向目標的意志。它意味擁有強大的力量，因為你所有的能量都被導引到一個特定的方向。那些似乎總能得到他們人生欲求的人，往往是那些就是知道自己要什麼、並能導引自身能量的人。「魔法師」教導我們，意志力與成功都來自於意識到人人都可汲取的力量。大多數人鮮少行動，而只是反應，從一個經驗被推撞到下一個。去行動就是去導引你的力量，透過意志，朝向你要它去的地方。

逆位的「魔法師」意味著，能量的順暢流動在某方面受到了擾亂或阻塞。它可能意味某種軟弱、缺乏意志力或目標的混淆，導致無法做任何

事。力量還是在那兒，但我們無法觸及它。這張牌逆位時可以意味懶散昏沈的冷漠，而這也是憂鬱症的特徵。

這張逆位的大牌也可以意指濫用的權力，某人運用他非常強烈的性格，在他人身上施展毀滅性的影響力。這最直接的例子當然是「黑魔法」的心靈侵略。

最後，逆位的「魔法師」代表精神的不安、幻覺、恐懼，特別是對發瘋、發狂的恐懼。當能量或靈能進入某人，而他卻不知該如何將它引入某種外在的實相時，這種問題就可能發生。如果我們不將閃電導入地下，它便會困在我們體內，成為焦慮或幻覺，壓迫著我們的覺知。任何曾經歷過極度恐慌的人，都知道那種激烈的精神焦慮是一種非常肉體的經驗，是種身體失控的感覺，就像是一把失去控制的火。「恐慌」（panic）這個字的本意是「被牧羊神潘（Pan）附身」，而「潘」本身就是魔法力量的象徵。

再想想避雷針。它不僅僅吸引閃電，還會將它引入土中。若是沒有連接到大地，閃電可能會燒毀房屋。

好幾位作者曾經談到薩滿傳統與西方稱為「精神分裂」的現象之間的關聯。薩滿往往不是被選出來的，而是被發現的。在我們的文化中，如果一位年輕人經驗到幻象，或是可怕的幻覺，我們不知道該拿這些經驗怎麼辦，只會試圖以藥物或自我控制消除它們。但是在別的文化中，這樣的人會被送去接受訓練。這並不是說在古老的文化中瘋狂並不存在，或是不會被辨識出來。而是說，這訓練的用意在於透過將這經驗導入建設性的方向而防止瘋狂。

入門的學徒透過追隨合格的薩滿和種種具體法門（如禁食等），學習如何理解、建構，最後導引這些靈視的經驗，用之於社群的服務。逆位的「魔法師」不應被放逐或禁錮，而應該找到方法，讓他轉為正立。

（圖三）

女祭司
THE HIGH PRIESTESS

　　比爾・巴特勒（Bill Butler）在他的《*The Definitive Tarot*》一書中，曾討論到這個女性原型在歷史及傳說上的源頭。在整個中世紀，始終流傳著一名女子曾被選為教宗的故事。這位傳說中的「瓊安教宗」（Pope Joan）許多年來女扮男裝，在教會階級體系中層層攀昇，登上最高位，最後卻在一場復活節慶典中死於分娩。

　　瓊安教宗很可能只是個傳說；不過威斯康提女教宗卻是真有其人。十三世紀末，一個稱為「古列爾邁」（Guglielmites）教派的義大利團體，相信他們的創始人「波希米亞的古列爾瑪」（Guglielma of Bohemia）——她在一二八一年過世——將會在一三〇〇年復活，展開一段以女性為教宗的新時代。他們預先推選了一位名叫曼菲達・威斯康提（Manfreda Visconti）的女子作為首任的女教宗。教會在新時代預計來臨的一三〇〇

年將曼菲達修女燒死在火刑柱上，手段鮮明地終結了此一異端。大約一百五十年後，同一個威斯康提家族委託繪製了第一副我們所知的塔羅牌。在這些未經編號、命名的大阿卡納牌中，出現了一幅後世稱之為「女教皇」的女子圖像。

這個名稱一直延續到十八世紀，直到安東・古德傑伯林——他相信塔羅的起源是古埃及的愛西斯（Isis）宗教——將這名稱改為「女祭司」。今天這兩個名稱都存在（連同「戴面紗的愛西斯」），而韋特牌的圖像更是直接衍生自愛西斯女神的女祭司富含象徵意義的服裝，尤其是那代表三種月相（新月、弦月、滿月）的頭冠。

「瓊安教宗」的傳說以及曼菲達・威斯康提並不僅只是歷史上奇異的特例。它們示現了中世紀的一種重要的社會發展：將女性和陰柔原則重新引進宗教和宇宙觀中。連結於男性角色的意象和概念，好幾世紀以來一直支配著基督教和猶太教。因此，對於由教士和猶太祭司（拉比）所呈現的宗教，以及他們對罪惡、審判與懲罰的強調，一般人的感受是遙遠、嚴酷，無法親近的。他們渴望慈悲與愛的特質，而他們將這些特質等同於女性。就像在父親的疏遠嚴屬下庇護孩子的母親，一位女性的神祇應當能在父神鐵面無私的審判下，為可憐的罪人居間調停。

有趣的是，在許多方面，教會正是將耶穌基督——作為聖子——視為這個引進愛與悲憫的角色。不過，人們還是要求一位女性。即使是基督教會作為「母親教會」的概念還是不夠。最後，教會做了讓步，將聖母瑪麗亞提升至幾乎與基督本人同等的地位。

許多作者與學者相信，瑪麗亞地位的提升，以及教士們長裙的服裝，源自於教會渴望同化早在基督教之前，就持續存在的女神信仰。如果這是事實，與其說這是一種文化的保存，更大的因素是女性原型的力量始終留

駐人心，並在壓制下取得部分的勝利。

在猶太文化中，由拉比主導的官方宗教設法抗拒了任何顛覆性的女性主義。然而，人們的需求，卻在另一個領域發生了影響：喀巴拉的悠長傳統。喀巴拉學者從猶太教經典《塔木德經》（Talmud）借用了「胥凱納」（Shekinah）這個詞——意思是上帝的榮光顯現在物質世界；並將它的意義修改為上帝的靈（anima），或是女性的一面。喀巴拉學者同時也修改了亞當的概念，將他描述為原本是雌雄同體的。夏娃從亞當的分離，甚至是「胥凱納」從上帝的分離，就變成了隔離與放逐的意象，有時與亞當和不服從之罪連結在一起。

到目前為止，我們看到的都是女性神話人物身上慈愛的母性特質。然而，在歷史上，女性神祇一向也展現著幽暗、隱密的一面。要引進女性原則，就必須引進這整個原型。塔羅將女性原型劃分到兩張大牌中，而將慈愛的特質分派給第二張（三號牌），「皇后」牌。「女祭司」本身則代表了女性較深幽、較微妙的面向；那幽暗、神祕和隱密的一面。就此而言，她連結了聖母瑪麗亞處女的一面，以及「胥凱納」純潔女兒的一面（她被描繪成同時集母親、妻子和女兒於一身）。

我們應該瞭解，這些女性特質的分派，大都是出自男人和男性的概念。喀巴拉學者、神祕學家，以及塔羅牌的設計者，全都不贊同男女被分離為殊異的類別，並教導「合一」為最終的目標。這在塔羅的「世界舞者」中表露無遺。他們是走在體制化宗教的前面，後者甚至曾辯論女性究竟有沒有靈魂。儘管如此，男人還是劃分了類別。對男性而言，女人永遠顯得神祕、奇異，而如果安全地處於母親的角色，則是慈愛而悲憫的。在男人看來，女人似乎是異類，想法比較不可捉摸，也較不理性。在我們的時代，不斷有小說和電影描述單純的男人被狡獪世故的女子操控。

月經週期與月圓週期大致等長的事實，將女性與那遙遠的銀色天體連結起來。月經本身——生殖器大量流血，卻不會喪命——千百年來都讓男性感到恐懼。即使在今天，迷信的猶太人仍然相信，只要一滴經血就能讓植物枯死。駭人的生育之謎，更進一步將女性與黑暗的概念聯繫起來。在子宮溫暖潮濕的黑暗中，胚胎成長，靈魂進入其中。母性將女人與大地連結，而此處也是由黑暗所支配。種子埋在泥土中，經過黑暗死寂的冬天，然後在溫暖而撫慰人心的陽光下冒出頭來，成為食物。而太陽，在許多文化中，則被認為是男性的。

如同太陽的光芒穿透大地，男性的器官穿透女性，在她神祕的子宮內留下種子。我們不難看出，男性為何視他們自身為主動的，而女性則是被動而神祕的。人們時常將被動與「負面」連結，或者說是較差或軟弱的。但是被動自有其力量。它給了心靈運作的機會。只知道行動的人，從來沒有機會去省思，思考那行動教了他們什麼。在較深的意義上，「被動」容許「無意識」浮現出來。唯有透過從外在牽絆中抽離，我們才能允許靈視與心靈力量的內在聲音對我們說話。許多人就是為了要逃避這種內在的聲音，才始終不從行動與活動中休息。我們的社會完全奠基於外在的成就上，對「無意識」培養出一種恐懼感，然而沒有它的智慧，我們將永遠無法徹底瞭解自我，或是這個世界。

「女祭司」代表著這所有的特質：黑暗、神祕、心靈驅力、月亮攪動「無意識」的力量、被動，以及由此而生的智慧。這種智慧無法以理性的言詞表達；試圖如此做便會立刻限制、窄化，並扭曲了它。大多數人都曾在某個時刻，感覺自己以這樣一種深幽的方式瞭解了某些事情，但卻無法解釋它。神話便是深層心靈感受的隱喻；然而神話本身，如同神學家和人類學家所給予的解釋，也都只是象徵。「女祭司」則意味著最深層的內在

智慧。

　　她端坐於兩柱之前，那圓柱既代表愛西斯的神殿，也可以是耶路撒冷的古希伯來神殿——上帝在地上的居所，換句話說，也就是「胥凱納」的家。一面紗幕懸垂於兩柱之間，表示我們被阻擋在外，不得進入這智慧的殿堂。這個被帷幕遮蔽的神殿（或稱「聖所」）的意象，出現在許多宗教中。事實上，「胥凱納」據說就是居住在神殿內用簾幕遮住的聖櫃中。

　　且說，大多數人以為，我們由於某種原因被禁止通過「女祭司」的雙柱。事實上，我們只是不知道該如何通過。要進入帷幕之後，就是要有意識地瞭解「無意識」的非理性智慧。這就是整個大阿卡納的目標。仔細看看史密斯繪製的圖像。你可以透過帷幕和柱子的空隙，看見後面是什麼。是水。沒有偉大的神殿或複雜的象徵，只是一泓池水，一行遠山，還有天空。那池水象徵「無意識」，以及潛藏其中的真理。水面平靜無波，它最最幽深處的祕密，隱藏在平滑的水面下。對我們大多數人而言，在多數時候，騷動的無意識都隱藏在明意識平靜的表層下。我們無法進入神殿，是因為我們不知道如何進入自己的內心；因此我們必須走過大阿卡納，直到我們來到「星星」和「月亮」，在那兒，我們終於可以攪動幽潭之水，帶著智慧返回「太陽」明意識的光中。

　　這裡的神殿首次帶出了雙柱的意象，以及二元性與對立的主題。這個意象在整個大阿卡納中一再地出現，有些在明顯的地方，像是「教皇」牌中教堂的殿柱，或是「月亮」牌中的雙塔（也就是「女祭司」中的雙柱從另一面看去的景象），但也有些是以比較微妙的方式出現，像是「戰車」牌中的兩頭人面獅身獸，或是「戀人」牌中的那對男女。最後，「審判」牌中，小孩在一男一女之間甦醒而起，以及「世界」牌中，那舞者手握兩支魔杖，藉由統合內在的奧祕與外在的覺知化解了二元對立。

雙柱上鑴刻的字母「B」和「J」代表「Boaz」和「Jakin」，這是耶路撒冷神殿中兩根主柱的名稱。顯然，黑暗的「Boaz」代表被動與奧祕，而「Jakin」則象徵行動與意識。不過，請留意，那銘刻的字母傳達著「逆轉」的意涵：「B」是白色的，而「J」則是黑色。如同太極符號中的兩點，這兩個字母暗示二元對立只是假象，每個極端都蘊含著埋藏其中的另一端。

在她的膝上，女祭司握著一卷經文，標示著「Tora」。這意指猶太的法典：《摩西五書》，在英文中通常拼成「Torah」。這種特殊的拼法讓這個字得以成為「Taro」（塔羅）的變體。作為一切喀巴拉冥想的終極主題（如同基督的受難之於基督教神祕傳統），《摩西五書》蘊含著極大的神祕學意義。喀巴拉學者相信，每週六早晨在猶太教堂誦讀的《摩西五書》僅只是一種「代表」，是真正的《摩西五書》──它是上帝活生生的話語，存在於宇宙之前，其中包含著一切真正的存有──的某種影子。「女祭司」手握的「Tora」是捲起來的，而且部分掩藏在她的袍子裡，因此意味著一種更高的知識，對只有較低理解力的我們封閉著。我們也可以將之描述為只在神話與夢境的扭曲形式中對我們開啟的心靈實相。

稍早我們談到過，「愚人」會在轉變的關鍵時刻出現，推動我們繼續前進。「女祭司」與「皇后」之間的鴻溝就是這樣一個時刻。我們太容易被這第二號大牌的幽暗冷靜所誘惑，即使我們從未真正參透它的奧祕。剛剛展開靈性修持的人，往往偏好停留在靈幻的層面，而不願經歷向前邁進所需的緩慢、辛苦的工作。許多處境較為平常的人，往往感到生活太過令人窒息、太過嚴苛而漫無邊際，令他們難以參與。「女祭司」的消極對我們的最佳作用，是平衡「魔法師」一切向外看的態度，但是許多人發現這被動的一面極具吸引力，它代表對人生掙扎的答案，一個安靜的避靜所，

取代當我們開放地與他人互動時嚴酷刺人的自我暴露。

但是人類的心靈並不是這樣運作的。它需要熱情，需要與世界連結。如果我們無法穿透帷幕，那神殿對我們始終是個空洞的地方，了無意義。試圖過著全然消極生活的人，將會變得沮喪消沈，越來越陷溺在冷漠與恐懼的循環中。

幾乎所有的月亮女神信仰，都有著描述這女神兇殘的一面的神話。羅馬詩人歐維德（Ovid）就講述過艾克提恩（Actaeon）的故事。艾克提恩是一位獵人，因此理所當然是個屬於行動世界的人物。有一天他碰巧看見一條溪流，決定溯流而上，找到它的源頭（再一次，水作為「無意識」的象徵）。於是，他和他的獵犬以及其他獵人分散了，而當他來到水源，遠離了行動的世界，他看見了一群少女。在少女之間，是處女月神黛安娜，赤裸裸地站在那兒。現在，如果艾克提恩立刻折返外面的世界，他會發現自己的人生豐富了許多。然而，他卻容許自己著迷於黛安娜的美；他停留了太久，而當那女神發現一個男人看見了自己的裸體（對照「女祭司」的層層衣衫和「星星」少女的赤裸），就將他變成了一頭雄鹿。當他驚恐萬分地往回跑時，竟被他自己的獵犬撕成了碎片。

在這兒，「愚人」進來了（別忘了愚人的那條狗，在他身旁跳躍著），提醒我們輕盈地舞蹈，躍離這兩種願景：「魔法師」以及「女祭司」，直到我們真的準備好能統合他們。

「女祭司」在占卜上的意義，首先是關於生命中的一種奧祕感，包括我們不知道的、以及無法知道的事物。它暗示一種幽暗的感受，有時是指我們生命中某個恐懼的區域，但其中也有著美。一段消極沈潛的時期能讓內在的事物甦醒，從而豐富我們的生命。

作為祕密知識的標記，這張大牌指出，直覺地知道某個重大問題的答

案，只要我們能夠有意識地將它表達出來。更具體地，這張牌可以意指預見的能力，以及超自然和通靈的力量，像是靈視的能力。

在最積極的面向中，「女祭司」意指我們生命中的潛能——非常強大的可能性，儘管我們能感覺到它們是可能的，但卻尚未實現的潛力。我們必須繼之以行動，否則這潛力將永遠不會被實現。

儘管蘊含深刻的智慧，這張牌有時也可能傳遞著負面的意義。如同多數的大阿卡納牌，「女祭司」的價值乃視其他牌的前後脈絡而定。就負面而言，這張大牌暗示在錯誤的時刻保持消極，或是持續了太久，導致軟弱，以及對人生和他人的恐懼。它指出一個有著強烈直覺、卻無法將感覺轉化為行動的人，或是一個害怕對他人敞開心胸的人。在特定的占卜中，這張牌的意義是好是壞，取決於周圍其他的牌，當然，還有占卜者的直覺（我們每次占牌時都召喚著「女祭司」）。常常，兩種意義都摻雜其中。人類並非只有一面。

「女祭司」是一種原型，是存有的某個面向之純粹專一的畫面。當我們逆轉它，便是帶入了它所欠缺的特質。這張牌逆位時代表一種翻轉，轉向熱情，轉向對生命及他人的深刻投入，在一切方方面面，情感上、性愛上，以及競爭上。然而，鐘擺有可能盪得太遠，這時，這張牌的逆位可以象徵那最最寶貴的知識——我們的內在自我感——的失落。

第四章
世俗序列
THE WORLDLY SEQUENCE

大阿卡納與個人成長
THE MAJOR ARCANA AND PERSONAL GROWTH

　　大阿卡納的第一列帶領我們走過「成熟」的過程。它示現了一個人成長的各個階段，從小孩——這時對他而言，母親是完全慈愛、而父親則是完全權威的——到受教育，直到他成為一個獨立的人格。同時，這些牌也在探討一種廣大得多的發展，個人的發展是它的一個縮影。它們描述了人類社會的創生，從存有的原型與自然的混沌能量中成形。

　　當「魔法師」和「女祭司」為整副牌設下原則，這些原則也十分明確地適用於這第一行牌。在對立的兩端之間移動，是物質世界的基本節奏。在自然界，沒有任何東西是絕對存在的。引用著名奇幻小說家娥蘇拉・勒瑰恩（Ursula Le Guin）（譯註：「地海傳說」系列作者）的話：「光明是黑暗的左

手，而黑暗是光明的右手。」當我們從這兩種原則移動到「皇后」時，我們看見對立之物在自然界中混合在一起，創造出物質宇宙的實相。

　　這一行中間的三張牌是一組。它們為我們展現了自然、社會與教會的三元組。它們同時也代表母親、父親和教育。在古埃及，神格往往被視為三位一體，神明因時因地而異，但祂們通常是一女兩男，而那位女性往往被視為最崇高的。在塔羅中，「皇后」牌所象徵的自然是底層的實相，而她的伴侶——由「皇帝」及「教皇」所象徵，則是人類的建構。

　　這一行最後的兩張牌代表個人的問題，愛與悲傷，臣服與意志。我們每一個人在某個時刻都必須學習將自身與外在世界區隔開來。在此之前，人格還只停留在父母和社會的一種模糊而無定形的創造物。始終未能做出此種切割的人，將無法體驗完整的人生。對多數人而言，這種與父母切割的媒介，是青春期性慾的浮現（佛洛伊德派，或許還有神祕學者，會說這是「再浮現」）。孩子會在身體趨向成熟的同時，在想法、習慣和服裝上反叛父母，並非偶然。

　　個人性的發展只是成長的一部分。每個人都必須找到他的個人目標與成就。與此同時，他將或遲或早要面對悲傷、疾病，以及被生老病死主宰的人生中全面的軟弱。只有當我們對人類的外在生活有了充分的瞭解，我們才能期望向內探求更深的實相。

（圖四）

皇后
THE EMPRESS

　　上一章我們談到過，「皇后」代表著女性原型中較為溫良、較可親近的面向。她是母性、愛、溫柔。同時她也象徵著性愛、情感，以及作為主婦的女性。母性與性愛都是衍生自非智性的、生命中基本的情感。是激情而非思想。「女祭司」代表女性原型中精神的一面──深邃的直覺了悟。「皇后」則是純粹的情感。

　　如同「狡獪女子」的典型，我們看見她在我們的電影和小說中被反映為令人惱怒的女性，既讓人受挫又讓人歡愉，因為她的思考過程並不依循理性的發展。許多女性覺得這種形象很侮辱人，部分是因為它代表著被我們的父權社會判定為負面的價值及取向，部分則是由於人們誤以為女性和男性應該親身表現這些原型的概念。但是這些社會形象還有另一方面的侷限。它們十分瑣碎淺薄。「皇后」，連同她在神話中對應的人物，像是希

臘的愛芙羅黛蒂（Aphrodite）、巴比倫的伊斯塔（Ishtar），或海地的厄茲莉（Erzulie），代表著某種非常宏大的東西。她們象徵著激情的生命取向。她們以不受抑制的情感取予經驗。

直到我們學習去完整地體驗外在世界，我們無法期望去超越它。因此開悟的第一步是感官的覺受。唯有透過激情，我們才能感受到──從內在深處而非透過智性的辯論──充滿一切存有的靈性。

許多人將宗教視為自然世界的某種替代，他們認為後者總有些不純潔或污濁。雖然我們的文化傳統助長著這種二元性，但它事實上是個幻象，而以此種逃避的動機而親近靈修的人，多半無法成就太高的了悟。色身，以及自然世界，是必須被整合而非否定的實相。

在佛教神話中，我們看見諸神誘導悉達多太子的父親淨飯王提供他兒子一切的感官滿足。淨飯王相信，這些享樂將能防止他的兒子棄絕俗世，成為佛陀。這個計謀適得其反，因為唯有在徹底體驗感官享樂之後，王子才能將它拋諸腦後。在棄絕紅塵後，悉達多成為苦行者──另一個極端。但是只有在他揚棄了兩個極端，尋得中道之後，方才悟道。於是，我們可以在雙手輕盈地握著「魔法師」和「女祭司」的「世界舞者」身上看見如來。

作為「1」與「2」的結合，數字「3」意味著綜合與和諧。自然世界將「魔法師」與「女祭司」結合在生與死、光與暗的一種不可分割的統合中。情感的概念也將「魔法師」積極主動的原型，與「女祭司」本能直覺的原型連結了起來。

同時請思考創造的過程。「魔法師」象徵生命的能量，「女祭司」是未來發展的可能性，「皇后」的現實界則是這二者結合的產物。天文學家卡爾・沙根（Carl Sagan）論證，地球上的生命可能起始於閃電擊中太初的

海洋。於是我們再次看見，從「魔法師」的閃電擊中「女祭司」的水，自然世界由此生發。

韋特－史密斯的「皇后」牌中所使用的象徵反映著自然的概念，展現它所有的力量與榮光。皇后本人圓潤豐腴而富感官之美，象徵著熱情。她的盾牌是心形的，上頭繪著羅馬版的愛神維納斯的標記。整個遠古世界都是由女神所主宰的，如希臘的狄米特（Demeter）、地中海東部的亞斯塔蒂（Astarte），以及埃及的努特（Nut）等，直到父系社會的侵略者將她貶為妻子的角色（最後以一種完全男性的神格概念將她徹底排除）。皇后腳下長著一片麥田；這女神主掌農業，在西北歐被稱為「穀物女神」。她戴著由九顆珍珠串成的項鍊，代表九個行星，而她的頭冠上有十二顆星星，象徵黃道的十二星座。總之，她以宇宙作為首飾。這「偉大的母親」不是自然的形相，而是生命的潛在原則。那些星星有六個角，是一個比它現今的用法（猶太傳統中的一種社會標誌）古老得多的象徵。六角星結合了兩個三角形；向上的一個象徵火，向下的是水。再一次，「皇后」將一號和二號牌結合在一個新的實相中。

一條河流從她身後的樹叢間奔流過來，消失在她的座榻之下。這條河象徵生命力，像一道巨大的水流般，在現實界的一切分離形相底下流動，只有當我們將自己交給未經約束的熱情時，才能最充分地體驗它。在內心深處，我們可以感覺到河水的韻律，帶領我們穿越經驗向前行，直到——隨著死亡——我們個人的生命回歸到存有之海中。

這條河同時也象徵變化與穩定的統合。河中的水永不相同，但它仍然是那條河，有著它獨特的屬性。人類每天都在改變，我們體內的細胞會死去，新的細胞取而代之，但我們總依然是我們。

由「1」與「2」組合的產物——數字「3」——還帶出了另一個概念。

正如數字「1」和「2」明確地代表著男性與女性，數字「3」也代表著兩者結合而產生的「小孩」。孩子生而為自然的創造物，未曾受到自我與人格的牽累，沒有壓抑或標籤，直接地體驗著宇宙。只有當我們年齡漸長，才學著去在自身與生命之間設下藩籬。塔羅的目標之一，就是讓我們返回那種直接體驗周遭世界的自然狀態。

但如果說「皇后」牌象徵著孩子，她同時也代表著母親。母性是生命在自然界得以延續的基本憑藉，而由於母親與孩子的肉體聯結是如此地直接，母愛，在它最強大的形式中，是純粹的情感，是未經理智或道德的考量就給出的（這當然是一種理想，而在現實中，這樣的愛可能更常來自於男性的家長，或者，可悲地，根本不存在）。從古到今，人們都將母性與自然畫上等號，因此將大地稱為「偉大母親」（Great Mother）的說法遍及於全世界。即使在今天，我們仍會含混地說起「自然母親」（Mother Nature）。

在占卜時，「皇后」牌代表某個激情的時刻，一段透過感情與享樂（而非思考）來對待生命的時期。這種激情是情慾或母性的，無論哪一種，它都被深刻地體驗到，在合宜的情境中，能夠帶來極大的滿足。在錯誤的情境中，當分析為必要時，「皇后」可以意指一種頑固的情緒化的態度，拒絕去考量事實。她也可能暗示另一種問題：當需要克制時，自我耽溺的享樂。不過，她通常是指透過情感所獲得的滿足，甚至領悟。牌的逆位意義也各有其正面和負面的背景脈絡。一方面，它可以意味從情感的抽離，若非拒絕你的情感，就是試圖壓抑你的慾望，尤其是性慾。然而，正如「女祭司」牌在逆位時加入了原本欠缺的元素：「投入」；逆位的「皇后」可以意味一種新的理性覺察，尤其是藉由冷靜地周詳思考以解決某個複雜的情感問題。

在其正位及逆位的意義上，二號及三號牌都像鏡子般反映著彼此。有時在同一次占卜中，兩張牌都會倒立著出現。這意味著此人把情感和直覺的心理面向都表達了，但卻是以負面的方式。理性是出自對過度情感投入的反動，而孤立與冷漠的感覺又引發了激情。如果女神的這兩個面向都能被正向地體驗，此人將能達到一種更加穩定而有益的平衡。

(a)　　　　　　　　　　　(b)　　　　　（圖五）

皇帝
THE EMPEROR

　　對每個孩子而言，他的父母都是原型。不僅只是母親和父親，而是
「母親」和「父親」。因為母親給予我們生命，餵養我們，庇護我們，我
們傾向將她們視為愛與慈悲的人物（如果她們表現得嚴酷或冷淡，我們就
會非常痛苦）。但是「父親」，尤其是在傳統時代，當性別的角色更嚴格
時，則顯得比較疏遠，因此是一個嚴厲的人物。是父親擁有權威，因而成
為裁判者，是父親施予懲罰（而母親則介入干預），是父親教導我們社會
的規則，繼而要求服從。對孩子而言，父親在許多方面跟社會整體是分不
開來的，正如母親就是自然本身。對許多人而言，長大成人的痛苦時刻之
一就是當他們發現了自己父母受限的人性。

　　在佛洛伊德的心理發展架構中，父親與社會的規範是直接連結起來
的。嬰兒的心理需要持續的滿足，尤其是對食物以及來自母親的肉體愉悅

的慾望（佛洛伊德論者或許會聲稱，幼兒渴望與母親真正的交媾，但即使他只是尋求貼近母親身體的快樂，這情況也同樣適用）。由於介入了幼兒與母親的關係，父親激起孩子的敵意，而對尚未受到壓抑的嬰兒而言，這意味著想要完全去除這種干預的慾望。然而，這種想要毀滅父親的慾望，是無法被實現、甚至無法被承認的，於是他的心靈，為了要化解這種可怕的困境，便將自身與「父親」的形象認同，創造出一個「超我」（super-ego），作為「自我」（self）的新嚮導（取代「原我」〔id〕——那導致此種危機的衝動和慾望）。但這「超我」是採取何種形式呢？恰恰是社會的規範，傳統上在父親的導引下學習的規則。

塔羅的三號及四號大阿卡納牌，代表著原型角色中的父母親。但是正如「皇后」象徵著自然世界，「皇帝」也蘊含著較為寬廣的意義：與自然「結合」的社會世界。他象徵社會的律法，好的和壞的，以及執行這些律法的力量。

在遠古時代，當女神還是主宰時，國王履行著一種特殊的功能。新生命唯有從死亡中才能誕生；因此，每個冬天，女神的祭司會以老王獻祭，常常是將他肢解，然後把碎塊埋入土中，藉此神祕地令土壤變得肥沃。後來，當男性主導的宗教取而代之，國王便成為法律規範的象徵，這類儀式在父系社會看來是舊秩序兇殘荒誕的昏昧行為，便在其上牢牢籠上鎮壓的箱蓋。我們在許多神話中都看見了這種劇碼（很類似佛洛伊德的「超我」取代了「原我」）；像是巴比倫的民族英雄馬爾杜克（Marduk）殺死了蒂亞美特（Tiamat）——創世的原始母親——因為她生下了怪物。無論我們是否將舊秩序視為野蠻醜惡，或是把新秩序視為文明，「皇帝」象徵著社會的抽象概念，取代了自然的直接經驗。

在羅馬，「律法相對於混亂」的概念被延伸到某種程度，「穩定」

——或是，以現代的詞彙來說，「法律與秩序」——在這些律法內在的道德性之外，本身便成了美德。在混亂無序的狀態中，沒有進步可以產生（論者如此說）；壞的法律需要改變，但是首先，法律必須不計一切代價地被遵守。任何其他的態度都只會破壞社會。今天，我們看見這種觀點被體現在我們稱為「體系」的抽象概念上。羅馬人更具體地在「皇帝」的人物形象中看見它，他們將他描述為所有子民的父親。

在「皇帝」牌最好的面向中，他代表一個公義社會的穩定性，這容許它的成員追求個人的需求與發展。自然世界是混亂無序的，沒有某種社會結構，我們每個人可能都得花上一輩子掙扎求生存。社會既能讓我們齊心協力地工作，又能讓我們從前人的經驗中獲益。

「穩定」也使靈性的發展成為可能。在許多國家，社會資助著教會（雖然這種安排能否增益靈性是可供爭議的）；在某些東方國家，僧人可以無後顧之憂地精進修行，因為俗家人會裝滿他們的缽。若是沒有這種社會習俗，他們就得花時間工作來養活自己。

在它較為負面的面向中，「皇帝」牌代表著不公平律法的力量，在這個社會上「穩定」已凌駕了道德。一旦我們確立，法律與秩序是至高無上的，一個腐敗的統治者就會成為一種災難。但是如果整個體系都是腐敗的，只會產生壞的統治者，那麼穩定就會成為道德的敵人。「皇帝」此一象徵的價值，在很大的程度上是取決於時和地。在一個不公義的社會，「皇帝」的力量將會妨礙，而非促進，個人的發展。許許多多人都曾因為反抗不公義的律法而身陷囹圄。

即使在最佳的情況，「皇帝」仍然有其侷限。在「皇后」的隨性自然之上，他施加了一層壓制的網絡。如果我們失去與自身激情的接觸，生命將會變得冰冷而荒蕪。在萊德牌中，皇帝（見圖五 a）被畫得老邁而僵

固，身披鐵甲，代表生命被規則嚴格掌控時的貧瘠。在「皇后」的花園中流得如此奔放的河水，這兒只剩下涓涓細流，幾乎無法穿越死氣沈沈的沙漠。

這張牌上其他的象徵意象反映著它的雙重面向。他手握一支古埃及十字架「安卡」（ankh），那是生命的象徵，暗示在律法下他掌握著生與死的權力，而在理想上他會善加運用之。四個羊頭——牡羊座的象徵——裝飾著他的寶座，而他的王冠頂端也有一個牡羊座的標記（可惜畫得像個螺旋槳）。牡羊象徵力量、侵略性和戰爭，但作為黃道的第一個星座，它同時也意味著春天的新生命，在一個公義社會的穩定之下得以生發。

作為大阿卡納第一行最中央的一張牌，「皇帝」代表著一個關鍵的考驗。在長大成人的過程中，社會的規範的確是許多人感到最難超越的。我們必須吸納這些規則，以及我們社會的傳統和信仰，然後超越它們，找到個人的行為準則。這並不是指「規則就是要被打破」的態度。那些感到必須挑釁所有律法的人，與那些盲目遵從的人同樣是被這些律法束縛著。

由於父親的角色是教導我們可接受的社會行為，滯留在「皇帝」層次的人往往永遠無法真正接受他們父親平凡的人性。他們或許在理性上承認這一點，但它卻會困擾、糾纏他們。類似的問題也折磨著那些對於他們，「皇后」始終只是屬於母親的（而非他們自身的）熱情與感官性的人。

「皇帝」牌作為社會結構的受限價值，這種概念主要源自於韋特和他的追隨者。本篇一開頭右手邊的那幅圖像則示現了另一種傳統。這是由保羅・佛斯特・凱斯（Paul Foster Case）設計、潔西・柏恩斯・帕克（Jessie Burns Parke）繪製的「內殿建造者」（Builders of the Adytum，簡稱BOTA）塔羅中的「皇帝」牌。在這兒，「皇帝」象徵著靈性知識的總合。他被描繪成側像（這要比萊德牌中的正面形象常見得多），這將他聯

繫上了喀巴拉傳統中上帝的一種形象：「歲月的老者」——一位以側影端坐的王者（這老者的臉孔永遠是看不清的，只有他的王冠底下的一團光芒）。

這位「皇帝」的雙臂和雙腿形成一個等邊三角形，下方是一個十字——煉金術中「火」的符號。這個形象稍後在「吊人」牌中被翻轉過來（在韋特及凱斯牌中皆然）。BOTA牌中的「皇帝」坐在一個立方體上，而非王座。這立方體也是一個神祕學的符號，象徵著世界和塔羅本身，以及希伯來字母和生命之樹的路徑。這個象徵符號來自這個事實：一個立方體包含十二個邊，六個面，三個軸，當然還有一個中心，加起來是二十二，亦即大阿卡納、希伯來字母，以及生命樹路徑的數目。而由於生命之樹被認為代表著一切造物，因此立方體也象徵著宇宙。

在占卜時，「皇帝」牌（依據萊德牌的圖像）意指社會的力量，它的律法，尤其是它執行律法的權威。這張大牌的出現，意味著與法律打交道。再一次，適用好或壞的特質取決於前後牌的脈絡。

在較為個人的方面，「皇帝」牌可以暗示某人的生命中一段穩定而有序的時期，可望開啟創造性的能量。他也可能是指一個特定的人，這人對於問卜者擁有強大的力量，無論是客觀上或情感上的。這常常會是父親，但也可能是丈夫或情人，尤其是對那些把情人當成父親的替代，對之奉上自己人生的掌控權的人。我曾看過一些占卜中，「皇帝」牌佔有如此壓倒性的力量，以致於生命的一切可能性都被遏制，無法實現。

作為代表個人特質的牌，「皇帝」可以意味防衛自身領土的能力，去創造牢固的疆界，並積極地維護它。他象徵對待問題時理性主義的取向，著重分析與評估，高過情緒與直覺。

如同逆位的「皇后」，「皇帝」牌逆位時便會帶有與正位時互補的特

質。他變得──引用韋特的話──「仁慈而富同情心」；是石礫沙漠中的新生命。但是鐘擺也可能盪得太遠。逆位的「皇帝」可以意味著不成熟，無法做出嚴酷的決定，也無法貫徹執行。

（圖六）

（a）　　　　　　　　　　　（b）

教皇
THE HIEROPHANT

　　在大多數塔羅牌中，第五號大牌被稱為「教皇」或「主教」，這些名稱以及牌的圖像，將它連結上第二號牌「女祭司」——內在真理的原型。在韋特牌中，這張牌的名稱被改為「大祭司」（The Hierophant）。韋特寫道，他之所以不用「教皇」（Pope），是因為這個名稱只代表這張牌整體概念的一個非常特定的例子。「Hierophant」原本是古希臘「埃猶西尼亞祕儀」（Eleusinian mysteries）中大祭司的稱呼。韋特描述他的牌是象徵教會與教條的「外在道途」，但是他採用了祕儀的語彙，則暗示了另一種詮釋。對於那些將塔羅視為神祕傳統的祕密教義，而非人類模式較為一般性的體現的人，這是較受青睞的一種詮釋。在艾利斯特・克勞利（Aleister Crowley）的《托特之書》（*Book of Thoth*）中，佛瑞姐・哈利斯（Frieda Harris）繪製的「大祭司」圖像戲劇化地描繪了這種詮釋。此處這張大阿

卡納意指某種祕密教派的入門，像是十九、二十世紀之交十分盛行，後來又在英美復甦的各種會社及會所。韋特及克勞利曾經一度同時隸屬的「金色黎明會」（The Order of the Golden Dawn），可能便是「Hierophant」作為五號牌名稱的源頭。（譯註）

「外在道途」與「祕密教義」這兩種意義，在最粗淺的層面似乎是相互矛盾的。但實質上，它們卻非常相似。圖中的兩位小沙彌，無論是要進入教會，還是某種祕教會社，他們都仍然是在進入某種教義體系，有著一整套信條，是他們在獲准入門之前必須學習、接受的。舉例來說，天主教的教義問答和「金色黎明」的儀式，當然有著基本上的歧異，然而對兩者而言，這張牌都意味著某種教育和傳統。因此，如果我們認為大阿卡納的第一行是在描述人格的發展，那麼，在自然世界及社會之後出現的「教皇」牌，便是指此人所屬的特定社會中的智識傳統，以及他在該傳統中所受的教育。

沿用韋特的詮釋（特別是想到西方的教皇），我們可以將「教皇」視為「皇帝」的同伴。「教皇」（pope）這個字的原意是「父親」，和羅馬皇帝一樣，教皇被視為引領孩子的睿智父親。他們共同分擔對世人的責任，一個提供物質需求，另一個則導引心靈的成長。在但丁所撰寫的一篇論文（也是最早倡議政教分離的專論之一）中，他主張這兩種職務不可結合在一起，以防貪腐。不過，他從未質疑教會要為我們的靈魂負責的概念。

今天，許多人都不瞭解教士職司的基本概念。我們的民主時代揚棄了

譯註：依循塔羅中譯慣例，此牌在本書中仍譯作「教皇」。

個人與神之間需要一個中介的想法。然而，請注意，「教皇」也可以象徵類似「無產階級專政」、或是其他任何精英份子領導群眾到他們自己無法及至的地方。最初，教士的特殊功能是很明顯的；他們透過神論與諸神溝通，而這種過程往往令人恐懼，大多數人十分樂意讓他人代勞。當基督教拒絕以這種具體而直接的方式與上帝連結，教士的概念，就像「皇帝」一樣，變得較為抽象了。基本上，它仰賴於大多數人其實並不怎麼關心上帝的概念。一般人在追求世俗目標、錢財、家庭和政治目的時是最快樂的。然而，有一些人基於稟性，能夠很直接地感應到周流於我們整個生命的靈能。他們受到自身內在覺知的召喚，成為教士，能為我們向上帝代言。更重要的是，他們能對**我們**說話，詮釋上帝的律法，好讓我們能過著合宜的生活，而最終，當我們死後，能夠得到回歸上帝懷抱的獎賞。在復活之後，我們自身將能見到上帝，然而，在活著時，我們需要教士的導引。

理論是這麼說的啦，但即使我們同意這個原則，在實踐上它卻往往會崩解。人們會因各式各樣的理由成為教士——野心、家庭壓力……等等——而那些真正受到召喚去跟上帝溝通的人，可能又沒什麼天份去和凡人溝通。再者，如同「皇帝」代表的社會機構，「教皇」的宗教機構可以輕易地因為它們被賦予的權威，而變得腐敗，以致於教士將自身的權力視為目的本身，獎賞服從，更甚於悟道。顯然，捍衛教條的職務將會吸引教條主義者。

然而，我們之所以揚棄「教士職司導引」的概念，或許是為了一種更微妙的原因。自從宗教改革以來，一種在西方越來越有力量的理念就是，個人要為自身擔負起終極的責任。外在教條的這整個概念，一套在信仰上為眾人接受的規則與信條，是建立在這個假設上：大多數人比較喜歡讓別人來告訴他們該怎麼做、怎麼想。這很可能是事實。要真正在自身之內

發現神性，你必須經歷一些很不舒服的、與自身心靈的對抗。相仿地，在任何情境都要為自己決定怎麼做才合乎道德，可能也得不時經歷選擇的痛苦。儘管如此，今天許多人就是無法接受，社會或教會為他們的生命擔負終極的責任。

或許，將這張牌詮釋為祕密教義的象徵，比較適合我們的時代。因為這樣一來，這種教義並不會告訴我們該怎麼做，而是給我們指引，去開始對自身下功夫。而塔羅，如我們在「魔法師」那兒看到的，就是透過引領我們在此生獲致個人的救贖，而與所有的教會相抗衡。對克勞利而言，祭司牌所代表的入門是一種門徑，透過它，個人得以與宇宙合一。入門的形式和教旨會隨著每個「世界時代」（world age）而改變，持續了將近兩千年的雙魚座時代即將告終，進入水瓶座的「新時代」，因此「教皇」牌也即將改變，隨之而變的還有一切嚴格的人類關係。克勞利曾說，只有未來能夠告訴我們新的「入門潮流」將會是什麼。但是入門的基本特質，也就是與宇宙的融合，將永遠維持不變。

在BOTA版本的「教皇」牌中，教皇腳下那對交叉的鑰匙（萊德牌中也有）是金色和銀色的，代表外在與內在的道途，亦代表著日與月，「魔法師」與「女祭司」，這些都是此種教義教導我們要去結合的。在萊德牌中，兩把鑰匙都是金色的，意味著對於那些遵循外在教義的人，幽暗的一面是隱藏著的。

在韋特－史密斯的圖像中，教堂的入口，不同於「女祭司」的神殿，並沒有被帷幕遮蔽住。但那對殿柱卻是晦暗的灰色。進入這兒的人或許會得到保護，免於個人的抉擇，但他們將無法參透二元性的祕密。「無意識」的領域對他們仍是封閉的。在許多塔羅牌中，「女祭司」手中握著的並非卷軸，而是一本上了鎖的小書，而「教皇」牌中的鑰匙並不能打開那

個挑逗人的鎖。

　　儘管如此，我們一定不要認為宗教的外在教義對追尋者來說並無用處。如同一般的教育（宗教教義是它的一個特殊的例子），它給了人們一個穩固的傳統，為他們的個人發展提供根基。現代西方某種兼容並蓄的神祕主義的現象，從所有的宗教汲取靈感，是一種極不尋常的發展。這可能是基於全球性的覺知，加上將宗教視為與科學和歷史分離的一種心理狀態的觀點。因此我們將宗教視為一種經驗，而非對宇宙的一種詮釋，並接受所有的宗教經驗都是成立的，無論它們在表面上呈現著何種矛盾。雖然這種想法開啟了極大的可能性，但許多人也留意到它潛在的淺薄。事實是，數世紀來，偉大的神祕學者總是從某個傳統的深刻處發聲。喀巴拉純粹是猶太的傳統，肯培多瑪（Thomas à Kempis）是個徹頭徹尾的基督徒，而蘇菲門徒和所有其他正統的穆斯林一樣向麥加朝拜。在「教皇」牌（作為外在教義）最佳的面向中，它能給我們一個起始點，去創造個人對神的體悟。

　　這張牌的象徵表現中，還有一個值得特別留意的面向。三個人的配置（亦即，一個較大的人物，高踞於左右兩個較小人物上方）引進了一個在大阿卡納中不斷重複的母題（motif）──如同「女祭司」中的對柱──而在「審判」及「世界」牌中得到了化解。緊接下來的兩張牌都重複著這個母題：天使俯瞰著「戀人」，而「戰車」御者駕馭著黑白兩頭人面獅身獸。

　　我們可以將這種三人組視為三合一概念的一種標記，像是基督教的三位一體，或是佛洛伊德「原我／自我／超我」的三重心靈圖像，又或是大阿卡納「意識／無意識／超意識」的三個層次。要理解這個圖形的意義，我們必須回到「女祭司」。她坐在兩根柱子中間，那象徵著生命的二元

性。她本身代表著一面，而「魔法師」則代表另一面。「教皇」為兩位入門者啟蒙，將他們引入教會。因此我們看見，「教皇」、「戀人」和「戰車」都代表著調停生命中相對兩極的企圖，並要找出某種方式，不是去化解它們，而只是維持兩者之間的平衡。一套宗教的教義，連同它的道德規範及對生命最基本問題的解釋，功能就是這些。如果我們將自身臣服於某個教會，生命的矛盾全都會獲得解答，但並未解決。

在占卜時，這張牌可以是指教會、教義，以及概括而言的教育。從心理上來說，它可以意味著「正統」，對社會的理念及行為準則的服從，以及，較為微妙地，將責任拱手讓出。「皇帝」牌代表規則本身，及其官方的執行者；而「教皇」則是指我們自身內在的服從感。逆位時，這張牌意味著非正統，尤其是在心智上，形成原創的想法。然而，它也可能意味著容易受欺騙，而這個概念則暗示著這張牌在正位時的另一種價值。一個社會要歷經好幾百年才建構起它的智識傳統，接受這份傳統的人，從它那兒得到一種標準，藉以評斷新的概念和資訊。而那些拒絕它的人則必須找到自己的方法，並可能輕易迷失在膚淺的理念中。許多人揚棄了自孩提時代就強加在他們身上的教條，但卻陷入了某種新的教條、狂熱教派，或是極端的政治團體。它們就跟原先的教條一樣僵化，或許還更加淺薄。他們雖然揚棄了傳統，但這並不等於他們真的揚棄了「教皇」。他們並沒有接受責任，真正去找到自己的道路。

（a）   （b）   （圖七）

戀人
THE LOVERS

　　在韋特與史密斯對傳統塔羅圖案的種種變更中，「戀人」牌始終是最具戲劇性的。馬賽塔羅的「戀人」牌（右）畫著一個年輕人被邱比特的箭射中，被迫在兩個女子之間做選擇；而萊德牌則畫著一位天使，俯瞰著一對成熟的男女（只有一個女人）。再者，當大多數的牌都只是顯現出一種社會的情境，萊德牌的圖像卻顯然暗示著伊甸園，或確切地說，一個新的伊甸園，園中的樹帶來的是啟悟，而非墮落。

　　較早版本的六號牌，有時會附帶一個標題叫「抉擇」，而在占卜上則意味著在兩種慾望之間某種重要的選擇。由於一名女子的髮膚為淺色，另一名則是深色，而在歐洲的象徵傳統中，深色總是代表邪惡，而女子一般意味著誘惑，這種選擇被視為在某種正派體面，但或許有些乏味、以及某種極受渴望，但在道德上卻有欠妥當的事物之間的抉擇。這張牌可以是指

一次較不重要的選擇，也可能是某人生命中的重要危機。今天我們可以在形形色色的小說和電影中看見這種古老的象徵：中產階級的中年男子受到誘惑，想要為了較為年輕、「狂野」的女子放棄他們雖然愛著，但卻感到乏味的髮妻。

這種選擇，事實上，可以延伸至一個人的整個人生。即使是那些始終過著中產階級的體面生活，而從未質疑過其界限的人，也是做了一種選擇——就和一輩子違法亂紀的罪犯一樣。也有許多人外表過著符合社會標準的生活，內心卻不斷與折磨人的慾望天人交戰，抗拒著通姦、暴力，或只是離家做個遊民的衝動。

在神祕學的層面上，在白皙與深色女子間的選擇，意指著外在與內在道途之間的抉擇。前者在萊德牌中是以「教皇」牌所象徵，你的人生已經被安排好，擺在你的面前；而後者則是神祕主義的道途，可能將你引向與潛藏慾望的對抗。教會把魔法師歸類為魔鬼崇拜者，而在基督教寓言中，膚色深暗的女子通常代表撒旦。

以上這些意義，全都是以最廣義的眼光看待光明與黑暗之間的選擇。在大阿卡納第一行的脈絡中，我們可以用一種明確得多的方式來看待它，也就是一個人獨立於父母之外所做的第一個真正的抉擇。直到性衝動出現為止，大多數人都甘於依照父母的期望行事。然而，性衝動卻會向我們指出它想往哪兒去。結果，我們開始在其他的領域也掙脫束縛。父母會為我們選擇的對象，很少會是我們想要選擇的伴侶。如果其間的差異太劇烈，或是父母操控太過，此人便可能要面對痛苦的抉擇。

保羅・道格拉斯（Paul Douglas）認為，那位深色頭髮的女子——她看起來年長得多——是男孩的母親，而這抉擇在於，要留在她的羽翼之下，還是要自立門戶。那些和佛洛伊德一樣，相信男孩的第一個慾望對象是母

親的人，將在這兒看見一個典型的伊底帕斯困境。人格的一部分希望維持與母親結合的隱密幻想生活，而另一部分則渴望在真實生活中找到同輩之間的真愛。但我們不一定要接受佛洛伊德的學說，就能看出這個選擇較為深廣的蘊義。無論這男孩是否對母親懷有祕密的慾望，在父母庇蔭下的生活是安全而舒適的。但他（或「她」，因為女孩基本上也面對著同樣的問題，雖然有時是以不同的形式）若是不曾掙脫，就永遠無法成為一個真正的個體。而再也沒有比性的成熟，更能強烈地指出這一點了。

因此，傳統版本的六號牌代表青春期。在此時期，不僅性慾浮現了，智識和道德的獨立性也開始建立。三、四和五號牌將我們展現為是被自然、社會及父母等強大力量形塑而成的。在六號牌中，個人浮現了，一個擁有自己的想法與目標的真正人格，能夠做出重要的抉擇——不是基於父母的指令，而是出於自身對慾望與責任的評估。

這些意義是屬於這張牌的傳統結構，韋特在設計自己的「戀人」牌時，他探討了一個不同的問題。在一個人的生命中，性與愛的作用究竟是什麼？而在兩個人結合身心這樣張力強大的戲劇化事件中，我們究竟能找到哪些深刻的意義？韋特描述他的圖像是，「代表人類愛情的牌，在這裡展現為道路、真理，和生命的一部分。」

性的驅力帶領我們脫離孤獨。它推動我們去和他人締結重要的關係，最終開啟通往愛的道路。透過愛，我們不僅與另一個人達成合一，同時也瞥見了生命更偉大、更深刻的意義。在愛中，我們放棄了部分的自我掌控，這種掌控將我們不僅僅與他人、也與生命本身隔離。因此，天使出現在那對男女的上方，這是單獨任一人都無法獲得的靈啟，而只能由兩人一同窺見。

宗教、哲學與藝術總是以男與女的象徵來代表二元性。我們已經看

見這個概念反映在「魔法師」與「女祭司」，以及「皇后」與「皇帝」牌上。在「戀人」牌中，這種象徵再次被強化，如「魔法師」般冒著火焰的「生命之樹」，立在那男子的身後，而樹身纏繞著蛇（「蛇」並非象徵邪惡，而是「無意識」的智慧）的「知識之樹」，則在那女子後方。天使統合了這兩種原則。在傳統的教義中，男性與女性被認為在各自體內包含了不同的生命原則。透過肉體之愛，這些原則得以結合。

然而，神祕主義者一向認為「自我」之中就包含了這兩種元素。今天我們聽見許多人說，每個人當中都兼具著男性與女性的特質；不過，他們通常是指社會行為的模糊概念，像是侵略性與溫馴。當男性與女性在最深的本質上被視為相對的，神祕主義者的觀點要激進得多了。描述大阿卡納之目標的說法之一，是說它帶出並統合了男性與女性的原則。因此，在許多塔羅牌中，「世界」牌中的舞者是雌雄同體的。

根據喀巴拉學者和漢密特哲學家的說法，所有人類（更確切地說，甚至連神也是）原本都是雌雄同體的。因此，在外在的層面上，我們每一個人都只是半個人，唯有透過愛，我們才能找到一種合一之感。

我們可以在柏拉圖的學說中發現同樣的概念，但有一處有趣的變異。在一則柏拉圖神話中，述說人類原本是雙性的生物，但是有三種：男－女、男－男，以及女－女。宙斯認為人類擁有太大的力量，便用雷電將他們劈開，因此現在我們每一個人都在尋找他的另一半。相對於猶太和基督教神話，柏拉圖的故事給了同性戀同等的實存性。它提醒我們「男女作為終極對立面」這種太過簡單之象徵用法的危險。在我們每個人當中，「魔法師」與「女祭司」都十分微妙地混合在一起了。而天使能被任何兩位戀人所召喚。重要的並非角色，而是結合的事實。

在基督教對〈創世記〉的一般詮釋中，夏娃比亞當負有更大的罪咎，

不僅是因為她先吃了蘋果，也因為她的性感誘使亞當墮落。男人據稱是為理性所支配，而女人則是慾望。這樣的切割致使有些基督徒甚至宣稱女人沒有靈魂。然而，整個「人類墮落」的神話，和它對於不服從與懲罰的強調，其實是用來支持一種壓抑性的道德觀。肉體的激情被認為對社會是有危險的，因此必須受到控制。而約瑟夫・坎伯（Joseph Campbell）在《上帝的面具》（*The Masks of God*）一書中指出，古代巴勒斯坦的女神宗教中也有相同的劇碼：一條蛇，生命之樹，還有蘋果。只不過在那古老的故事中，蘋果是由女神授予入門者的，讓他得以進入天堂，而非致使他被逐出的原因。古希伯來人逆轉了這個神話，部分是為了將舊時的宗教烙印為邪惡，同時也是因為他們——就像巴比倫人一樣——將古老的習俗視為「妖孽」。

然而，塔羅，是解脫之道。耶和華所表達的憂慮，人類「會變得像我們」，正是塔羅的目的——去充分引出我們之中神性的火花，使之與我們有意識的自我結合，終止上帝與人的二元對立，將之合而為一。因此，萊德牌的「戀人」雖然保留了許多與〈創世記〉相同的象徵意象，卻微妙地翻轉了它的意義。

請留意牌上的男人望著那個女子，而那女子卻望著天使。如果男人確實是理性，那麼理性只有透過激情的媒介才能超越它的侷限。理性在本質上就是會控制、遏止，而激情則傾向打破所有的界限。我們的傳統將身體與理性的心智設定為互相衝突的，而塔羅教導我們，我們必須結合這二者（兩位戀人之間升起了一座單峰的山嶺），並不是理性的控制力將感官提升到較高的層次，而是，確切地說，顛倒過來的。

我們可以用直白的心理學詞彙來說明這一點。大部分的人都受縛於他們展現給世界的小我或面具之中。但如果他們能臣服於性的激情，他們就

能，至少在片刻之間，超越他們的孤離。那些連一瞬間都無法釋放小我的人，便是誤用了性，並且為之誤用。性變成獲取掌控他人之力量的一種手段，但卻永遠不會帶來滿足。當一個人拒絕身體想要與另一個人共同釋放自我的慾望，結果便是消沈。天使被否認了。

與此同時，單憑激情無法將我們帶到天使那兒。正如理性需要激情將之釋放，激情也需要理性來指引。那些任憑慾望引領他們的人，往往會從一個經驗被投擲到另一個。

保羅‧佛斯特‧凱斯指出，那位天使是三位大天使之一的拉斐爾（Raphael），他負責主掌超意識。這將我們帶回到三位一體的心靈；這兒我們學到，心靈的三個層次並不是彼此分離而孤立的，像一棟房子的三層樓，而是，超意識事實上是意識與無意識結合起來的一種產物。通路是在無意識，因為這裡是我們發現真實生命能的所在。事實上，超意識可以被描述為被帶引出來的無意識能量，並被轉化為一種更高的形態。這種轉化一部分在於意識，它賦予這能量形式、方向，和意義。

如果在三角形母題中，下方的兩個人物代表生命的二元性，而上方較大的人物象徵兩者之間一種調停的力量，那麼在六號牌中，那調停者就是性愛。當我們對之臣服，我們會瞥見高於我們自身的某種東西。只是微光一閃，而且只在一瞬間；真正的解脫最終需要的比激情多得多。但是愛能幫助我們看見道途，並且嚐到一點在道途終點等待我們的喜悅。許多有過神祕經驗的人，著名的如十六世紀的天主教聖徒聖德蕾莎（Saint Teresa），都曾以性的狂喜來描述與上帝的結合。

韋特－史密斯的圖像在占卜上的意義十分一目瞭然。它可以是指愛情在一個人生命中的重要性，或是指某個特定的情人，也常常是指婚姻或一段長期的關係。這張牌暗示，這段特殊的關係對這個人——或者將會證明

對這個人——非常有價值，能導引他對生命有新的領悟。如果在這次占卜中有某個特定的問題要考量，那麼「戀人」牌暗示著某方面的協助，若非來自愛人實質的援助，便是透過情感上的支持。不過這也並非永遠如此。「戀人」牌若是出現在代表過去的位置，尤其是當其他的牌顯示問卜者拒絕去審視目前的情況，它可能意味著對一段過往愛情的留戀，在此處造成了一種羈絆。

先前的牌都是代表各種原型。當它們以逆位出現時，我們便加上原本欠缺的元素。但是在這兒，個人已經向前邁進，現在逆位的意義則顯示著弱點和阻滯。它首先可以意味一種破壞性的愛，尤其是在一樁糟糕的婚姻中。它可以意指支配某人生活的愛情或性愛問題，可能是與某個特定的人之間的難題，又或者是因為對這個人來說，愛情本身就是個大問題。由於韋特－史密斯的圖像是指一種成熟的愛，而傳統的圖像則示現青少年選擇的過程，這兩種版本的逆位牌都是指愛情上的不成熟，暗示延長的青春期讓某些人早在身體完全成熟後，還久久流連於幼稚的幻想中。

（圖八）

戰車

THE CHARIOT

　　這張牌較早期的版本——圖中戰車是由兩匹駿馬拉著，而非人面獅身獸——係由好幾種歷史與神話源頭衍生而來。它主要是源自古羅馬與其他地區的習俗：戰勝的英雄乘著馬車巡行過擠滿歡呼民眾的街道。這種習俗顯然應合了某種群眾參與的深刻心理需求。如今，兩千年之後，我們仍然在為總統、將領和太空人舉行的遊行中實踐著它，只不過把馬車換成了敞篷大禮車。

　　「戰車」牌並不只意味著盛大的勝利。要駕馭兩匹駿馬拉的馬車，需要對馬兒有著完全的掌控；這種活動是用來展現強大意志的完美媒介。柏拉圖在《對話錄》的〈斐德羅篇〉（*Phaedrus*）中，將心靈比擬為由一匹黑白色的馬拉著的馬車，與塔羅的圖像如出一轍。

　　一則印度神話述說了濕婆大神（Shiva）摧毀惡魔的三重城的故事。

要完成這項艱鉅的任務,需要一切造物都臣服於祂的意志之下。諸神為濕婆打造了一輛戰車,不僅以祂們自身作為戰車的材料,還把諸天與大地也用上了。日月成了車輪,而風則是馬匹(塔羅中「戰車」前方的符號——很像一組螺絲釘加螺絲帽,或是輪子與車軸——稱為「林迦」(lingam)與「尤尼」(yoni),是象徵陽具與陰戶的符號,代表著濕婆——陽性的原則,和祂的配偶帕瓦蒂(Parvati)——陰性的原則,結合在單一的圖形中)。透過這個神話的意象,我們得知克服邪惡的精神勝利,是當我們能夠憑藉有意識的意志,集中一切的自然力,以及濕婆本身所體現的無意識能量時,才能獲致的。

這兩則寓言展現了「意志」這個概念的兩種不同的面向。濕婆的故事說的是真正的勝利,其中精神找到了焦點,去釋放它全副的力量。但是〈斐德羅篇〉則給了我們一個「勝利的自我」的形象,它控制而非化解了生命的基本衝突。那些將塔羅牌視為一群個別的圖像、每張牌都對我們的靈性領悟貢獻某些重要功課的評論者,傾向於給予「戰車」牌比較廣泛的意義。他們指出,數字「7」的喀巴拉標題——連同它所有的神祕蘊意——就是「勝利」。

在許多地區,特別是印度,馬被視為與死亡和葬禮有所關聯。當後起的父權體制廢止了用老王獻祭的儀式,他們會宰殺一匹馬來代替。馬匹的獻祭被視為最神聖的,暗示著永生不朽。即使在今天,馬兒也被用來為偉大的領袖拉棺(在約翰·甘迺迪之死中,我們看見了「戰車」牌的兩個面向奇異地匯合在一起。他在遊行中被刺殺在禮車上,後來由一匹馬——牠還反抗了訓練師的控制——在國葬典禮中為他拉棺)。這些連結暗示著靈魂戰勝死亡的概念。

當我們連續地審視這些牌,我們會看見「7」只是大阿卡納第一行的

勝利。它讓這一行的成熟進程臻於頂峰，但是出於必然，它無法處理無意識及超意識的廣大領域。以這種方式看待「戰車」，它為我們示現了成熟發展的小我；前面的牌的功課被吸收了，青春期的追尋與自我創造過去了，現在我們看見了成熟的成年人，在人生中很成功，受到他人的景仰，對自己信心十足，志得意滿，能夠控制情感，並能——最重要地——主導意志。

和魔法師一樣，戰車御者手中握著一支魔杖。和魔法師不同的是，他並沒有將它高舉過頭，指向天空。他的力量臣屬於他的意志之下。他的雙手並沒有握住韁繩。他僅憑他堅強的性格，控制著生命中對立的力量。

「林迦」與「尤尼」的符號，象徵在他掌控之下的成熟性能量。因此他不是自身情感的受害者，而他的性能量促成了滿足的人生。他胸前那個光燦的正方形是鮮活大自然的象徵，將他連結上了「皇后」的感官世界，但是他王冠上的八角星，則顯示他的心智能量指揮著他的激情（象徵學家將八角星視為物質世界的正方形，與精神世界的圓形之中途站）。他的戰車顯得比後方的城鎮要來得巨大，這顯示他的意志強過社會的規範。然而，他的戰車是靜止不動的，這顯示他並不是個反叛者。戰車的輪子立於水中，表示他能從「無意識」中汲取能量，雖然戰車本身是立在陸地上，將他與那強大的力量分隔開來，無法直接觸及。

我們已經提過「林迦」與「尤尼」的性象徵。印度神話將馬連結上死亡，佛洛伊德派的夢境象徵系統則將牠們連結上性能量「力比多」（libido）。藉由控制馬匹（或是人面獅身獸），戰車御者掌控著自身本能的慾望。

他身上裝飾著各式各樣的魔法符號：裙子飾有儀式魔法的象徵，腰帶則鑲刻著星座與行星的標記。他肩上的兩個半月形臉孔稱為「烏陵」

（Urim）和「圖明」（Thummim），傳說是耶路撒冷大祭司的肩飾，因而令人聯想到「教皇」牌。同時，月亮的意象也指涉著「女祭司」。另外也請留意，戰車後方的布幔呼應著女祭司的簾幕；他已將「無意識」的奧祕置於身後。

於是，我們在「戰車」牌的象徵符號中看見大阿卡納第一行前面所有的牌。魔杖和魔法標誌暗示「魔法師」，水、人面獅身和帷幕象徵「女祭司」，戰車頂篷上的星星令人聯想起「皇后」的皇冠，城市暗示著「皇帝」，而他的肩飾指涉著「教皇」，而「林迦」與「尤尼」則象徵著「戀人」。這所有的力量協力塑造出外在的人格。

然而——請觀察那戰車有如岩石般的質地。留意那戰車御者似乎也與他的石頭馬車融為了一體。當心靈令一切事物都臣屬於表意識的意志，便會冒著變得僵固的風險，與它學會去控制的那些力量隔絕開來。同時也請留意那黑白兩頭人面獅身獸，彼此並不水乳交融，眼光看著不同的方向。戰車御者是將牠們控馭在緊繃的平衡中。一旦這份意志不足以掌控，「戰車」和御者都將被扯成碎片。

保羅・道格拉斯曾將「戰車」牌與榮格的「人格面具」（persona）的概念相比較。隨著長大成人，我們創造出一種面具去應對外在的世界。如果我們成功地因應了生命中各式各樣的挑戰，那麼由其他牌所象徵的不同面向，將會被整合入這個「自我面具」中。但是我們太容易將這個成功的人格面具與真我混淆，甚至到了如果我們試圖丟棄這個面具，我們將會恐懼失去它，猶如一種死亡的地步。這就是為什麼大阿卡納的第二行——它所處理的正是自我從外在面具中的釋放——會以「死神」作為倒數第二張牌。

到目前為止，我們已經討論了「戰車」作為個人成熟的象徵，但是人

類的概念並不僅止於個人。「戰車」代表心靈征服並運用生命的力量，這種形象使它成為「文明」的完美象徵——藉由運用自然世界為原料建構農業及城市，從自然的混亂中創造出秩序。喀巴拉賦予這張牌的一個主要涵意進一步延伸了這個概念。「戰車」牌對應於希伯來字母中的「Iain」，因而帶有「語言」的特質。對人類而言，語言似乎始終代表著理性的心智和它對自然的宰制。就我們所知，人類是唯一擁有語言的生物（雖然黑猩猩已經顯示牠們能夠學會人類的手語，而鯨魚與海豚可能也擁有牠們自己的語言），而我們可以說，語言將我們與動物區隔開來。亞當藉由講出動物的名字，得以控制伊甸園中的野獸。最重要的是，人們運用語言去傳遞資訊，因而讓文明得以延續。

然而，正如小我是受限的，語言也是如此。首先，語言限制了我們對實相的體驗。透過對世界建構一種描述，透過給予所有事物一個標籤，我們在自身與經驗之間樹立起一道屏障。當我們看見一棵樹，我們不會感覺到一個活生生的有機體的衝擊，而是會想到「樹」，然後繼續往下想。標籤取代了事物本身。再者，由於我們太過依賴語言這種理性的特質，我們忽視了無法以文字表達的經驗。我們已經看見「女祭司」是如何示現著超越語言的直覺智慧。某些經驗，尤其是與靈能的神祕結合，是無法被描述的。語言只能用隱喻和寓言暗示它們。完全仰賴語言的人，甚至竟堅持非語文的經驗，或是無法以心理測驗估量的經驗，就不算存在。這僅僅是因為它們無法被科學地描述。這種教條主義最完美的象徵，正是戰車御者與石頭馬車的融合為一。

到目前為止，我們已經討論過這張牌上的每一種象徵——或許只除了最明顯的一個：那兩頭人面獅身獸。韋特的這項變革是從喀巴拉塔羅的偉大先驅伊萊‧列維那兒借用來的。如同「女祭司」中的對柱，或是牠們所

取代的黑白馬，這兩頭人面獅身獸象徵著生命中的二元性與矛盾衝突。再一次，我們看見了三角形的母題。在這兒，居中調停的力量是意志力。

用人面獅身取代了馬，暗示著幾種更深刻的意義。在希臘傳說中，人面獅身獸是個出謎題者，對底比斯城的人民提出了生命奧祕的問題。這則神話告訴我們，人面獅身獸抓住城裡的年輕人，問他們下面這個謎題：「什麼動物早上用四隻腳走路，中午用兩隻腳，晚上卻用三隻腳？」答不出來的人就會被吃掉。這個謎題的答案是「人」，嬰兒時期用爬的，長大成人後直立走路，老了則要拄柺杖。其中的蘊意很明白。如果你不瞭解你基本的人性，包括它的長處及弱點，那麼生命就會毀滅你。「戰車」象徵著成熟，接受生命的侷限，再加上言語的能力，也就是理性的瞭解，用以定義存在，並從而掌控它。

但是這兒還潛藏著一層更深的意義。回答出人面獅身獸謎題的人是伊底帕斯，他在殺死自己的父親之後來到底比斯。佛洛伊德對亂倫的強調，轉移了人們對伊底帕斯故事更深刻寓意的注意。伊底帕斯是成功人士的完美典型。他不僅為底比斯解除了威脅，成為這城市的王，而且他是憑藉對生命的瞭解而辦到的。他知道人是什麼。然而他卻不知道他自己。他自身的內在實相對他始終是封閉的，直到諸神強迫他去面對。而諸神也**確實**強迫他了。如果神諭不曾──先是對他的父親，然後又對他──開示，伊底帕斯永遠不會做出他所做的事。因而，儘管他瞭解人類生命的外在意義，他卻不明白自己真正是誰，也不知道他與操控他生命的諸神之間的關係。而這兩個主題，恰好就是大阿卡納第二和第三行所關切的議題。在第二行中，我們超越了小我，去發現真正的自我。而在第三行中，我們直接地因應存有的原型力量，最終在這些對立面上獲致完全的整合，而這是戰車御者只能壓制、但卻無法調解的。

「戰車」牌在占卜上的意義衍生自它的意志力。在占卜中，這張牌意味著此人透過其人格的力量，成功地掌控了某種局面。這張牌暗示一個包含某種衝突矛盾的情境，這些矛盾並沒有被化解，而只是受到了控制。這並不是在過度地強調這張牌負面的底調。正位時，「戰車」牌基本上意味著成功；人格的力量掌控了周遭的世界。在處理問題的占卜中，如果它出現在結果的位置，便是暗示著勝利。

　　逆位時，這張牌內在的衝突性增加了強度。逆位的「戰車」暗示，靠意志力來掌控證明失效，局面失去了控制。除非此人能找到其他方法來解決困難，否則他便將面臨災難。單憑意志力並不總能支撐我們。就像伊底帕斯，我們有時必須學習對眾神讓步。

第五章
轉向內在
TURNING INWARDS

追尋自我體悟
THE SEARCH FOR SELF-KNOWLEDGE

　　隨著大阿卡納的第二列，我們從外在的世界及其對內在自我的挑戰邁步向前。隱藏在「戰車」強有力形象之內的衝突矛盾，現在必須被直接地面對。小我的面具必須死去。

　　儘管聽來頗為戲劇化，但這種情況其實十分常見，至少這種需求很普遍，雖然未必能夠實現。自我質疑和追尋長久以來便被視為是中年的特徵。當人們年輕時，他們主要關心的是戰勝生命的驅力、找到伴侶，和獲致成功。然而，當他們成功之後，便往往會質疑它的價值。「在我擁有的一切之下，在我對其他人呈現的所有形象之下，我究竟是誰？」這個問題，就變得越來越重要。今天，許多比較年輕的人不等到中年或功成名就

便開始提出這些疑問。我們時代的一個特徵就是渴望生命有某種意義感，某種內在的實質感。而越來越多的人認定，要尋找此種意義，頭一個要找的地方就是自己的內心。

這種觀念，事實上，只是一半的真相。「魔法師」教導我們，作為肉體的存在，我們唯有在與外在世界連結時才能找到實相；「女祭司」的內在真相是一種潛在的可能，必須透過「魔法師」的表意識才能被顯現。但是只要我們的面具、習慣與防衛心，還將我們阻隔於自我認知之外，使我們永遠不知道自己「為何」行動，那麼我們所做的一切，都仍舊是沒有意義的。「魔法師」與「女祭司」之間的流動必須自由通暢，生命才能擁有價值。

由於這一行大阿卡納基本上逆轉了前七張牌的重點，許多張牌看來都像是它們上方那一張牌的「鏡像」。一號與二號牌中性別的兩極，在「力量」牌和「隱士」牌中反轉了；然而光與暗、外在與內在的原則，卻仍然在同樣的位置。「命運之輪」從「皇后」牌自然而非關智識的世界轉了出來，進入一種內在奧祕的幻境。在這一行的最後，「節制」牌則為我們展現了一種新的勝利。「戰車」的力量被平衡與寧靜取代了。當石製的戰車令駕馭它的人無法直接與大地及河水接觸，「節制」牌的天使卻一腳站在陸地上，一腳踏入了水中，示現了與其自身及生命和諧一致的人格。

另一個主題也出現在這一行中。到目前為止，前面的牌為我們呈現了一系列的功課，關於人生我們必須學習的事物，以求在外在世界變得成熟、成功。但是開悟是一種極為個人的經驗，它無法被研究，甚至被思考，而只能被活出來。這一系列的外在功課在「命運之輪」達到了頂點，它為我們呈現出一種對這個世界及我們自身的願景，必須被回應。然則，「吊人」牌又示現了某種全然不同的東西。在這兒我們看到的不是功課，

而是開悟本身的意象，外在人格透過一種非常真實而個人的經驗，上下逆轉了。

　　在這兩張牌中間，也就是整個大阿卡納的正中央，是「正義」牌，小心翼翼地平衡著內在與外在、過去與未來、理性與直覺，以及知識與經驗之間的天秤。

（圖九）

力量
STRENGTH

在韋特對塔羅的更動中，最明顯的是他對「戀人」牌的更改；而他把「力量」與「正義」牌的位置對調，則始終是最具爭議性的。韋特本人對此變更並沒有提出真正的理由。「基於讓我自己滿意的理由，這張牌與通常排在八號的『正義』牌對調了。由於這項變動對讀者並沒有什麼意義，因此沒有解釋的必要。」不過這理由當然不僅只是個人性的。保羅‧佛斯特‧凱斯也把「力量」牌放在八號，而「正義」牌放在十一號。艾利斯特‧克勞利保留了原來的數字，但將分配給這兩張牌的希伯來字母對調了過來。這兩人或許都是沿襲了「金色黎明會」的做法，該會設計的祕密塔羅牌也對調了這兩張牌。

這種與祕密會社的聯繫，暗示著「入門」的概念。且說，入門儀式這種做法，當然並非起源於金色黎明會，雖然該會宣稱它們的特殊儀式是

直接由靈界的指導者所傳授的。入門儀式可以回溯到數千年前，而且在世界各地都能見到——從古埃及的神殿，到澳洲的沙漠。它代表一種特殊的心理轉化的法門——而這正是大阿卡納中央列的主題。將「正義」及其前後的幾張牌與這種古代的概念相互參照，我們將對塔羅——作為一種經驗——獲得更為寬廣的理解。

大阿卡納原先的安排方式之蘊意也值得我們思考。「正義」牌的圖像暗示在天秤上評量你的人生。第二列牌將我們帶離第一列的外在成就，進入自身。如此，「正義」作為第一張牌將意味著一種評估，思考你的人生對你而言意義為何，接下來則是決定要向內尋求更高的意義。顯然這一切都很順理成章。但如果「正義」是在第一位置，那麼這一切全都是在理智上發生的；這種評估乃是對於不滿足感的一種有意識的反應。如果此種估量是出自內在，被「命運之輪」強有力的靈幻願景驅迫而生，比起前者，它又會強大多少呢？「正義」牌上的雙刃劍意味著行動，是對由此種評估所獲得的知識的一種回應。回應的概念直接通往了「吊人」。如果「正義」是在第一位，那麼「隱士」則會是緊接在後。作為智慧的追尋者，「隱士」也代表了對於「正義」牌的一種合理的回應。但是同樣地，如果我們允許那份智慧先於「正義」之前來到，那麼「吊人」則是示現了來自內在深處的反應。

現在我們來思考「力量」牌的兩個位置。牌上的圖像是一個女子馴服著一頭獅子。簡短地說，這圖像暗示著無意識的能量，在有意識的理解的導引下，被釋放、安撫，被「馴服」。這樣一個概念確實很容易被放在中央的位置，這樣我們便可以將這張牌描述為這整列牌中央的考驗。而當然，「吊人」的平靜與偉大的逆轉，也會很完美地跟隨在「力量」之後。

不過，我們也能看出，「力量」牌具有做為第一張牌極其重要的特

質。內在的探索無法由小我完成。我們必須去面對，長久隱藏在我們表意識思想之下的情感與慾望。如果我們試圖以全然理性的過程去轉化自我，我們便會創造另一種人格面具。類似這樣的事其實常常在發生。許多人覺得自己的生命中欠缺了一份隨性自在，他們環顧周遭，或是閱讀心理學書籍，並觀察——帶著幾分妒嫉，甚至對自身的壓抑的羞恥——隨性之人的特質。然後，他們並不採取釋放潛藏的恐懼與慾望這個令人害怕的過程，而是小心地模仿這種隨性。他們將「戰車」延伸到了一個新的領域。

把「力量」牌放在八號，我們便可以讓它與「戰車」相互對照，作為一種不同的力量。它並非是小我的意志，而是那種內在的「力量」，能平靜而無畏地面對自我。內在的奧祕將能被喚出，因為我們找到了面對它們的「力量」。獅子象徵著由於小我試圖掌控生命，因而壓抑著的一切情感、恐懼、慾望，與困惑。戰車御者汲取內在的情感作為能量的來源，但他總是小心地導引著這能量，去到他有意識地決定它該去的地方。「力量」則允許內在的激情浮現出來，作為超越小我的第一步。

在一種十分單純的層面上，當一個人容許自己做出「幼稚」的行為，像是哭泣或尖叫；總之，就是那些原先看來很蠢或很糗的事情時，我們可以看見這種壓抑情緒的浮現。在一種較深的層面上，獅子象徵整個人格的驅力——通常在文明生活的要求下被修飾過。「力量」釋放出這份能量，是為了將它做為某種燃料，推動我們走上「隱士」的內在道路。這個目的之所以能被完成，是因為那獅子在被釋放的同時，也被「馴服」了。「力量」開啟我們內在的人格，就像潘朵拉打開她的盒子。然而，當它這麼做時，是帶著一種平和之感，一種對生命本身的愛，以及一份對最終結果的強大信心。除非我們真正相信自我發現的過程是喜悅的，否則我們將無法貫徹到底。

圖像及數字的象徵意義，也加強了「力量」與「戰車」之間的對比。「戰車」牌上畫著一個男人，而「力量」則是個女子。傳統上，當然，這兩者象徵著理性與情感、侵略與臣服。同樣在傳統上，「戰車」的數字「7」是代表「陽性」的魔法，而數字「8」則代表「陰性」。這種象徵意義是來自於解剖構造。男性的身體有七個孔竅（鼻子算一個），而女性則有八個。再者，男性的身體有七個端點，雙手、雙腿、頭、中心，以及陰莖。女性則有八個，由乳房取代了陰莖。

　　但是何謂「陽性」與「陰性」的魔法呢？祕術傳統的理論認為，性能量是整個宇宙之能量原則的一種顯現；陽性與陰性的生物，則類似於電磁的正負兩極。透過操控這種雙極的能量，「魔法」的力量從而產生。神祕學者將這些原則視為一種科學，它並不比現代科學家操控原子能要來得更神祕，或更不神祕。我們可以將萊德牌的「戀人」描述為一種概要的能量圖。因此，「戰車」與「力量」在祕術體系中相依相屬，是為「魔法師」與「女祭司」所象徵的原則在實際面的顯現。

　　就心理學而言，它們也體現了兩種力量。我們的社會強調「陽剛」的控制力；征服，透過理性與意志掌控這個世界。但是直覺與自發情感的「陰柔」特質卻絕非軟弱。要以愛與信心釋放你最深的情感，需要強大的勇氣與力量。

　　「愚人」在這兒進來了。唯有藉著一種心靈的跳躍，我們才能從表意識移動到無意識。而只有傻子才會做出這樣的跳躍，因為幹嘛要放棄成功、放棄掌控呢？諸神強迫了伊底帕斯；又是何種內在需求將會驅迫我們其餘的人呢？

　　「力量」的位置——在該行的第一位，以及馴獅女子頭上的無限大符號——另一個對數字「8」的指涉，將這張牌連結上了「魔法師」。性別的

反轉指出了來自陽性及陰性原型之面向的結合。「魔法師」對生命的積極投入，被「女祭司」所蘊含的內在寧靜給調和了。

那女子豐腴的體態與金髮，以及連結著她與獅子的那條花環，將這張牌也聯繫上了「皇后」。「皇后」牌代表自然的本能與激情；我們再次看見情感能量的意象——有些塔羅評論者稱之為「動物慾望」——被釋放、馴服。韋特將那條花環描述為第二個無限大符號，一圈繞在那女子的腰際，另一圈則環繞著獅子的頭頸。我們可以將「力量」牌描述為「魔法師」與「皇后」的結合；也就是說，「魔法師」意識的力量和方向感與「皇后」的感官性匯合在一起，給它一種目的感，並引領它走向「隱士」。請留意，就第一行而言，「1」加上「3」等於「4」，「皇帝」；而就第二行而言，「1」加「3」現在變成要乘以「2」——「女祭司」的內在真理。

這張大阿卡納的另一個面向，更進一步延伸了這種「1」與「3」的結合。凱斯和其他人分派給「力量」牌的希伯來字母是「Teth」。在喀巴拉體系中，「Teth」也指涉著「蛇」；但是希伯來文的「蛇」同時也意指「魔法」。全球各地的人們都曾做過這樣的連結；從希臘天神漢密斯魔杖上的蛇，到印度及西藏譚崔祕術的靈蛇之火「亢達里尼」（kundalini，拙火）。蛇，在「亢達里尼」和其他的地方，也代表著性慾。而塔羅——如我們在「戀人」牌中，那女子背後的「生命樹」上纏繞的蛇中得知——則將性視為一種通往開悟的力量。如果，在祕術體系中，「力量」牌代表著性魔法的實際施行，在心理學上，它則再次指涉著釋放那份禁錮在我們最強烈情感中的能量。如果我們比較一下「力量」和「惡魔」牌，我們將會看出這兒的釋放事實上只是部分的釋放。那獅子只是受到控制和引導，而並沒有被允許去帶領「自我」到任何它想去的地方。

在煉金術中，獅子代表黃金、太陽，以及硫磺。硫磺被認為是一種

較低等的元素，而黃金（在煉金術中）則是最高貴的。將硫磺轉變成黃金的過程，也正是轉化較低自我的過程。而這一行最後一張牌「節制」的設計：天使將某種液體從一個杯子倒入另一個中，便是在描繪混合相對之物、使之成為更具意義之新存在的煉金目標。

那些認為生命需要嚴格的控制，那些將「無意識」視為壓抑的「道德陰溝」（榮格如此形容狹隘的佛洛伊德觀點），並覺得激情是種折磨的人，會把這頭獅子視為理性心智必須克服的自然驅力。某些較早的塔羅牌，包括「威斯康提牌」，畫著赫克力斯殺死尼米亞之獅的場景。激情被理性征服了。但是獅子也代表著基督，上帝榮耀的力量。那些允許自身無意識的能量浮現出來、並以愛與對生命的信念導引它的人，將會發現這能量並非吃人的猛獸，而是與「魔法師」的避雷針所接引下來的相同的靈能。

在占卜時，「力量」牌是指以希望和熱忱面對生活的能力，尤其是面臨某種困難的問題或是轉變的時刻。它顯現一個內心堅強的人，熱情但卻平靜地體驗人生，不為激情所掌控或沖昏了頭。這張牌代表找到力量，儘管懷有恐懼和情緒的壓力，仍能展開或繼續某種困難的計畫。

如果「力量」和「戰車」牌同時出現，它可能意味著一種以力服人與意志力之外的替代選項，特別是，當然，當「戰車」牌是逆位時。這兩張牌也可以象徵互補的面向，最佳的配置是「力量」牌落在代表內在自我的位置，而「戰車」牌出現在代表外在的位置（「塞爾特十字」的縱軸與橫軸）。那麼我們就會看見一個行動強而有力、但卻帶著一份沈穩平靜的人。

逆位的「力量」牌首先意味著軟弱。面對生命的力量喪失了，此人感到悲觀而不知所措。它也意指一種來自內心的苦惱。獅子獸性的一面從精神與感官的統合中破籠而出。激情變成了敵人，威脅著要摧毀表意識的人格，以及它為自身所建構的生活。

（圖十）

隱士
THE HERMIT

　　就像隱士的燈籠裡的那個六角星，「隱士」牌的概念指向兩個方向；
一個向內，一個向外。首先，這張牌意味著從外在世界中抽離，目的是啟
動「無意識」的心靈。這個過程是由尖端向下的三角形所象徵，煉金師稱
之為「水」三角。但是「隱士」牌也意味著一位導師，他將會指示我們如
何開啟這個過程，並幫助我們找到自己的道途。尖端向上的「火」三角即
象徵著這位特別的導師，他可能是一位神祕學的導師、心理治療師、我們
自己的夢境，或者甚至是從自我內在召喚出來的靈性導師。

　　「隱士」的形象，在中古歐洲的想像中佔據了特殊的地位。他們住在
森林或沙漠中，從人類關心的一切俗務中完全抽離出來。「隱士」提出了
一種相對於教會的替代選項，就像是歐洲版的瑜珈苦行者，示現著透過個
人經驗去接近神的可能性。人們往往將隱士視為活聖人，並認為他們擁有

神奇的力量——就像瑜珈門徒述說的關於上師的奇妙故事那般。

隱士雖然從社會中抽離，但他或她（註）並未摒絕人類。在隱士其他的功能之外，他們也為旅人提供庇護，有時也為他們賜福。無數的故事，特別是「聖杯」的傳說，都描述隱士為進行靈性探索的騎士指點迷津，開示智慧。再一次，我們看見隱士的雙重形象：典範與導師。

在這種特殊的修持方式早已式微之後，「隱士」的形象仍持續留存人心。先驗哲學家愛默生（Emerson）曾在蘇格蘭的荒野旅行了好幾天，只為了尋找卡萊爾（Carlyle）的小屋。愛默生的友人梭羅（Thoreau），也曾住在華登湖畔的小屋，只為追尋一種對自我及自然的體悟。之後他將這段經驗寫成《湖濱散記》一書，以供他人借鏡。尼采的《查拉圖斯特拉如是說》（*Dus Sprach Zarathustra*）也尊奉「隱士」的形象；這本書就是以查拉圖斯特拉在成就了個人的轉化後歸來作為開端。而今天，無數的人將自身交託給東方的靈性上師，期望這些隱士般的導師能夠轉化他們的生命。

對於那些無法找到真實的導師的人，心靈往往會提供一個。榮格與他的追隨者曾經描述過許多患者的夢境，夢中都有位年老的智者引領他們踏上進入心靈的神祕旅程。在許多案例中，夢境解析發現那位夢中導師其實代表著他們的治療師。「無意識」能夠先於表意識心靈，更早辨識出「隱士」導師。

十三世紀偉大的喀巴拉學者亞伯拉罕‧阿布拉菲亞（Abraham Abulafia）曾經描述喀巴拉的三個階層：第一層是教義，可以從典籍中習得；第二層來自一位個人的導師所給予的直接導引；而第三層，也是最高

註：女人也常常成為隱士，而中世紀對女性的仇視，有時會轉變成對某位特定女子的尊崇，因為她被認為已經征服了她的性別中的邪惡。

的一層，則是與上帝直接結合的狂喜經驗。這三個階層與塔羅有著非常直接的聯繫，不僅僅在於大阿卡納的三個行列，也對應於三張特定的大牌，而這三張牌構成了一個等腰三角形。我們在「教皇」牌中看見了第一階層；而第三階層，則是跳過一行，在「教皇」牌正下方，出現在十九號「太陽」牌中的歡樂孩童。然而，第二階層並不是這兩張牌中間的「吊人」，而是位於三角型態的另一端，第二行中的第二張牌——「隱士」。

教義和神祕經驗都是出現在一個過程的終端；教義是如此，因為你首先必須安排你的人生，然後才能著手研習某種特殊的法門（喀巴拉學者往往對某些重要的典籍設限，只有超過三十五歲的人才能閱讀）；而狂喜經驗，則是因為你必須先通過與黑暗及奧祕的原型對抗。然而，導師卻會出現在旅程的最開端，就在旅者找到了「力量」去啟程之後。

除了作為導師之外，「隱士」也可以是個人成長的象徵，此時他傳達的概念是：唯有藉由從外在世界抽離，我們才能喚醒內在的自我。如果將大阿卡納看成兩部分，以「命運之輪」為中點，便會將「隱士」視為生命之輪轉向第二部分之前的沈思期。若是將大阿卡納視為三段七張牌的行列，我們就會看見，這種抽離，以及「命運之輪」的異象本身，都是通往一個更高目標的階梯。

我們看見「隱士」站在淒冷的孤峰上。他離開了感官的世界，以進入心靈。這幕荒涼寒冷的心靈景象，只傳達了部分的真相，或者倒不如說，是一種幻象。心靈其實是很豐富的，充滿了象徵、喜悅，以及靈性的光與愛。但是在我們能夠領略這些事物之前，我們必須先將心靈體驗為一種寂靜的選項，超脫於嘈雜的感官世界之外。對於薩滿巫醫而言，這荒涼的山峰往往是種直接的實相。在西伯利亞及美洲西南那樣偏遠的所在，薩滿學徒會獨自進入荒野，尋找靈界的導師傳授他們治療的能力。

「隱士」意味著一種過渡。透過冥想的技巧，或是心靈的訓練或分析，我們允許心靈隱藏的部分開始對我們說話。之後我們將體驗到一種重生之感，先是以天使的面貌出現（自我的永恆部分，超越小我之外），然後，我們將更深刻地感受到的是，一個自由自在的孩子，從過去經驗的花園中向前奔馳。就現在而言，這條道途是屬於那智慧老者的形象，獨自一人，只有象徵沈思的僵硬灰斗篷支持、溫暖著他。

燈籠的象徵將我們帶回作為嚮導與老師的「隱士」。他將燈火朝我們提起，意味著他願意引領我們和我們找到道路的能力，只要我們能以自身的「力量」去追隨。在某些版本中，「隱士」將他的燈籠掩藏在斗篷底下，那麼它便是象徵著，隱藏在表意識心靈底下的無意識之光。在萊德牌中，我們看得見燈光，但卻是在燈籠之中，這意味著我們要透過某種特定的自我覺知過程去釋放它，而這過程是對任何人都開放的。

我們看見，燈籠中的星星既是「隱士」作為導師的象徵，同時也代表「無意識」之光，召喚我們去發掘它的祕密。它還進一步象徵著化解生命對立面的目標。水三角與火三角傳統上不僅代表兩種通常是對立的元素，同時也象徵結合在單一形式中的陰與陽。

「隱士」的拄杖暗示著巫師的法杖，因此也指涉著「魔法師」的魔杖。「愚人」出於本能地揮舞這根棒子，而「隱士」卻是倚靠著它，作為一種有意識的支柱。因此它也象徵著，幫助我們開啟內在覺知的教法。

「隱士」位於「女祭司」的正下方，與她的抽離原則相呼應。這再次指出，如果我們想要在自己身上下功夫，就必須在某種意義上離開外在的世界。如同「力量」牌，第二行的牌逆轉了第一行的性別原型。這兒的角色象徵教導我們的是，某種以特定技術及教義為基礎的刻意心智努力，帶領我們超越了「女祭司」的封閉神殿中封鎖起來的直覺。神殿中的湖水並

沒有被完全釋放；帷幕也仍然掛在那兒，直到「隱士」下方「塔」牌的閃電將它撕開。然而，在九號牌的影響下，「無意識」從簾幕後面對我們說話了——透過象徵、夢境，和靈視。

男女性別象徵與個人實際經驗之間的差異，讓我們對「原型」有了一些重要的瞭解。我們往往會將隱士或導師想成年老睿智的「男人」，即使是在我們的夢中，因為我們五千年的父權制度在我們心中銘印了這個形象。在更早的時期，導師卻最常是女性，是「至上女神」（the Great Goddess）的使者；而即使在我們的時代，像是通靈學家勃拉瓦茨基夫人（Madame Blavatsky）這樣的女子也發揮了這種古老的功能。我們的夢往往會選擇睿智老叟的事實，證明了一件非常重要的事：「無意識」也是從個別作夢者的文化背景中汲取素材。許多人將「原型」視為所有時代、所有的人共有的僵固形象，事實上，「原型」是心靈形成某些「種類」的形象的傾向，像是導師的形象，而某種形象所採取的特定形式，將在很大程度上，取決於一個人的文化背景及經驗。中世紀的聖杯入門儀式和澳洲沙漠的儀式，依循著同樣的原型模式；它就像網格一樣，構成兩者的架構。然而此種模式的外在形式卻是千變萬化的。

「隱士」牌在占卜上的意義衍生自它的兩個面向。一方面，它象徵著從外在掛懷的事物中抽離。此人可能在實質上將自身撤離，但這其實並不是必要的。重要的是內在注意力的移轉，從浪漫詩人華茲華斯（Wordsworth）稱之為「獲取與花用」的世俗活動中撤出，轉移到內在的需求上。因此它要求一種情感上的抽離，從他人身上、和我們曾經認為極度重要的活動中撤離出來。這張牌中帶有一種深思熟慮的目的感，一種抽離感，好在自我發展上下功夫。呼應這種目的感和老者的圖像，這張牌象徵著成熟，以及對於什麼才是生命中真正重要之事的認知。

這張牌也可能是指來自某位特定指導者的協助，有時就如上面提過的，是來自內在的心靈指引，但更常見的是一位真實的人，他將在自我發現的道路上幫助你。有時我們自己辨識不出有這樣一位導師，為我們而存在。如果「隱士」牌出現在塔羅占卜中，仔細審視你周遭的人或許會是明智之舉。如果你正在幫助他人尋求體悟，那麼這位「隱士」，可能就是擔任指導者與老師角色的你。

當這張牌逆位時，抽離的概念便走了樣。如同逆位的「女祭司」可能意味對生活的恐懼，逆位的「隱士」則可能意指對他人的恐懼。如果我們從社會中抽離，作為一種退避，那麼這抽離的事實，將會變得越來越具支配力，導致恐懼和偏執。和其他大阿卡納牌一樣，「隱士」牌是作正面或負面的解釋，要看其他牌的脈絡而定。有時逆位的「隱士」牌，可能只是意味此人在這個時刻需要與他人互動。

由於正位的「隱士」牌象徵成熟，逆位時，它有時是指對人生的一種「彼得潘」的態度，也就是長不大的小孩。這個人會流連於基本上漫無意義的活動，或是模仿孩子般的熱忱（就像模仿隨性的舉動那樣），作為一種規避責任的方式，不去為自己的人生做些事情。

我第一次見到逆位「隱士」牌的這種詮釋，是在紐約的一位男士為我朋友所做的一次占卜中。從此以後，我便發現它在許多情境中都非常適用。有趣的是，我是透過另一位朋友認識這位男士的，而我這位朋友正是將這位占卜者視為她在靈性發展上的個人導師。

（圖十一）

(a)　　　　　　　　　(b)　　　　　　　　　(c)

命運之輪
THE WHEEL OF FORTUNE

　　如同某些其他的大阿卡納牌——最顯著的是「死神」——「命運之輪」乃是衍生自中世紀的一則宗教訓誡。教會將「驕傲」視為最大的罪過，因為傲慢的人將自身置於基督之前。貶斥驕傲的訓誡之一，是一位偉大國王喪失權力的概念。在許多版本的亞瑟王傳奇中，亞瑟在最後戰役的前夕，夢見或看見一幕異象，一位富有而強大的國王坐在一個巨輪頂端，突然之間，命運女神佛圖娜（Fortuna）轉動了輪子，國王便被碾碎在輪子底下。清醒後的亞瑟明白，無論我們累積了多少俗世的權力，我們的命運永遠操縱在上帝手中。圖十一（c）的「威斯康提」牌，便是崇揚著這一則實際的訓誡。

　　我們或許會認為，這個工整的道德寓言，與從「韋特－史密斯」牌（a）和「奧斯華·沃斯」的版本（b）中逼視著我們的強大而神祕的符號

相距甚遠。然而，佛圖娜和她閃亮的輪環有著奇異的歷史。首先，這個中世紀的意象乃起源於古老得多的時代，那時佛圖娜代表著「至上女神」（the Great Goddess），而被毀滅的王則是真有其事。每年，在仲冬之際，女祭司們會以國王獻祭；藉由模擬這一年的死亡，她們在女神的力量之前謙卑地俯首，而透過選出一位新王，她們向女神微妙地暗示，請她再一次從冬季之中創造出春天──對於並不相信萬有引力這類「自然律」的人們，這件事是絕不可能自動發生的。如此，這輪子最初象徵著自然的奧祕，以及人類透過儀式性的獻祭參與這份奧祕的能力。請留意這張牌位於「皇后」牌的正下方，那正是偉大母神的象徵。

到了中世紀，輪子的意象已經失去了原先的意義；但這並不意味著它喪失了暗示生命之謎的力量。在湯瑪斯‧馬洛禮（Thomas Malory）所撰寫的亞瑟王故事中，我們發現「輪子」暗暗象徵「運氣」的隨機轉動。為什麼有人會發財，其他人卻窮困潦倒？強大的國王為何會垮臺，而原本弱小的人卻會興起、掌權？是誰，又或是什麼東西，在掌控輪轉不息的生命之輪？馬洛禮暗示，運氣，那看似漫無意義的起起落落，事實上就是命運；也就是，上帝為每一個人選擇的命數──基於只有上帝才能瞭解的理由。由於我們無法瞭解那些原因，我們便說凡人生命中的事件是由運氣所決定，但這一切都屬於上帝的計畫。

因此，隨著這巨輪，我們面對了這個大哉問：宇宙中的一切事物是如何、又是為何發生的？是什麼讓太陽發光？燃燒的元素，沒錯，但又是什麼讓它們燃燒？原子能是如何發生的？說到底，冬天之後為何會有春天？萬有引力是為何、又是如何運作的？更深究一層，我們發現命運也是個幻象，是個託詞，以掩蓋我們──以我們有限的視野──無法看見一切事物之內在關聯的事實。「噢，好吧，」我們說：「這是命。」一句沒有意

義的陳述，因為我們無法理解其意義。事物不是就這樣發生的，而是有以致之的。那形塑事件的力量，為宇宙賦予生命、形式與目的的力量——馬洛禮告訴我們——是屬於聖靈的，祂以「聖杯」（the Holy Grail），亦即「聖杯王牌」（the Ace of Cups）之中的一種存在，居住在物質世界中，猶如「胥凱納」以實體居住在耶路撒冷神殿中以帷幕遮蔽的聖龕之內。

於是我們見到了真相：生命的隨機事件和所謂的物質宇宙的「規律」，兩者都在引領我們去體認靈性力量的奧祕——那由「魔法師」高舉的手臂接引下來、並在「皇后」的自然世界中顯化出來的靈能。許許多多神祕學者和薩滿巫師都說過，他們曾在靈視中看見一切事物是如何相連、如何配合無間，因為靈能聯結了整個宇宙。若非我們活得不夠久，或許我們全都能夠看見並理解這份偉大的生命藍圖。我們短暫的生命窄化了我們的視野，只能看見很小一部分的世界，使得生命看來似乎沒有意義。

且說，輪子象徵命運之謎的概念，連同它潛藏的意義，與現代的韋特－史密斯版的這張牌配合得相當好，尤其是當我們將之視為通往最後一張大牌的中點時。如果我們將萊德版的「命運之輪」與「世界」牌並列在一起，我們立刻就可以看出兩者的關聯。在一張牌中，我們看見一個綴滿象徵符號的輪子；在另一張中，我們則看見一個勝利的花環，環內是一位舞者，體現著那些象徵背後的真理。更令人注目的是，在兩張牌的四個角落上，我們看見了相同的四隻動物，只不過十號牌中的神話生物，在「世界」牌中被轉化成了真實而鮮活的樣貌。如此這般，在大阿卡納的中途點，我們接收到了生命內在意義的靈象；在最終點，這個異象變為真實，體現在我們自身當中。

在古印度，國王每年也要丟掉性命，被獻祭給女神。當父權制的亞利安人終結了這種習俗，「年之轉輪」的意象變成了新宗教的一種更強而

有力的象徵。那輪轉不息的「生命之輪」轉而象徵業力的律則，引領你從一個肉身轉世到下一個。就某方面而言，業力就是命運之奧祕的另一種解釋。透過你在這一世中的行為，你為下一世的自己塑造了某種命運，於是，如果你犯下了許多惡行，你便在你永生不滅的自我中創造出一種要受懲罰的靈性需求。當你下一次的轉世來臨時，你便會無可避免地選擇低下的出身，或是病殘的身體（這種對於業力的簡單心理學解釋，或者植基於佛教的成份大過印度教）。

又一次，我們有限的理解力使我們無法直接體驗命運之輪──或是業力──背後的真相。佛陀開悟時，他憶起了每一個前世的每一個時刻。確實，這份記憶就是開悟。透過獲得完整的知識，他能夠體察到這些生生世世全都只是慾望所創造的形象。當他終結了他的慾望，他便「下了輪子」，脫離了輪迴。我們可以說，開悟意味著（或至少包括了）穿透外在的事件、體悟到蘊藏其中的靈能，亦即，找到「命運之輪」之中的「聖靈」。

亞瑟王在夢中以一種靈視經驗到「命運之輪」，乃是饒富意義的。因為，無論我們是將這轉輪視為大阿卡納的中點，或只是完成第二行的步驟之一，它事實上是「無意識」給我們的一種靈象。「隱士」從外在世界中退轉了出來，其結果是，「無意識」對他示現了生命的願景──一個綴滿象徵符號的轉輪。

直到我們走開一段距離，「生命之輪」才會被我們看見。當我們涉入其中，我們只能看見立即在眼前和腦後的事件；那些「小我」覺得如此重要的日常利害關係。當我們抽離開來，我們就會看見整個格局。就心理學而言，我們可以將這幕靈象視為一種個人的評估：他的生命走過了哪些地方，又要往哪兒去。在更深的層面上，這幕靈象始終是神祕而象徵性的。

我們可以看見，我們把自己特定的人生活成了什麼樣子，但是「命運」則始終是個謎。

那巨輪上的符號全都有其意義；它們幫助我們去理解這些異象之中的真相。儘管如此，我們並未完整體驗那活生生的力量。「無意識」之光仍被帷幕遮蔽著。

馬洛禮將「命運之輪」連結上「聖杯」，也是意味深長的。因為「聖杯象徵」的起源——它同時也是小阿卡納的象徵符號——或許幾乎與國王的年度獻祭一樣久遠。在古代歐洲祕儀的入門儀式中，當祭司將該教派內部祕密的「靈象」示現給入門的人選時，很可能就是將聖杯、寶劍、長矛和五角星這四種象徵器物，以隆重的神祕典禮展示給他。而陳列在「魔法師」桌壇上的儀式魔法的基本法器，就是同樣的四種象徵，同時也是小阿卡納四個牌組的符號。

雖然我們不曾直接在十號牌上看見這四個象徵符號，但我們看見了它們許多類比之中的兩種。位於牌的四角的四種動物，源自於《聖經》〈以西結書〉第一章第十節中的異象。它們在〈啟示錄〉第四章第七節中也曾出現。最早，這四個形象是代表巴比倫占星術中的四個「固定」星座：獅子、天蠍、水瓶和金牛。早期的基督徒用它們來象徵四位福音聖徒，這也就是他們手上都拿著書的原因。他們有時被稱為「天堂的守護者」，後來也被拿來象徵古代和中世紀科學的四種基本元素。從右下角逆時針方向算起，他們分別代表「火」、「水」、「風」，和「土」，而這些元素同時也分屬於小阿卡納的「權杖」、「聖杯」、「寶劍」，和「五角星」。作為固定星座，這四種動物也讓人聯想到整個黃道帶——太陽在一年中的「視運動」（apparent motion）所造成的環形軌跡，它形成了可見宇宙的「巨輪」。

與四元素的另一項關聯，在於輪圈邊緣四個字母的上帝之名。從右上角開始，同樣是逆時針方向讀起，這四個字母是Yod、Heh、Vav 和 Heh。由於這個名字在《摩西五書》中出現時並沒有母音（這四個字母全都是子音），因而是無法發音的。因此上帝「真正」的名字一直是個祕密。過去至少兩千年來，猶太人和基督徒始終認為這個名字帶有神祕的力量。神祕學者對之沈思冥想（阿布拉菲亞狂喜的第三階喀巴拉，便是透過在上帝之名下功夫而達成的），而魔法師則試圖巧妙運用它。對喀巴拉學者而言，這四個字母便是世界的奧祕之終極象徵。宇宙創生的過程被認為是以與這四個字母相對應的四個階段發生的，而當然，這四個字母也相應於四元素、聖杯的象徵，以及小阿卡納。

　　交錯在希伯來文字之間的羅馬字母是一種「變位字」（anagram），也就是可以藉由更動字母順序而變成另一個字的文字結構。從最頂端順時針往下讀是「TARO」，逆時針讀則變成了「TORA」（還記得「女祭司」手中的卷軸？），我們也可以在其中找到「ROTA」（拉丁文的「輪子」）、「ORAT」（拉丁文的「說」），以及「ATOR」（愛托，一位埃及女神，又稱「海瑟兒」，Hathor）這幾個字。保羅・佛斯特・凱斯仿傚金色黎明會創始人麥奎格・馬瑟斯（MacGregor Mathers），建構出下面這個句子：「ROTA TARO ORAT TORA ATOR」，譯文是「塔羅之輪述說著愛托的律則。」凱斯稱此為「字母的律則」；由於愛托在埃及最為人熟知的身分是亡者的女神，這事實上是永恆生命的「律則」，隱藏在自然世界中。儘管身體會死亡，靈魂卻會繼續存在。凱斯也指出，與「TARO」這幾個字母相對應的希伯來數字值，加總起來是「671」，這個數字再加上「26」，也就是四個字母的上帝之名（稱為「四字母聖名」，Tetragrammaton）的數字值，便成為「697」。這幾個數字又可再化約為

「22」，也就是希伯來字母的數目，同時也是大阿卡納牌的張數。而當然，「22」又將我們帶回到「4」。

在輪環內圈的四個符號全都是煉金術的標記。從頂端以順時針方向讀來是汞、硫、水，和鹽，呼應著大阿卡納第二行的修煉目標，亦即「轉化」。水是「溶化」的象徵，也就是，將小我消溶，釋放出浸淫於習慣、恐懼與防衛之中的真我。當我們討論到「死神」與「節制」牌時，我們會進一步探討其意義。

死亡與重生的概念，也被表現在裝飾巨輪的動物象徵中。那條蛇代表賽特（Set），埃及的邪惡之神，在傳說中是祂將死亡帶入宇宙中。生命之神奧西里斯（Osiris）也是被祂所殺。這個傳說，就像那輪子本身，很可能是源自於史前殺死神王獻祭的習俗，尤其是當我們考慮到賽特曾經是位英雄神，而蛇又是接受獻祭的女神的聖物。那條蛇跟著輪子往下降；而往上升的那個豺狼頭的人形則是阿努比斯（Anubis），是死者靈魂的嚮導，因此也是新生命的給予者。根據某些傳說，阿努比斯是賽特的兒子，因此我們看見，唯有死亡能帶來新生，而當我們懼怕死亡，我們只看見部分的真相。就心理學而言，唯有外在自我的死亡能夠釋放內在的生命能。

轉輪頂端的人面獅身獸是荷魯斯（Horus）的化身。祂是奧西里斯的兒子，也是重生之神。生命戰勝了死亡。但是如同我們在「戰車」牌中見到的，人面獅身獸也象徵著生命的奧祕。「戰車」是以堅強的自我掌控著生命，現在人面獅身已經上升到輪子的頂端。如果我們容許「無意識」說話，我們將會感受到生命某種重大的祕密，遠比表面上漫無意義的事件之無盡輪轉重要得多。

賽特，那一條蛇，也被稱為黑暗之神。如前所述，將黑暗視為「邪惡」是一種假象，而事實上，對於黑暗的恐懼，就像對死亡的恐懼，是屬

於小我的。小我喜愛光明，正如同「無意識」喜愛黑暗。在光中，所有的事物都是簡單而直接的；小我可以用來自外在世界的感官印象佔據它的注意力。當黑暗來臨，「無意識」便會開始騷動，這就是為什麼小孩會在夜晚看見怪物。我們把外在自我塑造得如此堅強，原因之一是，這樣我們就不會在每次燈火熄滅時面對妖魔。

然而，那些想要跨越「戰車」的人，必須面對這些恐懼。蛇與水，黑暗與消融，全都是死亡的象徵，亦即，身體的死亡和小我的死亡。但是生命在個體人格之先和之後都存在著，而這人格，當然，只是我們的「自我」表面的一個氣泡。生命是強有力的、混亂的，湧動著能量。臣服於它及荷魯斯——重生之神，將會從混亂中帶出新生。巨輪不僅會向下轉動，也會向上升起。

沃斯版的「命運之輪」甚至更強力地宣揚著這個概念。那巨輪是在一艘船上，漂浮在水中。消融，混沌，以潛藏於物質宇宙底層的本質實相浮現了出來。存有的一切形象，形形色色的事物與事件，全都只是出於充塞宇宙之強大能量的短暫創造物。在印度神話中，當外在的形象——像是小我——變得疲憊而沈悶時，濕婆便會週期性地摧毀整個宇宙，釋放出宇宙原本由之生發的基本能量。

數字「10」暗示著「0」。「愚人」是「無物」，也沒有人格。但是「愚人」，就像數字「0」，同時也是一切事物，因為他能直接感受到生命的能量——那艘船底下洶湧的海洋。在萊德版的「命運之輪」上，輪軸的中央沒有符號。當我們來到存有靜止的中心，沒有小我或恐懼，一切外在的形象都消失了。我們能夠直覺地瞭解這一點，但要真正去體驗它，我們必須容許自己下降到那片幽暗的海中，讓人格死去、消融，並讓路給從黑暗中浮現的新生命。

在占卜時，「命運之輪」意味著此人生活的境況有了某種改變。當事人可能並不瞭解這改變是何以致之；或許並沒有直接的原因，至少沒人能看出來。而事實上，這改變可能也不是當事人的責任——在「責任」這個詞一般的意義上。一間大機構併購了這人工作的公司，他因而失業。一段戀情結束，並非因為雙方在彼此對待上犯了任何「錯誤」，而只是因為生命繼續往下走。巨輪在轉動。

關於變化，重要的是我們的反應。我們是否接受新的局面，並試著適應它？我們是否將它視為一個機會來善加運用，並在其中找到某種意義與價值？如果這張牌以正位出現，它便意味著適應。在最強的意義上，它可以意指洞穿事件之奧祕的能力，對生命獲致更深的理解。一段戀情的終結，雖然痛苦，卻能帶給我們更深的自我認識。

逆位時，這張牌意味著對事件的抗爭——通常注定要失敗，因為變化已經發生，而生命總是會勝過試圖反抗的人格。然而，如果當事人向來總是消極被動地回應生命施予他的一切，那麼逆位的輪可以意味一種更為重大的改變，而不僅只是一組新的情境。它能為一種新的覺知開路，引領你體悟對自身生命的責任。

（圖十二）

正義
JUSTICE

這張大阿卡納的圖像，乃是源自於古希臘的泰坦女神席米斯（Themis），她蒙起雙眼、手執天秤的形象，在西方世界的法庭壁畫中處處可見。她的羅馬名字是賈絲提昔亞（Justitia），代表律法的她蒙著雙眼，是為了顯示法律不分貴賤，一視同仁。不過，「社會公義」的原則，實際上是歸屬於「正義」正上方的「皇帝」牌。十一號牌乃是指出，「心靈的」正義律法——憑藉著它，我們根據自身理解過去的能力而前進——有賴於認清我們自身及生命的真相。因此，塔羅的賈絲提昔亞並沒有蒙著雙眼。

到目前為止我們討論過，大阿卡納第二行是一種從外在關懷抽離、以喚醒我們對自身及生命的內在洞察之過程。但是對事物潛在本質的洞察，若是沒有產生積極的反應，它也就沒有意義。我們永遠必須依據我們從內

在自我（「女祭司」原則）接收到的智慧做出行動（「魔法師」原則）。在這張牌上，不僅僅那完美平衡的天秤，所有的圖像全都指向一種在理解與行動之間的均衡。牌中的人物是一位女性，看起來卻顯得很「中性」；雖然她穩穩端坐在石凳上，看起來卻像是準備要站起來；一腳從袍子裡伸出來，另一腳仍藏在袍內。那柄寶劍——行動的象徵——直指向上，顯示著決心，以及此一概念：智慧就像一柄寶劍，刺穿事件的幻象，以尋找內在的意義。這把劍雙刃開鋒，因此也意味著選擇。生命要求我們做出決定，但同時每個決定一旦做出，便無法撤回。它變成了我們的一部分。我們是由自己過去的行動塑造而成的；我們現在採取的行動，則正塑造著未來的自己。

那座天秤同時也代表著，過去與未來之間的完美平衡。過去與未來達到了平衡，不是在時間中，而是在正義女神從大阿卡納的正中央，凝視著你的明晰目光中。

貫穿大阿卡納的前半段，當一個人投身於外在世界，他始終陷溺在自己是以積極原則而活的錯覺中。這是因為我們混淆了「做事」與「行動」。當我們轉向內在，我們以為我們從行動中退轉了出來；而確實，若非暫停我們外在的生活，或至少是轉移了注意力，第二行的過程便無法完成。但是真正的行動，相對於漫無目的的盲動，永遠會為我們的生命帶來意義與價值；這樣的行動是出自於領悟。否則，我們始終是真正被動的，像機器般從一個事件被推向下一個，對我們為什麼會做這些事毫無覺知。第二行的真正目的不是拋棄積極原則，而是去喚醒它。

十一號牌的意象，比先前任何一張都更完整地結合了「魔法師」與「女祭司」。首先，「11」的數字加起來是「2」，但是這個數字同時也意味著較高形式的「1」（以及較低形式的「21」）。那女子坐在懸掛著

帷幕的兩根殿柱之前，令人聯想起「女祭司」，但是她的紅袍，和她的姿勢──一手向上，一手向下──則暗示著「魔法師」。真正的行動出自於自我覺知；而智慧則來自於行動。在生命中，如同在這幅圖像裡，「魔法師」與「女祭司」不可分拆地結合在一起，就像是彼此交纏的雌雄兩條蛇（拙火與漢密斯蛇杖的象徵），或是DNA的雙螺旋。那片帷幕是紫色的，是內在智慧的標記；而畫面的背景、王冠、頭髮，和天秤則都是黃色的，象徵心智的力量。智慧不會自動發生，如果我們想要理解我們的人生，就必須去思考它。但是，除非是從對真相的清晰洞察中發展出來，否則這一切思考將毫無結果。

在個人心理的微觀層面上，「命運之輪」代表著對個人生命的一種洞察；生命中的事件，你是誰，你把自己造就成什麼。「正義」則是指對這所見所察的一種理解。而領悟之道在於責任。只要我們相信，我們過去的人生就只是這樣發生了，我們並不曾透過自己的一切所作所為塑造了自我，那麼過去就始終是個謎，而未來就只是轉動不休的輪子，了無意義。但是當我們接受，我們生命中的每一個事件都有份塑造我們的性格，而在未來我們也將繼續透過我們的行為創造自己，那麼智慧之劍就會劃破這個奧祕。

更深一層說，藉由為自己接受責任，我們弔詭地將自己從過去中釋放出來。就像佛陀記起他的每一世，我們唯有透過意識到過去，才能從其中掙脫開來。否則，我們就會不斷重複過去的行為。這就是為什麼「正義」應該位在我們生命的正中央。「小我」或許只是一種人格面具，是某種假面，但是只要我們不肯承認是我們自己打造了它，這面具便能控制我們。

對自己的生命負責的概念，並不意味著我們對於外在世界有著任何無形的操控力。舉例說，這並不意味著，如果一次地震毀了你的房子，是你

的意志以某種未知的原因讓它發生——無論是為了何種隱藏的動機。「理解」包括接受你的物質存在的侷限。宇宙浩瀚而奇異，沒有人能控制其中會發生什麼。

責任也不隱含任何道德的暗示。它僅僅意味著，無論你喜不喜歡，你的一切所作所為，你所經驗的一切，都有份促成你人格的發展。生命要求你對每個事件做出反應。這不是一種道德的要求，只是存在的一個事實。

然而，我們一切的本能、心理學、宗教，以及神祕學家的證言，全都告訴我們生命包含了某種更高的東西，一個內在的核心，獨立於我們那個被一個經驗投擲到另一個的外在自我。大阿卡納第二行顯示外在的人格正在死去，而內在的核心——「節制」牌的天使——正被允許浮現。在這樣一種釋放能夠發生之前，我們必須接受自身生命的「正義」；我們把自己造就成什麼。

我們的時代主要是以心理學的角度來看待這種覺知的歷程，心理分析的艱難過程便是最佳的例示。其他的時代則將此種轉化的過程，「外化」在戲劇性的入門儀式中。入門儀式有兩種。在許多部落社會中，所有的成員都要在青春期開始時進行特別的典禮。在基督教之前的希臘和羅馬，人們會選擇加入特定神祇的「祕儀」作為啟蒙。這些祕儀的入門程序都會依循某種特殊的模式。當即將被啟蒙的入門者鼓足了勇氣，首先他會接受指導，領受這個教派或祕儀的教義；在這段時間中，儀式主持者會採取一些步驟，透過冥想、儀式和藥物，去開啟通往入門者的「無意識」的管道，讓他更具接受性。這些開頭的階段係由「力量」和「隱士」牌所象徵。然後，在一種極為神祕而戲劇化的氛圍中，一種代表該教派祕密奧義的異象會被展示在入門者面前（在此之前它們被保密，一方面是要保護它們不被非信徒所知，但更重要的是為了讓它們在被揭露時更具效力）。在「聖

杯」祕儀中，這異象是由一群女子手捧聖杯和其他伴隨的象徵器物，一邊為受傷的國王哭泣，一邊戲劇化地列隊行進。我們在「命運之輪」中曾見過類比這種異象的象徵。

現在關鍵的時刻到了。入門者必須做出回應。如果他只是站在那兒，被動地等待接下來的事件，那麼入門儀式便無法繼續。在「聖杯」祕儀中，必要的回應很可能是提出一個問題，像是「這些東西的意義何在？」或是比較幽微地：「聖杯是服事誰？」藉著提出這個問題，入門者給了對方一個回應的機會，也就是，透過儀式化的死亡與重生繼續啟蒙的程序。更重要的是，入門者藉此確認自己是這程序的一部分，要對它妥當的結果負責。這比聽起來要困難得多。這種儀式象徵大自然的生、死與重生，以及身體死去，以釋放永恆的靈魂。要在這樣蕭穆的場合開口說話（而且請記住，入門者是以一種我們今天大多數人都不可能體驗的方式，相信他們的神），所需的勇氣，至少不下於接受心理分析與覺醒所揭露的真相。

在我們的時代，對個人主義的強調，使得我們只會想到個人的死亡與重生。莊嚴蕭穆的入門儀式，目的則不僅在轉化特定的個人，同時也將他與宇宙更廣大的祕密連結起來。依循這個脈絡，我們可以看出「正義」牌為何應該位居大阿卡納正中央的另一個理由。我們已經談到過，世界是對立事物的偉大互動，是光與暗、生與死的恆久轉輪。我們也談過，轉輪的中心是個靜止不動的點，對立之物繞著它迴轉不休。「正義」牌中平衡的天秤，再次暗示了那個如如不動的點。當我們找到自身生命的中心，一切事物都進入了平衡。當所有的對立物，包括過去和未來，都達成了平衡，我們就能在自身之內獲得自由。

許多人納悶，自由意志在塔羅、易經，或占星術中扮演著何種角色。如果紙牌能夠預測我們將會做什麼，這是否意味著自由意志並不真的存

在？這個問題起於對自由意志本身的誤解；我們以為它是某種單純的、獨立於過去之外的東西。在任何時刻，我們都可以自由地去做任何想做的事。但是我們以為的自由抉擇，事實上乃是受到過去行為的控管。如果我們不瞭解自己，又如何指望能做出自由的抉擇？唯有藉由看見並接受過去，我們才能將自己從中釋放出來。

　　某人可能針對某個情境詢問塔羅牌。紙牌非常直接地概略指出某個決定的結果，舉例說，是否要發展一段戀情，或是展開某項新計畫。假設紙牌顯示會有災難，而這人也真的能夠看見紙牌所預示的結果有其可能性。現在這人或許會說，「好吧，這有可能，但是我的自由意志讓我能夠改變局面。」於是他就放手去做了，而結果也真的跟塔羅牌預測的完全一樣。這人其實根本不曾運用自由意志；反之，自由意志的概念被拿來當作藉口，去忽視他也承認是一種合理預測的可能結果。這並不是一種假設性的狀況；在塔羅占卜中，這種事情一次又一次地發生。光是預見可能的結果，並不足以讓我們去改變或防範未來的事件。我們必須瞭解它為何會發生，必須在我們自身當中找出令我們會做哪些事、會以哪種方式反應的原因，然後在上頭下功夫。自由意志當然存在，我們只是不知道如何運用它。我們能從塔羅占卜中學到的最重要的事，就是我們何其鮮少行使我們的自由。

　　在占卜時，我們永遠必須非常留意「正義」牌。它的出現首先是指出，事件的結果就是它們「應該」會有的結果；也就是說，正發生在你身上的事，是來自於過去的情境與決定。你得到你所應得的。其次，它指出看清這份結果之真相的必要性及可能性。這張牌意味著絕對的誠實。於此同時，它也顯示此種可能性：你從目前的情境中學到的功課，可以改變你未來的行為。

我們無法對自己誠實，除非我們能將這份誠實也延伸到與他人的互動中。在這個意義上，這張牌傳達著「正義」的明顯意義；誠實、公平、正確的行為，還有，當然——在法律及其他事務上——一個正直的決定——雖然不一定是此人偏好的決定。

　　逆位時，這張牌暗示對自己與他人的不誠實。它顯示當事人不願去看見事件的意義，尤其是指你正在錯失某種對你自己和你的人生，獲致更深理解的機會。在外在的層面上，它意味著不誠實和不公正的行為或決定。有時會是別人對我們不公平。逆位的意義，也可能是指不公平的法律決定，或是來自某人的惡劣對待。

　　另一方面，我們一定不能讓不公平的暗示成為藉口，否認我們自身對所發生之事的責任。逆位的「正義」牌有時反映著這種態度：「這不公平，瞧瞧每個人是怎樣對待我。」諸如此類。

　　無論正位或逆位，「正義」的明晰眼光傳送給我們一個無可抗拒的信息。用愛默生（Emerson）的話來說，「只有你自己能救贖自己。」

（圖十三）

（a）　　　　　　　　（b）

吊人
THE HANGED MAN

　　在看見你把自己的生命塑造成何種樣貌的轉折點之後，隨之而來的是接受的平靜；「正義」之後，是「吊人」。許多藝術家、作家和心理學家都深深被這張牌吸引，因為它簡單的設計中暗示著偉大的真理。我們已經談到過這上下顛倒的姿勢，和交叉的雙腿之後的神祕學傳統。在討論「力量」牌時我們說過，神祕學家試圖釋放慾望的能量，並將之轉化為心靈的能量。許多神祕學者依循傳統瑜珈的概念，相信要做到這點的一種非常直接的方法，就是真的去以頭倒立，好讓地心引力使這能量從生殖器向下流到腦部。當然，只有最天真樂觀的神祕學者，會期待這樣的事果真會如字面般發生。他們或許相信，生殖液體中的微量元素會往下滲透，影響腦部；比較中肯的說法是，身體姿勢的逆轉是一種非常直接的象徵，意味著透過心靈覺醒而來的態度與經驗的逆轉。眾人癲狂，你獨平靜。當其他人

相信自己是自由的，其實卻是被他們所不瞭解的力量推來拉去時，你卻透過理解並擁抱那些力量，而獲致真正的自由。

「吊人」倒吊在一棵形狀像字母「T」的樹上。這是古埃及十字架「安卡」（ankh）的下半部，是象徵生命的符號，有時也被稱為「道」十字（Tau cross）。根據凱斯的說法，「安卡」在埃及相當於希伯來字母「Tau」，也就是對應於「世界」牌的字母。如此，「吊人」也可說是通往「世界」的中站。「12」是「21」顛倒過來的這個事實，也顯示了這一點。而如果你將「吊人」牌倒立過來（讓那人變成正立），你將會看見和「世界」舞者幾乎一模一樣的姿態。因此，如果我們問，哪張牌是大阿卡納的中點，答案不是一張，而是三張──「命運之輪」、「正義」，以及「吊人」，這象徵著一個過程，而非一個時間點。

請留意當「世界」舞者的雙手是握著魔杖向外伸展，「吊人」的雙臂卻是交叉在背後。也請記得，他是上下倒吊的。在此階段，一種深刻的心靈覺知只能藉由從社會中隱退才能維持。在「世界」牌中，我們則看見那同樣的覺知保持在生命所有的外在活動當中。

「吊人」懸吊在「安卡」十字架上，這使他的樹成為「生命之樹」。北歐神話中，奧丁（Odin）大神將自己倒吊在世界之樹「伊格卓希爾」（Yggdrasil）上，以自身獻祭。呼應這個神話，我們也可以將這絞架稱為「世界之樹」。這棵巨樹紮根於冥府（無意識），然後向上穿過物質世界（表意識），再延伸到天界（超意識）。那最初表現在「戀人」牌圖形中的概念開始真正發生了。我們先前視為概念的，現在，在「正義」之後，變成了一種真實的經驗。「吊人」的數字，「12」，是「2」乘以「6」，也就意味著，「女祭司」將「戀人」提升到了一個更高的層面。

在這種種象徵意義之外，「吊人」打動著我們，是因為它展現著一

幕平靜與領悟的直接意象。這張牌如此強烈地展現著寧靜安詳，因為「吊人」已經臣服於生命的韻律。在古老的入門儀式中，「臣服」乃是要入門者加入儀式，而非只是旁觀。對許多現代人而言，它意味著釋放封鎖多年的情感。請留意這兩件事都是行動；向「世界之樹」臣服是我們採取的一種實際的步驟，而非被動的等待。

T・S・艾略特的詩作〈荒原〉將個人對情感臣服的概念，與一次戰後歐洲生活的荒蕪，以及古老的聖杯祕儀連結了起來。受傷的漁王（Fisher King）能被「一世的審慎也無法撤銷的片刻臣服」治癒。在這首詩較前面的段落，主角被告知要「小心溺水而死」。小我將臣服視為死亡——消融在生命之海中。提出這個警告的是一位塔羅占卜師。艾略特的詩助長了塔羅牌在一九二〇年代的風行。特別是，它讓「吊人」這張牌出了名。事實上，「吊人」並沒有出現在詩中，但正因為他的缺席這才重要。

艾略特聲稱他對塔羅一無所知，只是從中借用了一些意象。如果是這樣，他便是直覺地瞭解到，「吊人」與水之間有著某種關聯。大多數塔羅喀巴拉學者，將字母「Mem」分配給「吊人」牌。「Mem」代表「海」，因此也代表「水」元素。索索斯垂絲夫人警告她那位盲目於小我的問卜客，「小心溺水而死。」她對他說，「我沒看見『吊人』，」但她接著指向另一張牌，「溺死的腓尼基水手」（並非正規的牌名），說道：「這是你的牌。」

「吊人」交叉的雙腿代表顛倒的數字「4」。「4」象徵有著四個方位的大地。藉著逆轉自我的價值觀，「吊人」將世界轉到了他的頭頂上。他的雙臂和頭部，共同形成了一個尖端向下的「水三角」。通往超意識的道路乃是透過無意識。在圖十三中，萊德牌右邊的「金色黎明牌」中，「吊人」是懸吊在水面上的。

因此，我們在「吊人」的身體中看見了「4」——世界、意識，以及「3」——在這兒代表水，或無意識。這兩個數字相乘，便形成「12」。在相乘中，原來的數字消融了，形成了某種大於其總和的東西。

　　數字「12」，如同「21」，隱含著「1」與「2」。「魔法師」的魔杖所接引下來的能量，現在進入了「吊人」。在這個意義上，這張牌呼應著「魔法師」。我們可以在環繞「吊人」頭部的光圈中看見這能量。真正感受到蘊含在生命中的靈能，是「吊人」在全然平靜中的一種強大而興奮的經驗。數字「2」令人聯想到「女祭司」；水的意象亦然。「女祭司」與「吊人」這兩張牌都意味著一種抽離，但是當二號牌代表「接受性」的原型，十二號牌則顯示它的一種經驗。

　　「1」加「2」等於「3」。「皇后」透過情感的投入而直接感受生命，而「吊人」則是透過內在的覺知來感受它。

　　在占卜時，「吊人」傳遞的信息是「獨立」。正如「愚人」意味著做你覺得最好的事，即使別人都覺得很蠢；「吊人」意味著做你自己，即使別人覺得你的一切都顛而倒之。它象徵著與生命深刻連結的感受，也可以意味某種艱難試煉之後的平靜。

　　「吊人」牌逆位時，是指沒有能力掙脫社會的壓力。我們未能聽從內在的自我，而是依照他人的期望或要求行事。我們對生命的覺知始終是「二手」的，從不是一種直接的經驗，而只是一系列的刻板模式，就像那種以父母的指令或電影明星的舉動為模型，去塑造自己行為的人。

　　這張牌逆位時，也意味著以某種方式與你內在的自我交戰。它可以意味著，此人試圖否認自身某個基本的部分，或只是無法接受實相，並以某種方式不斷地與生命抗爭。由於他讓自己的小我與世界對抗，此人也將永遠無法充分體驗生命。我們任何人都無法瞭解「活著」的完整意義，直到

我們──像奧丁那樣──將自身懸吊在「世界之樹」上──它的根超越了知識，深植在經驗之海中，而它的枝椏則消散在無盡的星子之間。

（a）

（b）

（圖十四）

死神
DEATH

　　亞瑟・韋特所設計的十三號「死神」牌，偏離標準塔羅圖像的程度不下於「戀人」牌（位於「死神」正上方）。圖十四右方是祕傳的「金色黎明塔羅」，但是，雖說是祕傳的圖像，它卻示現著「死神」較為古老、在本質上屬於社會性的訊息。死神誰也不放過，王侯庶民一視同仁。死亡的這種基本的「平等性」，是中世紀很受歡迎的佈道主題。這種概念之久遠，至少可以回溯至猶太人喪葬的習俗，所有的人都以同樣的方式埋葬：一襲白壽衣，和一個樸素的松木棺，如此，在死亡中，富人與窮人便歸於平等。

　　如我們可以料到，死亡的偉大威力引領我們超越「民主平等」，去思考其哲學及心理學上的意義。死亡，如同生命，是永恆而始終臨在的。個別的形式總是在死去，而其他的不斷生起。沒有死亡去清除掉老舊的，新

的東西就無法在這個世界上找到位置。許多科幻小說都描寫過,如果世界的領袖不會死,會造成怎樣的專制社會。佛朗哥死後西班牙的解放,適切地顯示了死亡的重要。

當我們死去,肉身會腐朽,只留下骷髏。骷髏最終也會消逝,但是它續存的時間至少夠久到足以暗示永恆。因此,「金色黎明」牌中的骷髏,暗示著永恆戰勝了短暫的生滅。骷髏也有其神祕學上的意義。在世界各地,薩滿的訓練都包含運用藥物、冥想,甚至刮掉臉上的皮肉去看見自己白骨的方法。藉著將骨頭從皮肉中釋放出來,薩滿將自身與永恆連結了起來。

由於人們懼怕死亡,他們便在其中尋找理由與價值。基督教教導我們,死亡讓我們的靈魂從罪惡的肉身中解脫出來,好讓我們得以在未來的更高生命中與上帝相會。榮格曾撰文談過對來世之信念的價值。若無此信念,死亡似乎太過可怕,令人無法承受。

另外也有人指出,死亡讓我們與自然合一。將我們與世界隔離的意識將會消逝;雖然肉體將會腐朽,那也只意味著它會餵養其他的生物。每次死亡都會帶來新生。許多人覺得自己會被吃掉的概念,連去想想都太過恐怖。近代為屍體防腐、化妝,讓他們看來好似活著,然後用密封的金屬棺材埋葬的做法,便是出於讓屍體與自然——即使在死後——保持隔離的渴望。

事實是,由於我們不會知道一旦靈魂離去後身體將會如何,我們真正恐懼的是人格的毀滅。將自身視為與生命分離的是小我;因為它只是一個面具,因此小我不希望死去。它渴望令自身高於宇宙。

如果我們能夠接受死亡,我們將能活得更為完滿。小我永遠不想釋放能量;它試圖囤積能量,以對抗死亡的恐懼。其結果是,新的能量便無法

進入。我們可以在人們恐慌時的呼吸方式中，十分生動地看見這一點。他們試圖大口吸入空氣，不讓任何空氣出來，結果反而喘不過氣來。

在性行為中，小我也試圖貯藏能量。它對抗高潮，抗拒臣服，因為在那個時刻，小我部分地消融了。在伊莉莎白時代的英格蘭，性行為常被描述為「死去」。而塔羅中的「死神」正是位於「戀人」牌的正下方。

由於小我極其抗拒死亡的概念，因而令我們無法享受人生，有時我們必須採取極端的手段去超越它。古代的入門儀式總是會帶入一種模擬的死亡與重生。入門者被誘導去相信，他真的要死了。執行儀式者用盡一切方式，讓這死亡儘可能地逼真，好讓小我受騙，確實地體驗到這種可怕的自我消融。然後，當入門者「重生」之後，他會體驗到一種新的成熟，與一種新的能量的自由。近年來，許多人透過迷幻藥體驗到十分類似這些儀式的經驗。他們相信自己就要死了，然後感覺自己被重生。然而，沒有經歷過由「吊人」所象徵的準備過程，這種經驗往往極度令人心神混亂。

不同於許多人所相信的，「死神」牌事實上並不意味著轉化。更準確地說，它是對我們示現當我們放棄舊有的面具、容許轉化發生的確切時刻。如果我們思考塔羅與心理治療的類同處，或許我們將更能理解這一點。透過意志力（「力量」），此人在治療師／導師（「隱士」）的協助下，允許關於自己究竟是誰、並希望擺脫哪些習慣或恐懼的知識浮現（「命運之輪」與「正義」）。這份知識帶來平靜和改變的渴望（「吊人」）。但這時有種恐懼來襲了。「如果我放棄我的行為模式，」這人心想，「或許就什麼也不剩了。我將會死去。」我們在小我的掌控底下活了這麼多年，以致於我們相信再沒別的東西存在。這面具是我們所知的一切。人們往往會在心理治療中停滯許多年，只因為他們懼怕釋放。「愚人」的空無令他們害怕。事實是，他們是對的。由畢生的行為創造出來的

「我」確實會死去。這個人將會停止存在。但是某種別的東西將會生起。

韋特設計的圖像，為十三號牌增強了心理學上的意義。牌上的四個人展現了面對改變時，四種不同的態度。被擊倒在地的國王，代表僵化的小我。如果生命以足夠的力量向我們襲來，小我可能會崩潰；若是無法適應極端的變化，可能便會導致精神錯亂。教士站立著，直接面對死神；他之所以能這麼做，是因為他硬挺的法袍和帽子保護、支持著他。在這兒我們看見信仰體系的價值，幫助我們超越對死亡的恐懼。那少女象徵部分的純真。此處的小我並不僵固，但仍意識到自身，不願臣服。因此她雖跪著，但卻把臉轉開。只有那小孩，代表全然的純真，能夠天真地面對死神，獻給他一束花。

死神穿著黑色的盔甲。我們已經看見過黑色與黑暗，是如何象徵生命的源頭，以及其終點。黑色吸收所有的顏色；死亡吸收所有個人的生命。骷髏騎著一匹白馬。白色反射所有的顏色，因而象徵純潔，但同時也象徵空無。旗幟上的白玫瑰代表慾望被淨化了，因為當小我死去，自私與壓迫性的需求也隨之死去。

在牌的後方，我們看見太陽在兩根石柱之間升起。小我是屬於二元對立的外在世界，將經驗分割並分門別類。透過死亡，我們感受到生命光芒四射的力量，它只知其自身。石柱前方的景物令我們聯想起所有神話都曾描述過的「亡者的國度」。我們懼怕舊有自我的死亡，因為我們不知道之後可以期待什麼。那些練習「白骨觀」的薩滿，主要功能之一就是先行走過「亡者之國」，好能引領其他人的靈魂。

一條河在畫面中央流過。河流，如我們在「皇后」牌中見到的，象徵著變化與永恆的合一。河流匯入大海的事實，令我們思忖宇宙的無定形和統一性。那艘小船，令人聯想到法老王的葬船，象徵著穿越死亡、被帶入

新生的「真我」。

　　無論圖像為何，所有版本的「死神」牌都是十三號。雖然大多數人都認為「13」不吉利，但他們都不知道原因何在。在西方文化中，「13」是指猶大，因為他是「最後晚餐」中的第十三人，因此這個數字意味著基督（和所有的人）之死。十三號星期五尤其不吉利，因為基督是死在一個星期五。但我們也可以將基督視為第十三個人。死亡帶來復活。

　　在某種更具象徵性的意義上，「13」不吉利，是因為它帶我們越過了「12」。「12」是一個所謂的「完美」數字。它結合了「1」與「2」的原型，並象徵著黃道（有十二宮），因而也象徵宇宙。它可以被「1」、「2」、「3」、「4」和「6」整除，比其他任何數字都多。「13」則破壞了這份優雅。它只能被「1」和它自己整除。再一次，我們可以超越這種象徵用法的負面面向。正因為它毀壞了「12」的完美，「13」意味著一種新的創生；死亡打破了舊有的形式，為新的開路。

　　「13」被視為不吉利的另一個原因，是因為它令人聯想起月亮駭人的晦暗幽光。一年大約包含十三個月圓週期（月亮每29.5天繞行地球一周）。月亮不僅與陰暗和神祕連結在一起，它也在每個月裡經歷自身的死亡與重生。基督死後三天三夜在地裡，之後從死裡復活——這可能也借用了更早的月亮象徵。因為從月虧的最後一線微光，到第一輪新月出現之間，月亮會消失三天。由於月經週期與月亮之間的聯繫，遠古世界的月亮崇拜主要是歸屬於女性。許多人相信，中世紀的女巫事實上是異教月亮崇拜的一種地下殘存物。這就是我們的基督教（和父權制）文化將「13」視為不吉利的另一個原因。它暗指著巫術，以及以祕密儀式崇拜月亮的女性顛覆份子。

　　「13」的兩個數字加起來成為「4」，「皇帝」。透過死亡，我們克

服了外在「社會性」的自我。由於「13」是「3」的較高形式，這張牌也呼應著「皇后」，並再次提醒我們，在大自然中，生與死是不可分的。

在占卜時，「死神」牌意味著一段轉變的時刻。往往，它也暗示著對改變的恐懼。在最正面的意義上，它顯示清除老舊的習慣與僵化固著，允許新的生命浮現。在最負面的意義上，它暗示對肉體死亡的一種令人癱瘓的恐懼。這種恐懼要比許多人所了解的要更根深柢固，往往一次有許多正面徵兆的占卜，卻因為在「恐懼」的位置出現了「死神」牌而有個糟糕的收場。

這張牌逆位時，意味著受困於老舊的習慣中。韋特將之描述為生命中的「惰性、昏昧、了無生氣」。這種呆滯、沈悶的生命感，掩飾著小我試圖規避改變之時而不擇手段的抗爭。這張牌總是意味著，死亡——以及隨之而來的重生——不僅僅是一種可能，在某種意義上，更是一種必要。死亡的時刻來臨了。藉著將我們淹沒在昏沈中，小我防範著對此一事實的覺知進入意識中。遲滯、厭倦和消沈，往往隱藏著內在的恐懼。

(a)

(b)

(c)

（圖十五）

節制
TEMPERANCE

　　「戰車」牌象徵一個「小我」被成功地建構了起來，能夠無往不利地因應人生。隨著時間過去，這個小我變得僵化；慢慢地，此人的行為越來越不是對實況的反應，而逐漸成為一連串的習慣。大阿卡納第二行的目的，就是將我們從這個虛假的人格中釋放出來，同時讓我們瞥見宇宙中更高的真理。「節制」，出現在「戰車」牌正下方，顯示一個人的行為再次與真實世界連結起來，但卻是以一種比以往更具意義的方式。因為，如果說小孩是與生命直接地互動，他是沒有意識地這麼做的，而當意識成長，小我也隨之膨脹。「節制」即是指結合「率真」與「知識」的能力。

　　「節制」這個詞的意思是有所節度。對大多數人而言，這意味著自我控制。然而，塔羅的「節制」不走極端，這純粹是因為極端並無必要。它並不是根據某種道德規範的人為禁制，而恰恰相反，是當種種情況發生

時，一種真實而恰當的回應。

　　這張牌的英文原名「temperance」源自於拉丁文「temperare」，意思是「調合」或「妥善地結合」。一個人若是釋放了內在的自我，其特徵不僅是有所節度，而且會有能力去結合生命的不同面向。許多人只能藉著將生活打包成不同區塊來應付人生。他們為工作創造出一種人格，為私生活創造出另一種；兩者皆是虛假的。他們將某些時刻與情境視為「嚴肅」的，其他則是「玩樂」，並小心翼翼絕不對嚴肅的主題發笑。他們所愛的人，往往不是他們覺得有性吸引力的人。這一切的分隔，源自於沒有能力逐時逐刻面對生命的原貌。「節制」則結合了生命的元素。在實際面，它結合了人格的元素，好讓此人能與外在世界一同自然地流動。

　　這張大阿卡納牌的整個畫面都展現著「結合」的標記。當我們觀看最左邊的韋特－史密斯牌，我們首先會看見水從一個杯子注入另一個杯裡；生命的元素匯流至一處。請留意，底下那個杯子並不是位在上面那個的正下方，因此這圖像顯現著一種在物理上不可能發生的狀況。在其他人看來，有「節制」之人以喜悅處理生命一切問題的能力，彷彿就像是魔法。

　　萊德牌的「節制」，將兩個杯子都描繪得像是具有魔力般。在圖十五右邊（c）的沃斯牌中，上方那個水罐是銀色的，象徵來自月亮的水流，亦即「無意識」，流向太陽，也就是表意識。大阿卡納的第二行始於從外在世界的撤離，以尋找內在的自我；現在，回歸人生正常活動的時候到了。

　　圖中那條道路尤其意味著回歸。我們已經向下走入自我，現在我們要尋路回來，以充實後的自己再次投入外在世界。請留意先前的牌中的兩根柱子現在變成了兩座山。抽象的觀念成為了現實；「節制」是一張關乎行為的牌，而非概念。

　　牌中的天使一腳踏在陸地上，另一腳則浸在水中。如同水代表「無

意識」，陸地則象徵由事件和其他人構成的「真實世界」。「節制」的人格，其行事發自於一種內在的生命感，連結了這兩個領域。水同時也暗示著潛力，也就是生命的可能性，而陸地則象徵著顯化，或成為真實。「節制」之人，透過他的行動，將「吊人」所感受到的不可思議的驚奇帶入了實相界。

BOTA版的「節制」牌（見圖十五b）顯示，瓶中的水澆灌在一頭獅子身上，而火焰則從火炬滴落在一隻老鷹頭上。獅子座象徵火（魔法師），而老鷹——天蠍座的「較高」形式——則代表水（女祭司）。天使正在調和基本的二元對立，將生命的不同面向——那先前看似毫無希望地水火不容的事物——無可分割地結合起來。且說，老鷹代表較高形式的天蠍，因為天蠍象徵著無意識的能量。這種能量作為較低的形式——蠍子時，主要展現為性慾，是未發展人格的「動物性慾望」。當這能量通過覺知而被轉化，便成為靈性的天鷹。「力量」牌顯現這種能量，以獅子的形式被帶引出來；在BOTA牌的「節制」中，我們看見這個過程已經完成，天鷹與獅子已結合在一起。

那天使形似希臘女神艾蕊絲（Iris），她的標記是彩虹；BOTA牌上顯現著一道彩虹，而萊德牌上則有與她同名的鳶尾花（iris）。彩虹的象徵意義是暴風雨之後的寧靜，這提示我們「節制」牌展現著被「死神」的可怕經驗所釋放的人格。彩虹由水而生，但卻變成閃耀天際的光芒。天空是內在自我的象徵，它一度似乎是黑暗、混亂而可怕的，現在被引領出來，喜悅地轉化為新生的承諾。在猶太和基督教傳統中，彩虹是大洪水之後重生的標記。那大洪水，如濕婆大神般毀滅了宇宙，在心理學上代表舊有模式的死亡。那些舊有模式已經不再能反映真理和生命的喜悅，並將人們引入「惡」中，也就是對自身及他人具有毀滅性的行為。

作為宙斯的使者，艾蕊絲進入冥府，用冥河之水裝滿她的金杯。古希臘人相信，死者的靈魂會渡過冥河，進入亡者的國度。唯有降入自我的地下世界，才能獲致新生。

以宗教觀點而言，天使象徵著被死亡解放的不朽靈魂。如果你細看天使的領口下方，你會看見上帝的名字織入了白袍的紋理中。在基督教傳統中，靈魂在復活之後將會與上帝結合。正方形之中的三角形暗示著「靈」從肉體中升起。

就心理學而言，那天使象徵著在小我死亡後浮現的生命能量。那三角形現在則示現著，這份能量在尋常活動的方框之中運作著。我們不需要創造奇蹟才能感受到自身與不朽宇宙的連結。我們只需做我們自己。

還記得在「命運之輪」上，「四字母聖名」象徵著命運的奧祕？在這裡，這名字變成了我們的一部分。當我們學會在生命事件來臨時，如實因應，而非依照習慣與防衛心態的例行反應，我們便成為自己命運的「主人」。

「節制」在占卜上的意義，正如這張牌的概念，起始於穩健適度，在一切事物中保持平衡，並採取中道。這張牌意味著正確的行動，無論何種情況來臨都要做正確的事。常常，這意味著什麼也不做。不懂節制的人總是需要做些什麼，但是往往在某個情境下，一個人需要做的就只是等待。這張牌的出現，有時是作為魯莽輕率與歇斯底里的牌之對治方式。

「節制」是指混和異質的元素，調和活動與情感，以產生一種和諧與平靜之感。由於它意味著平衡並結合生命的不同面向，「節制」牌對小阿卡納牌有著一種特殊的意義。如果某次占卜顯示當事人被兩種元素切割，例如，「權杖」與「聖杯」，亦即主動與被動，或是「聖杯」與「五角星」，亦即幻想與現實，那麼「節制」——穩健中庸，並以內在的生命感

行事——就能提供一個線索，將這些面向整合起來。

　　類似逆位的「愚人」牌，逆位的「節制」暗示一種狂野，走極端。在「節制」中，這是因為此人缺乏內在的體悟，去知曉對於某種情境什麼才是恰當的做法。這張逆位的大牌可以作為一種警告，你已經容許自己的生活變得支離破碎，從一個極端擺盪到另一個。事實上，它可以暗示著「讓老舊習慣與恐懼消逝在過去」的偉大任務的失敗。在一種簡單的層面上，逆位的「節制」告訴我們要鎮定下來，避免走極端；在它最深的意義上，它將我們送回「力量」，去展開那段漫長的，時而痛苦，時而駭人，但在本質上永遠是喜悅的死亡與重生的歷程。

第六章
偉大的旅程
THE GREAT JOURNEY

開悟的目標
THE GOAL OF ENLIGHTENMENT

　　大多數人在摧毀了人格的面具、能夠以煥然一新的自我返回尋常的世界時，都會感到滿足與實現。然而，總有一些人始終在尋求某種更高的東西——與實相界的靈性基礎全然的合一。對他們而言，只是感受到這種靈能流過自己的生命還不足夠。他們渴望以完整的意識去知曉這份力量，而他們的覺悟、教誨與典範能夠裨益其他的人。對於這些人，大阿卡納第二行的成就是一種準備，一種障礙的清除。

　　在生命最真實的形式中，它就只是純粹、未分化的能量，在其中所有的活物同時存在著。永恆並非以形式、部分和碎片的面貌出現。意識保護我們不去感受這種鋪天蓋地的經驗，它將生命的總體打碎，成為對立事物和各種

類別。在「吊人」與「節制」中，我們在某種程度上超越了這些限制性的幻象，感受到生命偉大的力量，感受到我們自身是那力量的一部分。但即使在「節制」中，那分離的幻象又回來了。「節制」下方的牌稱為「世界」，因為正是要透過體驗這個宇宙，我們才能與它合而為一。

　　大阿卡納第三行起始於一個似非而是的弔詭，一種表面上的沈淪，落入「惡魔」的幻象中。透過探尋這張位置特殊的牌的意義，我們對「解脫」的內涵有了一種新的理解。在大阿卡納一開頭，我們曾說黑暗與光明是密不可分的。然而，那幽暗的、無意識的一面，深藏在「女祭司」的神殿中，唯有透過直覺方才得以體驗。要越過那片帷幕，我們首先必須進入自我的幽暗處。許多宗教都讚頌著通過黑暗、進入永生之境的旅程，而當基督教會建立起崇奉光明的宗教，它便驅逐了一切對黑暗的召喚，將之斥為邪惡。「惡魔」常見的形象，便正是希臘神祇「潘」與基督的各種其他競爭者之混合體。

　　「塔」牌的意義取決於我們如何看待「惡魔」。如果我們將「惡魔」單純地視為幻象，那麼「塔」牌則顯示這些幻象被猛烈的劇變擊碎。然而，如果「惡魔」是指受壓抑能量的釋放，那麼被閃電擊碎的幻象就不是別的，正是意識的帷幕本身。在每一行中，中央的三張牌都構成一個特殊的群組。第一行中，那是自然、社會和教育的三部曲；第二行則是變化，從「命運之輪」的外在願景，通過「正義」，過渡到「吊人」的內在經驗。在最後一行中，這三張牌顯現了從「星星」的內在啟示，回歸到「太陽」的明意識的歷程。而在其間，充滿了不可思議的奇異感，則是「月亮」的所在。

　　「太陽」並非終點。再一次，我們下降到黑暗中，去經驗——在「審判」和「世界」中——一種和宇宙及充塞其間之靈能的全然結合。現在我們能夠在外在世界中行動，同時也從不失去內在那份廣闊與驚奇之感。「魔法師」與「女祭司」在歡欣的舞蹈中合一了。

（圖十六）

惡魔
THE DEVIL

　　這個象徵壓迫的猙獰形象，為何如此遲才在塔羅中出現？在獲致「節制」的平衡之後，為何會如此突兀地沈淪？「惡魔」的數字是「15」，化約為「6」，「戀人」，而事實上，我們可以說，當韋特重新設計、徹底改造「戀人」牌時，他是從「惡魔」牌倒推回去的。因此，在萊德牌中，「惡魔」，帶著他的兩個被俘的小魔鬼，看來就像是「戀人」牌的扭曲版。但是為何「本尊」牌出現得這麼早，而扭曲版卻如此接近終點呢？

　　「惡魔」是大阿卡納最後一行的開場牌，這暗示它為這一行的運作提供了某種極其重要的能量。且說，這一行是在處理超越自我之外的原型力量。開悟之路是否會引領我們走過「惡魔」的幽暗世界？但丁必須先穿過地獄，才能抵達煉獄和天堂；而神祕學者暨詩人威廉・布雷克（William Blake）也認為，撒旦才是密爾頓的詩作《失樂園》（*Paradise Lost*）中真

正的主人翁。

為了理解「惡魔」在祕傳體系中的價值，我們首先必須思考它比較常見的意義：一種幻覺與壓迫的力量。主要的幻覺是唯物主義，我們通常會把這個詞想成一種對金錢的過度關心，但它比較適切的意義是「除感官世界之外別無一物」的觀點。「惡魔」蹲踞在一個石墩上，類似BOTA牌的「皇帝」所坐的立方體（見圖五，第71頁）。但是那個立方體象徵整個宇宙，而「惡魔」的矩形石墩卻只是半個立方體，暗示著不完整的知識。

唯物主義者否定生命包含任何精神的成分，只追求個人的慾望——金錢、性與政治上的。由於這樣的褊狹觀點往往導致不快樂，「惡魔」牌遂演變成悲慘不幸的象徵。然而，當我們細看那兩個小魔鬼，卻看不出他們臉上或姿態上有任何不舒服的樣子。同時也請留意，那鐵鍊並沒有真正拴住他們；他們脖子上的大環圈很容易就能解套。「惡魔」的力量在於「除此之外別無他物」的錯覺。在許許多多情況下——從政治的壓迫到不幸家庭生活的個人苦難，人們只有在瞭解到生命還有其他選項時，才會變得有意識地不快樂。

「惡魔」的姿勢，一手向上，一手向下，令人聯想起「魔法師」。一號牌「魔法師」舉起魔杖指向天空，將靈性能量接引下來，而「惡魔」的火炬則指向地下，意味著除物質之外別無他物的信念。

「惡魔」的手掌心有個占星術的土星符號。這個行星往往被認為是象徵禍事或不幸，但比較妥適的詮釋是象徵限制、弱點或約束。那張開的手指，加上數字「15」中的「5」，都令人聯想到「教皇」二指向上、二指向下的手勢。「教皇」的這個手勢，象徵宇宙不僅只是你眼前所見的一切，「惡魔」張開的手掌則再一次暗示，除了顯然可見之物以外別無其他。

「惡魔」頭頂上有個倒轉的五角星，是黑魔法的標記。且說，五角星有著許許多多的含義。如果你兩腳張開站立，雙手伸開，你就會看出五角星象徵著人的身體。正立時，頭部在最頂上，而當我們將它倒轉過來，生殖器就會跑到頭的上方。在傳統的基督教義中，理智的力量，分辨是非的能力，管轄著慾望。因此，倒立的五角星便暗示著讓你的慾望壓倒了判斷力。「惡魔」的火炬點燃了那男子的尾巴，而體驗過既無可抗拒又具有毀滅性的性需求的人，往往將它描述為體內燃燒的火。這張牌的背景是黑色的，象徵黑魔法、沒有能力看見真相，以及沮喪消沈。

　　如此我們看到了「惡魔」的傳統意義：幻象、唯物主義、災禍不幸，以及性的執迷。然而，這張牌負載著強大的威力。「惡魔」熱烈地凝視著我們。譚崔（Tantra）的實踐者將「拙火」描述為一種體內的火，起始於脊椎的根部，也就是尾椎，而被性的儀式喚起。

　　再思考一下那個五角星。性器官高於腦袋，這個意象令我們聯想起萊德版的「戀人」，牌中那位女子──無意識與激情的象徵──仰望著天使。我們也可以回想起位於「惡魔」正上方的「力量」牌，其中的獅子象徵著被提升並馴服的動物性能量。我們已經談過，神祕學者相信性能量與精神能量其實是一體而同源的，由天蠍座的蠍子與天鷹的雙重意象所象徵。儘管聽來奇異，但這個概念其實並不那麼神祕。你不必是神祕學家或佛洛伊德學者，也會承認性在我們生活中的強大力量。有多少流行文化──情歌、愛情文藝電影、黃色笑話，和俚語是以它為軸心？如果對一般人而言，性的衝動如此具支配力，那麼神祕學家試圖汲取這份能量，將它提升到某種程度，使之最終完全轉化成威力強大的開悟經驗，不是也很合理嗎？

　　一個更微妙的切入點是：作夢總是伴隨著身體的性興奮，陰莖或陰蒂

的勃起，以及其他的跡象。夢境是無意識將自身以意象顯現出來，這顯示無意識在本質上是與性相關的，而夢境是無意識能量的一種局部的轉化，成為一種較為寬廣的形式。事實上，「無意識」這個詞並非是指對我們揭露它的夢境與神話，而是在一生中支持著我們的偉大能量池。

西方文化教導我們，身體與精神在根本上是對立的。我們以為僧侶和修女禁絕性慾，是為了避免污染自己。但我們也可以用另一種方式看待獨身生活。透過克制性慾，禁慾者得以將那份能量轉移到另一個方向。在印度，性能量與精神能量之間的關聯始終是被承認的。濕婆的象徵便是陽具，而譚崔儀式則透過交合做為一種為身體充能的方式。對歐洲神祕學思想有著重要影響的諾斯底派門徒，也實踐著與譚崔十分類似的儀式。而諾斯底門徒，如同之後的布雷克，也認為試圖為亞當和夏娃提供關於他們真實自我之知識的撒旦，才是伊甸園真正的英雄。

如果通往靈性的道路要經過慾望，那麼社會為何要壓抑它們？而如果解脫的道路在幾世紀前就已為人知曉，並且繪出藍圖，那麼何以要將之保密？這些問題的答案，在於性／精神能量的可怕威力。當它被提升到較高的層次，它能將我們從二元對立的侷限中釋放出來。然而，如果這份力量被釋出，但卻未曾轉化，它可能會導致著魔、性犯罪、暴力，甚至人格的毀滅。希臘的父權體制之所以攻擊由女性主導的入神忘我的祕儀，原因並不單純是性別政治。當信徒被自己體內釋出的能量淹沒，他們會鞭打自己，自殘肢體，有時還會在田野狂奔，將未被安全地鎖在屋裡的動物、人，甚至小孩撕成碎片。只有受過訓練的人，達到一種深層內在寧靜的人，事實上，只有獲致了塔羅稱之為「節制」之理解層次的人，才能夠安全地處理「惡魔」所暗示的力量。

事實上，「惡魔」所暗示的，要比性儀式和暴烈的能量多得多。在一

種較為廣泛的意義上，它象徵著封鎖在自我黑暗隱密區域之內的生命能，是以尋常方式無法進入的。它被稱為「惡魔」，是因為對那些未曾準備好接收這份能量的人，它可能會展現為妖魔、一種宇宙間充滿邪惡的感覺，或是耽溺於暴力的誘惑。我們在探討第二行時，曾經談過孩子會發展出一個強大的小我，好讓自己不再害怕黑暗。第二行的作用，讓我們瞥見了「生命之輪」底下的黑暗水域。第三行則要求無意識能量的完全釋放。這樣的洪流唯有透過進入那隱密的區域──包括它種種的幻象、恐怖和慾望──才會來臨，這一切都能如此輕易地令尚未準備好的人，從最後的目標上分心。

請再次細看「教皇」（見圖六，第77頁）與「惡魔」的姿勢。祭司往下握住的兩指，意味著生命不僅只是肉眼之所見；同時那手指也暗示，通往更深層知識的道路是封閉的。「惡魔」張開的手指，可以象徵除所見之外無物存在的狹隘錯覺；或者它也可以象徵看見一切。沒有任何東西被隱藏起來。「惡魔」這個特殊的手勢──四指兩兩併攏，中留一縫，正是古代耶路撒冷大祭司接引靈能的手勢。它至今還留存在猶太新年的慶典中，作為「祭司賜福」儀式的一部分。

保羅‧道格拉斯曾將十五號牌稱為「集體無意識的黑暗面」。當所謂的「黑魔法師」（這一度是「惡魔」牌的別名）召喚出惡魔，他事實上是在帶出自身之內的一種力量。如果施法成功，這魔法師便制服了惡魔，使他成為自己的僕人。也就是說，魔法師能夠運用被釋放的能量，而非受控於它。要做到這點，魔法師必須淨化小我的慾望與恐懼。簡言之，他必須達到「節制」的境界，否則惡魔將會在這場對抗中「取勝」。魔法師便會成為惡魔之幻象的奴隸。

我們已經對「惡魔」牌的一種激進的詮釋做了相當深入的探討。這

張牌在占卜上的意義則往往適用比較常見的詮釋。我們採用比較明顯的意義，是因為在占卜時，這張牌是在事件的脈絡中出現的。「惡魔」可以是指對生命的一種狹隘的唯物主義觀點；它可以意味任何形式的悲慘痛苦或沮喪消沈，尤其是感覺受到束縛或桎梏，並懷有沒有其他可能選項的錯覺。如果它與「戀人」牌一起出現，往往顯示一段始於愛情、但卻演變成陷阱的關係。

「惡魔」牌暗示你成為自身慾望的奴隸，而非依照你認為最好的方式行事。這可以意味一種控制性的執迷，尤其是在性方面的，令此人感覺受到牽引，去做出他自認在道德上令人厭憎的行為。極端的例子是性罪犯；而在一種常見得多的層面上，許多男女都曾發現，自己受到他們十分反感之人的強烈吸引。屈服於這些慾望所導致的無助與羞愧的感覺，就是屬於「惡魔」。

稍早我們觀察過，那對被鎖鍊拴住的男女臉上平靜的表情。這顯示對惡劣情況的接受。最終我們漸漸會將自己不快樂的處境視為正常，甚至可能會抗拒改變。另一方面，逆位的「惡魔」則顯示一種掙脫的企圖，試圖脫離某種苦難或束縛，無論是實質的或心理上的。此人不再接受他的處境，而向解脫邁進。弔詭的是，正是在這樣的時刻，我們會最為強烈地感受到自身的痛苦和生活的侷限。在我們能夠掙脫枷鎖之前，我們必須先意識到它。因此，那些正在經歷某種解脫過程的人——例如，離家、心理治療，或是一次難熬的離婚——往往發現自己遠比盲目接受自身受壓迫的處境時更不快樂。這樣的時期，對一個人的發展可能極具關鍵性。如果此人能挨得過去，他將變得更快樂，並擁有更成熟的人格。有時我們會覺得這段過渡期痛苦得難以忍受，而又退轉回枷鎖中。

如果逆位的「惡魔」出現在「過去」位，這往往意味著改變已經發

生，但是悲傷、憤怒、沮喪的感覺仍然留存，或許已經意識不到，但仍發揮著影響。我們必須時常處理過去的心魔，即使是那些我們在實際層面上早已克服的。我們的心從來不放掉任何東西；它永遠不會把任何事就這麼忘了。解脫之道在於運用、並轉化綑紮在每一個經驗中的知識與能量。

THE TOWER.　（圖十七）

塔
THE TOWER

　　如同「惡魔」，這張大阿卡納牌帶有許許多多意涵，而大多數塔羅書籍所提供的解釋則都指出它表面的道德教訓。「塔」據稱是唯物主義的宇宙觀，是擊向純粹奠基於物質原則之生命的毀滅閃電。即使在這兒，我們也可以發現許多微妙之處。雖然，這或許看來像是某種外界的力量，擊倒了思想狹隘的人，這張牌中所顯現的暴力，事實上衍生自心理的原則。只為滿足小我對名利及物質享樂之需求的人，忽視了內省和宇宙的靈性之美，在自身周圍築起了一座監獄。我們將這監獄投射為這座「塔」；灰撲撲，被岩石包圍，還戴著一頂金皇冠。同時，由於「無意識」使勁要掙脫束縛，有一種壓力在心靈中積累。夢境變得混亂，爭吵和鬱悶也越來越頻繁，而若是此人連這些現象也去壓抑，「無意識」往往便會找到某種管道爆發出來。

　　這種爆發可能會以某種外部的災難出現。親友與你反目，工作一敗塗

地，這種或那種的暴力紛至沓來。「禍不單行」確實是生命的謎團之一。然而，這些問題中有多少是肇因於長久被疏忽，或未被妥善處理的情況，趁我們變得脆弱時打擊我們？而如果我們親近之人的某些問題、疾病或死亡，或是社會上的經濟動亂，甚至天災，像是暴風雨──或是雷擊──與我們個人的問題同時出現，這樣的巧合又再度顯示，生命所包含的確實不僅止於我們眼前所見。

我們不應認為靈魂，或說生命，只是為了懲罰我們才帶來災難。降在高塔兩旁的「火滴」，形狀像是希伯來字母「yod」，也就是上帝聖名的第一個字母。這些「火滴」象徵著恩典，而非憤怒。宇宙，以及人類的心靈，不會允許我們永遠被禁錮在幻象與壓迫的牢塔中。如果我們無法平和地釋放自己，那麼生命的力量就會安排一次爆發。

我無意暗示我們會在任何層面享受這種被「震飛」的痛苦經驗，或是我們能夠看出這種手段的有益目的，或甚至說這個過程總是能夠帶來自由。一連串的災難，或是一段時期的激烈情緒，往往會癱瘓一個一度堅強的人格。重點只在於，如果沒有其他的出口，「無意識」便會在我們四周爆發，而我們可以運用這個經驗找到更佳的平衡。有些塔羅牌稱這張牌為「惡魔之屋」；但也有些卻稱它為「上帝之屋」，這提醒我們，摧毀我們心靈牢籠的是靈性的力量。

上帝與惡魔之屋的連結，有一層更深刻的涵義，而希伯來文的數字體系更為直接地暗示了此一涵義。希伯來文中的「蛇」，其數字值與「彌賽亞」（救世主）相同，因此也被認為隱含著相同的意義。惡魔是上帝的陰影。在第十五號「惡魔」牌中，我們看見，尋求與生命合一的人，必須引出平時被表意識人格壓抑的能量。然而，在擁抱「惡魔」時，我們卻會危及「節制」所展現的平靜與均衡。我們將心靈置於一條狂暴的航道上，

導向「塔」牌的爆發。榮格將表意識描述為一道水壩，阻擋「無意識」之河的自由流動。「節制」的作用就像是某種水閘，讓水以受控制的速度流過。「塔」則將這水壩完全炸毀，釋放被封鎖的能量，成為一道洪流。

為何要採取這樣一條危險的路徑呢？答案是，想要最終越過意識的屏障，或是打破將生命分離為對立面、將我們與自身之內的純粹能量切割開來的一切，沒有其他道路存在。橫掛在神殿前方的帷幕就是表意識的人格，保護我們免於接觸生命本身。正如神祕主義者、薩滿巫師，以及有過狂喜經驗的人一再證實，永恆就在我們四周，令人目眩，排山倒海。沒有做好準備的心靈無法涵容這樣的力量，於是表意識就前來救援，阻斷我們靈性能量的主要部分，將經驗打包成時間和對立的類別。

神祕學家也告訴我們，「天啟」的降臨就像閃電，以一道令人目眩的閃光摧毀物質世界的幻象，就像保羅在前往大馬士革途中所見，或是佛陀在菩提樹下體悟到的。無論你冥想了多久，祈禱或接受神祕學訓練多少年，真理不來則已，一來就是這樣倏忽而至。這並不是說準備是沒有意義的。大阿卡納頭兩行所展現的工作有著雙重的目的。它不僅讓我們變得夠堅強，在閃電來臨時能夠承受，同時也將我們置於引來閃電的位置。所有神祕學的實踐都始於一個假設：天啟的閃電是可能召喚而至的，一個人可以採取特定的步驟去令它發生。

這些步驟包括聆教、冥想、小我的死亡，以及最終的擁抱「惡魔」。透過釋放這份能量，我們越過了壓抑的路障，將自我向閃電開放。因為靈能始終存在，是我們自己對之盲目。藉著進入自我的黑暗中，我們將自身對光明開啟。

顯然，這是一個危險的過程。還沒準備好的人可能會困陷在「惡魔」的幻象中。我們也將看見，能量的釋放——當心靈試圖將它與表意識的覺

知整合起來時——本身便有其危險。神話中的英雄如果未曾小心地準備，當他從迷宮的中心返回時，便可能會迷失方向。

「塔」牌位於「女祭司」正下方，因為它顯示帷幕被撕扯了開來。同時，閃電也令人聯想起「魔法師」。流經「魔法師」身上的能量與真理，現在火力全開地擊來。在「塔」牌中的那兩個人身上，我們也看見了一號和二號牌；一個身穿藍袍，另一個則披著紅色的斗篷。先前如此多張牌所象徵的兩極性，現在被存有的整體淹沒了。數數那形似「yod」的火點，你會發現一共有二十二個，正是大阿卡納的數目。你還會發現，它們分為十個和十二個兩組。蘇美人使用十進位（人有十根手指）的數字系統來計算世俗事物，但用另一種以十二（黃道有十二宮）為基礎的系統，用於靈性事物的計算。這種二元性同樣也是幻象。這兩個世界都是同樣的靈火的顯現。

被擊毀之高塔的意象，令人聯想起《聖經》中的巴別塔。在字面上的層次，這個故事解釋了人類為何有這麼多種語言，在道德上它則教化我們，不要把信仰置於人類的能力上（「塔」代表唯物主義）。但是我們也能在巴別塔的毀滅中看到另一層意義。擊落的閃電是上帝在對人類直接說話，而非間接地透過物質世界的尋常現象。

一剎那間，上帝的語言取代了建造那高塔的人類的語言；天啟取代了逐步建構的感官知識。在耶穌升天後的那個猶太五旬節（Pentecost），聖靈降臨，打亂了人類的語言；人們開始「說方言」，或是發出動物的聲音。薩滿巫師在恍惚狀態中，也會說鳥獸的語言。人類語言是一種文化的面向，是對意識的一種限制。許多語言學家，特別是班傑明・霍爾夫（Benjamin Whorf），論證了我們的語言限制了我們感知自然的能力，就像是覆蓋在宇宙之上的濾鏡。而真理，神祕學家告訴我們，是無法以言詞傳達的。

「塔」牌的數字「16」可以化約為「7」，「戰車」。凱斯和其他塔

羅學者都曾將它和語言連結起來。「塔」牌的上帝之語，在一瞬間摧毀了文化、語言和意識的一切精心的建構物。這樣做的同時，它將我們帶回「命運之輪」底下的混沌之海，以及「女祭司」帷幕之後的一泓池水。

在某些方面，「塔」牌是所有大阿卡納中最為複雜的一張；它比較幽微的意義與其顯而易見的意義互相扞格。就像「惡魔」牌，它在占卜上的意義通常取自其淺明的意涵。它通常意味著一段劇烈動亂的時期（實際上或心理上的），長期穩固之局面的崩毀，在憤怒甚至暴力中決裂的關係。

由於這張牌帶有如此暴烈的意涵，許多人一看見它便感到畏縮。這種反應引發了一個重要的問題：該如何看待塔羅中較為駭人的圖像。我們必須學習去運用所有的經驗，無論是「塔」還是「戀人」。當「塔」牌出現，我們一定要記住它能夠帶來自由；這種爆發是在清除某種已積聚了令人無可忍受之壓力的情境。它們能夠帶來新的開始。

我們說「塔」牌的出現通常意味著難捱的經驗，但並不是認定它較為深幽的意義永遠不會發生。這張牌可以意味著啟悟的閃現，尤其是當這樣的啟悟取代了一種受限的生命觀。只有占卜者的直覺和經驗，以及來自其他牌的暗示，能夠指出明確的意義。

逆位的「塔」牌，意味著此牌正位意義的「修飾版」。狂烈暴力和動盪風暴仍然存在，但是比較溫和。同時，這張大阿卡納逆位時，還會帶有「禁錮」──用韋特的話來說──的額外意義。當我們思考正位的「塔」牌帶有「釋放」的意味時，這個似非而是的弔詭就獲得了解決。於是，當逆位時，這張牌意味著，我們不允許自己經歷完整的經驗。藉著牢牢控制我們的反應，我們減輕了痛苦；但我們也不曾釋放所有被壓抑的東西。在我們內心，痛苦的經驗持續著，永遠未能走完全程。我們為高塔擋開了閃電，也因而成為它的囚犯。

（圖十八）

星星
THE STAR

　　暴風雨之後，是寧靜。在經歷情緒的動盪後，我們會得到一種平靜與空闊之感。在一個從未見過塔羅牌的人面前攤開牌來，「星星」牌幾乎不太需要解釋。牌上的一切都訴說著完整、開闊，與療癒。

　　「星星」和「節制」這兩張牌很值得拿來作個比較：兩張牌中的人物都在倒水，都拿著兩個杯子或水壺，一腳踏在水中，一腳在陸地上。兩者都在危機之後出現，但「節制」受到控制，「星星」卻是自由無礙。星星少女未曾著衣，而是裸體。她並非僵直地站著，而是柔軟且放鬆的。最後，當「節制」的天使來回傾倒著金杯，混合、卻也保存著其中的水，「星星」少女卻是自由地傾注，相信生命將會不斷供應她新的能量。這張圖像暗示著，這些神祕的水瓶永遠不會枯竭。

　　「塔」牌的能量釋放，撕開了意識的帷幕。在「星星」這兒，我們已

經進入簾幕之後。那池清水——儘管很小——代表著「無意識」；它與我們窺見的、隱藏在「女祭司」殿柱之後的是同樣的水。現在這宇宙的生命能，由於此人將自身的生命之水注入其中，而被攪動了。

被傾注在地上的水，是指由「塔」所釋放的能量不僅導向內在，也導向外在；它將「無意識」與物質世界的外在實相連結了起來。我們可以將那一股股水流比擬為神話的原型，是「無意識」藉以表達自身的意象。「無意識」是個整體，沒有形狀或分隔，但它是透過神話的各個水流浮現於覺知之中。隨著「星星」，我們超越了神話，來到它的源頭——那無形無相的能量，就像是黑暗中透出的光。從黑暗到光明的轉化，就是「無意識」——深藏於我們內心的廣袤之境——轉變為對「超意識」的狂喜覺知。

一道水流流回了池中，意味著一切原型都會混融回那無形無相的真理中。原型的價值，只在於它喚起內在自我、並將我們連結到源頭的力量。那少女的腳並沒有穿透池水。「集體無意識」只是被攪動了，並未被探入。

畫面右方的鳥是朱鷺，是古埃及神祇托特（Thoth）的象徵。托特被認為是一切藝術的創造者，從詩歌到陶藝皆然。神話中，是祂把各種技藝傳授給第一批藝術家，但在一種更具象徵性的層面，我們可以說，一切創造性的行為原本都源自於那未成形能量的水池。我們作為肉體生物的功能之一，就是汲取這份能量，運用它來創作詩、畫和織錦。這一切的人類創作，都是由那幾條水流所象徵。每一次創作的行為，都是將靈性的能量具體落實在被創造的事物中。同時，沒有任何創作會使藝術家的靈感枯竭，只要他與內在的源頭保持連結。因此，那一道水流流回了池中，正如每個作品都給了創作者新的靈感。

「星星」出現在「皇后」與「命運之輪」下方。在「皇后」牌中，我們看見自然世界在熱情中增添光輝。但是「皇后」穿著厚重的服裝，這顯示她是透過身外之物來表達自身的情感——自然、愛人，和小孩。在「星星」中，我們看見內在的自我，喜悅地體驗它自己。「星星」少女結合了兩種女性原型，「女祭司」的內在感受性被帶引而出，並以「皇后」的熱情表現出來。

　　在「命運之輪」中，我們在神祕的象徵符號中看見了一幅宇宙的願景。此處，「塔」牌已經帶領我們超越了願景。而在「星星」中，我們直接地體驗了「無意識」，而非其意象。

　　作為第十七號大阿卡納牌，「星星」超越了「7」，釋放出「戰車」所控制、指揮的生命力。「1」加「7」等於「8」，我們可以看見，「星星」是「力量」被提升到一種更高的層次。慾望的獅子不再只是被馴服，而是被轉化成光和喜悅。

　　這張牌上的星星全都有八個角，這是與「力量」牌的另一個聯繫。由於一個八角星，可以由兩個四角交錯的正方形交疊而形成，八角星的圖形，有時被視為是正方形與圓型的中途點。正方形代表物質，而圓形代表精神。人類是精神與物質世界之間的鏈節；我們既能感受真理、又能採取行動的能力，使我們成為真理得以彰顯其自身的載具。

　　過去基督教會曾將人類描述為動物與天使的中介。通常這會被賦予一種道德上的詮釋：人可以依循慾望，或是理性。不過我們也可以借用這個隱喻，說明人類的覺知與行動，將物質世界連接上了「天使」。

　　儘管有著種種「顯化」的暗示，「星星」牌其實非關「行動」，而是「內在的寧靜」。相對於「節制」與「月亮」，「星星」牌上並沒有道路從水池邊返回外在實相的山丘。雖然水流與朱鷺暗示著創造能量的運用，

「星星」牌的經驗是寧靜的經驗。在此時此刻，旅程可以等待。

在占卜時，「星星」牌傳達著希望，一種療癒與完整之感，尤其是在情緒的風暴過後。「星星」與「塔」時常暗示著彼此，即使實際上只出現了其中一張。十七號牌是指「無意識」被啟動了，不過是以一種十分馴良的方式。

逆位時，我們將自己對這張牌的寧靜與希望封閉了起來，感受到軟弱、無力，和恐懼。這種深刻的不安全感，有時會偽裝成傲慢自負。如果「星星」指出人類是靈性與外在世界之間的聯繫，那麼當這張牌逆位時，它便象徵著這管道封閉了。而當生命的水流阻滯於內，外在就只能變得疲憊而消沈。

（圖十九）

月亮

THE MOON

　　大阿卡納第三行的真正任務並非只是獲得啟悟，而是將那份內在的狂喜帶回到表意識。在「星星」牌上沒有回返的路，它顯示我們安住在黑暗轉化為光明的榮光裡。要運用那光，我們必須穿越扭曲與恐懼。

　　「星星」的經驗超越了文字，甚至形象，雖然它以水的涓流暗示形象的浮現。在「月亮」牌中，我們看見這個過程正在發生，以靈視、神話與意象的面貌出現。「月亮」是想像力之牌，它將「星星」的能量塑造成表意識能夠理解的型態。

　　神話永遠是扭曲的。它們永遠無法直接說出它真正要說的，只能訴諸深藏於自我之內的事物。「星星」攪動了水；當我們返回外在的覺知時，那些水便會產出它的創造物。記住「星星」和「太陽」都是發出自身的光輝，但「月亮」卻是反射太陽隱匿的光芒。想像會扭曲，因為它是在將內

在的經驗反映到外在的心靈。

　　如同世界各地的神話所示現，「集體無意識」中不僅有著英雄，也包含著妖怪；其中有喜悅，也有恐懼。這是我們為何要以小我意識的保護層掩蓋我們對生命之敏感性的原因之一，好讓我們不再恐懼黑暗，以及「月亮」扭曲的陰影。

　　「月亮」詭異的幽光，總是會在人與動物身上引發奇異的感受。有個描述「瘋狂」的英文字「lunacy」就是衍生自「luna」——拉丁文的「月亮」。而在中世紀，人們相信發瘋的人的靈魂飛上了月亮。即使在今天，許多醫生和警察也觀察到，在滿月時，自殺和其他情緒混亂症候的發生率也特別高。月亮有某種東西會引發恐懼與奇異之感，正如太陽會讓人放鬆、撫慰人心。塔羅中的「太陽」牌在「月亮」之後出現；只有在通過月亮的奇異旅程之後，我們才能欣賞單純素樸。

　　畫面上的狗和狼，代表「月亮」所喚起的「動物自我」，正如滿月可以令這兩種動物嗥叫終夜。「皇帝」牌，位於「月亮」的正上方，顯示我們把社會的規範學習得如此之好，以致於這些規則成了習慣。在大阿卡納最後一行，我們超越了這種「超我」（super-ego）的壓抑，在此過程中，「原我」（id）的狂野浮上了表面。狼人在滿月下嗥叫是「無意識」力量的一種生動的隱喻：即使是最端莊可敬的人，這種力量也能從他們身上帶出某種原始、「非人」的東西。

　　作為十八號牌，「月亮」與「8」也有所關聯。在「力量」中，我們看見獸性被馴服了，被導向「隱士」。這兒卻未曾指出這樣的方向；當我們從「星星」歸返，獸性也以全副的狂野回來了。只有當「星星」的能量在「世界」牌中被完全整合之後，那動物性的自我才能被徹底轉化。請留意在「力量」牌中，那個女子——人性的一面——控制著獅子。即使在

「惡魔」牌中，那魔鬼也顯然具有人形。但在十八號牌中卻沒有人。在那晦暗的幽光中，我們對於自己身為人類的感覺崩解了。

我們可以在噩夢的餘波中，感受到幾分「月亮」的狂野。當我們驚醒後，會感到體內有種奇異的感覺。這種狂亂的感覺並非噩夢所造成，而比較是倒反過來。我們先前說過，夢是「無意識」能量被轉化為意象。當一股能量的爆發太過強烈，夢的機制無法平和地消化時，便會造成噩夢，以及你醒來時體內充滿狂亂能量的感覺。

發瘋也同樣伴隨著體內狂亂失控的感覺。常常，瘋狂會以變成動物的形式表現出來。人們會手腳並用在地上爬，赤身裸體，對著月亮嗥叫。「無意識」能量的突然釋放裂解了人格。在塔羅中，這種非常危險的時刻只有在長久準備之後才會到來——當一切尋常的小我問題都被拋下之後。薩滿巫師也會經歷轉化為野獸的過程，他們會在恍惚狀態中像動物一樣到處蹦跳、口吐獸語。但是薩滿巫師，和神祕學者一樣，已經以多年的訓練來自我準備。他們同時有著知識的武裝，知道該預期什麼，而這些知識是由世世代代曾經身歷其境的前輩薩滿留傳下來的。記住「月亮」的數字「18」加總起來是「9」，「隱士」。那張牌的「老師／嚮導」在這張牌上是看不見的，因為我們必須獨自面對「月亮」，但他們預先給我們的指引能夠幫助我們找到道路。

如果說，陸地上的動物象徵人類的野性，那隻螯蝦則是某種非常異質的東西。在韋特寫過最為生動的文字中，他稱之為「那比野獸潛伏更深的」。它象徵著「集體無意識」之中最為普遍的恐懼，在幻象中被體驗為無名的惡魔。這種恐懼的浮現，對那些透過深度冥想或藥物等方式將自身的「月亮面」暴露出來的人，是相當司空見慣的。它們也會在薩滿巫師的出神旅程中以怪物的面貌攔路而出。這種恐懼的覺醒，往往被感受為動物

從水中或油狀液體的池中浮現，可能會引發非理性的恐慌。然而這些意象是我們內在世界的一部分；若不通過它們，我們就無法到達「太陽」。

那隻螯蝦從水中鑽出了一半。韋特告訴我們，牠永遠不會完全爬上陸地，總會再次落回水中。最深沈的恐懼是那些永遠不會完全成形的。我們感覺到內在有某種東西，但我們永遠無法看清它是什麼。那半浮現的螯蝦同時也暗示著，在返回表意識的旅程中，「星星」的深刻感受變得扭曲了，因為我們無法把它全都帶回去。也由於這個原因，「月亮」令人不安，因為「星星」的寧靜與驚奇被損毀、失落了一部分。

然而，儘管它會激起野性和駭人的興奮，月亮的冷光也能帶來寧靜。「月亮」據說能增長「慈悲的一面」，這指涉著喀巴拉生命樹的「慈悲之柱」。更令人注目的是，落在那些動物頭上的光點，再一次，是「yod」，上帝聖名的第一個字母，恩典的象徵。如果，透過準備和單純的勇氣，我們接受了由最深的想像所引出的狂野事物，那麼「月亮」就會帶來平靜。恐懼消退了，而那想像力會帶領我們歸返，並以它的驚奇豐富了我們。韋特寫道：「平和，保持靜止；一種寧靜將降臨水面。」螯蝦沈入水中，水面復歸平靜。道路仍然在那兒。

那條路穿過兩座石塔之間，暗示一個進入未知領域的入口。在神祕學者與薩滿巫師之間，「入口」是一個十分常見的象徵，也曾出現在許多神話中。它有時是一個環狀的圖形，像是曼荼羅，或是某種自然的結構，像是洞穴（時常被比擬為陰道）。「入口」允許我們離開尋常的世界，進入心靈的奇異之境。

這張牌中的雙塔帶有另外一層意義——作為我們最初在「女祭司」神殿的雙柱上見到的二元性之最後一次完整的顯現。如果「塔」牌的啟示未能與尋常生活整合起來，那麼一種新的、且更為激烈的二元對立將從而產

生。同時，我們曾經聽見上帝話語的事實，全然改變了我們與二元對立問題的關係。先前，我們將二元性視為生命的基礎，但是現在我們知道，事實上實相結合了一切事物；先前那片帷幕阻止我們穿越那兩道柱子，在這兒，我們則已經通過它了。我們現在是從另一邊回望著這兩座意識之塔。這兒的任務不是穿透內在的真理，而是將那真理帶回去。

凡此種種，我們主要是從「月亮」牌令人不安的面向來審視它。但是如同我們在「死神」牌和數字「13」中所見，「月亮」也暗示了女性繁殖的力量和奧祕。月經（這個詞與「月份」和「月亮」有關）是很神奇的，因為月經來潮的女子會大量流血，但卻不會死去。再者，許多女性發現她們在經期中會變得較為情緒化，但同時也比較「通靈」。男人懼怕這種力量，因而圍繞著月經創造了許多令人不安的神話與禁忌。但「力量」不一定得是具有破壞性、甚至駭人的。若是受到尊重，月亮帶來的心靈覺醒將能豐富我們的生命。

在占卜時，「月亮」牌意味著一種「無意識」的興奮。我們開始經驗到奇異的情緒、夢境、恐懼，甚至幻覺。我們會發現自己變得更富直覺力，和超自然感應力。如果這張牌是以正位出現，那麼此人將容許這一切發生。當想像力獲得接納，它便會豐富我們的生命。但如果這牌以逆位出現，則意味對這種經驗的抗拒。這種抗拒將導致恐懼，以及往往相當紛亂的情緒，因為此人不容許「月亮」撫慰人心的一面浮現。

和「女祭司」一樣，「月亮」意味著從外在關懷的事物轉移開來，變得傾向於內省。它可能意味著放棄某種特定的活動，或者是指一段退隱的時期。在許多文化中，女性會在月經期間退出日常的社會活動。這讓她們得以專注於那種內在的「月亮」狀態，並在安全的環境中體驗「月亮」能量的強烈騷動。在塔羅占卜中，「月亮」不一定象徵實質的月經或是從外

在世界的抽離。實則，無論對女性或男性，它可以意指一種心靈的覺醒，以及對之關注的必要。然而，當「女祭司」象徵著安靜的直覺，「月亮」卻是來自「無意識」的興奮、刺激的意象。再一次，逆位的「月亮」意味著某種騷亂。此人不願從陽光的一面移轉開來，並可能試圖以一大堆活動來擊退「月亮」。然而，「月亮」是不容被否認的，如果我們對抗恐懼，它可能會變得更為強大。心靈——它是以自己的理由、自己的規律來運作——已經轉向了「月亮」。如果我們容許自己去體驗它，恐懼將會轉為驚異，以及通往冒險的入口。

（a） （b） （圖二十）

太陽

THE SUN

　　「太陽」牌，如同它上方的「吊人」，既是先前那張牌所顯示的試煉之後一種喜悅的釋放，也是為接下來兩張牌中的死亡與重生所做的準備。「正義」要求採取行動，以回應我們獲得的關於自身的知識，因此「吊人」是被動的；「月亮」則要求無為的臣服，因為我們無法控制在它影響之下生起的幻象，因此「太陽」展現著一種積極、充滿能量的狀態。藉由接受「月亮」駭人的意象，我們將這能量帶出自身之外，將燦爛的光輝給予一切生命。

　　在陽光之下，一切事物都變得單純、喜悅而具體。「無意識」之光被帶入了日常的生活。在「奧斯華・沃斯」版的「太陽」牌中（圖二十b），那兩個小孩有時被稱為「永恆自我」和「肉體凡胎」，他們手牽著

手，結合在一起。這兩個人物和上方的太陽，將我們帶回最早出現在兩行之前的「教皇」牌中的三角形母題。此處，太陽的喜悅與單純並不是在調停生命的內外兩極，而是將之結合起來。

我們全都是小孩。以太陽宗教的說法，我們全都是偉大的父親——太陽——的聖子。如果你細看沃斯牌中那兩個人的身體，尤其是那女性，你會發現他們其實是成人。成功地穿越「塔」牌，給了他們一種孩童般的純真。

塔羅展現了這條道途的各個階段，給人一種時間推移的印象。然而，有時候，或許是大多數時候，它們全都是同時發生的——「塔」牌令人目眩的啟悟，「星星」的內在光輝，以及「月亮」的強烈恐懼，全都結合在一剎那間的轉化中。而其餘波則是喜悅，一種所有生命和整個世界都充滿奇妙光明的感受。

在所有世人之間，「開悟」都有著相同的特徵，無論神話、教義和心理學理論對之做了何種文化上的詮釋。開悟是一種經驗，而非概念。開悟之人感到被一陣光爆擊中，有時是彩色的，就像沃斯牌中的「yod」光點。突然間，他看見或感到世界是充滿靈性且永恆不朽的，而非日復一日勞苦而困惑的存在。這人感到全然充溢著一種童稚的喜悅——事實上，大多數孩童或許都從未經歷過，因為那被陽光擊中的人，已經走過了孩童對黑暗的恐懼，因而超越了它。

在環繞世界的旅程中，太陽看盡了萬事萬物，因此它也代表知識。與太陽相關的神祇，像是阿波羅，據說知曉每一件發生的事。被太陽「擊中」的人，體驗到一種智慧之感，能以全然的明晰看清每一件事。英文中描述這樣的人是「清明的」（lucid），這個字意味著清晰而直接，但它原本的意義是「充滿光」。

有趣的是，光之神阿波羅的母親是莉托（Leto），夜之女神，而他主要的神殿——德爾菲（Delphi）神諭所，原本是屬於黑暗的女神。即使在阿波羅的指引下，神諭的智慧和光卻是從黑暗之中運作而出的。迫使伊底帕斯去發現身世之謎的，也正是阿波羅。

　　春天的太陽從冬天死寂的土壤中帶出了生命。過去在許多地方，人們相信太陽不僅讓土地受孕，也讓所有的女人懷孕。當生殖的生物學原理被發現，太陽的角色並未被拋棄，而是變得較為微妙。人們現在將靈魂——印度教所說的阿特曼（atman）或真我——視為包裹在胞胎中的陽光。佛教神話敘述佛陀在母胎內是一團光，因此她的腹肚就像明亮燈火上的透光燈罩般曖曖發光。祆教的創始人瑣羅亞斯德也在母腹中發出強光，以致於鄰人以為他家失火，提著水桶趕來救火。

　　諾斯底真知教徒進一步延伸了這種概念，相信人類的墮落將神性打散為存有的零星碎片。更重要的是，神性的光變成被「禁錮」（而非只是「包含」）在每個人體內。透過諾斯底的儀式去釋放體內的光，以恢復這種統合，是每一個人的任務。喀巴拉學者以撒‧盧里亞（Isaac Luria）也曾宣揚類似的教義。生命之樹，或「亞當神人」（Adam Kadmon）——存有的合一，被擊成粉碎，因為神性之光對它而言太過強烈。再一次，這光被分離、禁錮，因此協助這光復歸合一，便成為每一個人的責任。

　　這些教義衍生自所有文化共通的「太陽經驗」。被陽光「擊中」的人，眼中一切事物——每一個人、動物，所有的植物和岩石，甚至空氣，都是活生生的、神聖的，在充滿一切存有的光中合而為一。然而，「太陽」牌並不是「世界」。在十九號牌中，我們感受到宇宙的合一與生意盎然，而二十一號牌則體現了這些感受。

　　「太陽」牌一般的圖像，是畫著兩個小孩在花園中，通常是站在一

個圓圈之內。道格拉斯稱之為「靈魂的內在花園」，一種純淨與神聖的感覺，一座新的伊甸園。當我們釋放並轉化了封鎖於自身之內的能量時，我們會發現伊甸園從未失落，而是一直存在於我們之內。

萊德版的「太陽」牌上只有一個小孩，騎著馬奔出花園。對韋特而言，「太陽經驗」在本質上是一種自由的迸發。它是掙脫束縛，是一種奇妙的解放，從日常受限的意識中釋放出來，轉為開放與自由。

圖中的灰色石牆代表過去的人生，受縛於一種對實相的狹隘知覺。「太陽」的超意識，其特徵是感覺我們並非孤立的個體，而是整個世界的一部分。一旦你瞭解伊甸園存在於你之內，你可以自由地離開它，在你創造新生命時始終帶著它，如此說來，我們或許便能為這張大阿卡納結合這兩種圖像了。

數字「19」暗示更高層次的「9」。包藏在「隱士」燈籠裡的光——他所教導的智慧，現在迸發成阿布拉菲亞之喀巴拉第三階層的狂喜經驗。我們在討論「隱士」時曾說，那老者與荒涼的山峰是必要的幻象，因為內在自我唯有透過隱退才能被觸及。在這兒，真理已經浮現，穿著僵硬長袍的「隱士」，已轉化為光輝四射的開放孩童。「19」的另外一半是「1」。「魔法師」的力量，結合「隱士」的智慧，便成為超意識。生命的能量和它的意義與目的合一了。

「1」加「9」等於「10」，「命運之輪」，這張牌的願景是某種在我們自身之外、而我們試圖去理解的東西。在這兒，我們以一種靈視般的方式從自身之內看見生命。而在此種靈視中並沒有奧祕也沒有象徵，只有整個宇宙，充滿著光。

如同畫面上神奇的小孩，「太陽」牌在占卜上的意義是簡單而直接的。這張牌意味著喜悅、歡樂，和一種對生命之美的奇妙感受。在它最深

的涵義中，它意味著以一種全新的方式看待世界，看見一切生命都在喜悅與光明中合而為一。首要的是，它是一張代表樂觀、能量與驚奇的牌。

　　逆位時，這些好東西並沒有失去，但卻變得混淆不清，就像太陽被陰雲遮蔽了。生命仍在給予此人單純快樂的時光，但它卻無法被看清。這人不再「清明」，而必須下功夫去明瞭、實現「太陽」所賜予的偉大禮物——喜悅。

（圖二十一）

審判
JUDGEMENT

在「太陽」底下，我們看見一切生命都充滿了靈性之光。這種對永恆真理的覺知，將我們從一切幻象與恐懼之中釋放出來，現在我們感受到強烈的渴望──就像是來自內心深處的召喚──要將自身完全消融在含藏於一切萬物的靈能，及奇妙的生命之中。

這種召喚，既來自內在也來自外在，因為「太陽」的作用之一，就是打破內在經驗與外在世界之間的人為藩籬。我們在最深的自我中感受到這份召喚，彷彿體內的細胞都充塞著一股喜悅的吶喊。與此同時，我們也體認到這召喚是來自於某種高於任何個體生命的力量。

「審判」作為一種「提升到更有意義之存在的召喚」的概念，在較為尋常的狀況中也有其類似的情境。在生活中，我們有時會來到一個十字路口（留意旗幟上的十字），必須決定是否要做出某種重大的改變。有時彷

彿就像此人內在的某種東西已經下了決定，表意識自我的唯一選擇就是以適當的行動追隨它。舊有的信念及思考模式、舊日的情境，甚至在我們尚未留意時便已死去了。

此牌多數的版本都只畫著天使和升起的人形，但萊德牌卻在背景中加上了一道山脈。韋特稱之為「抽象思想的山脈」。這個詞彙暗示著永恆的真理，超越了我們透過尋常管道所能汲取的有限知識。

身為凡人的基本特徵之一，就是我們無法在一種絕對的意義上知道任何事。我們被我們短暫的人生，以及我們是透過感官的媒介來獲取一切知識的事實所束縛。在現代物理學中我們學到，科學的研究永遠無法對實相建構出一幅確切的圖像，因為觀察者始終是他正在觀察的宇宙的一部分。同樣地，每個人對人生的想法與感受，都受到他過去經驗的影響。「抽象思想」，如同柏拉圖式的「理想」（ideals），暗示著一種絕對感。

我們藉由最後一次下降到空無的水域中，以期從一切不完全的知識中解脫、躍升出來，而達到這種「抽象性」。此牌正上方的「死神」牌，顯現了一種消融。在那兒，小我正在死去，而「死神」牌強調著放手的恐懼。而此處，孤離的幻象消解了，這裡強調的不是死亡，而是重生。

我們之所以稱這張牌為「審判」，是因為如同「正義」，它包含著與過去經驗的和解，作為超越它的過程的一部分。就「正義」而言，那種經驗與反應是個人性的，是基於你過去的行為。在此處，一種高於你的力量在引導你、召喚你，而這「審判」並不僅只是關於你自身生命的意義，而也關乎存有的真正本質，以及你與一切生命作為其中一部分的方式。

在本書中，我們有時會提及對應於各張大牌的希伯來字母。通常我們所依循的體系是以「愚人」為「Aleph」的系統。另外還有一種體系是以「魔法師」為「Aleph」，而在此體系中，「審判」牌分配到的是字母

「Resh」。「Resh」的意思是「頭」，而如同韋特的山脈，它意指被這召喚所喚醒的真實心靈。「Resh」也令人聯想到「Rosh Hashanah」，亦即猶太新年，其字面意義是「一年的頭」。不同於世俗的新年，「Rosh Hashanah」其實並不是日曆的開始，而是代表創世的週年紀念。同理，「審判」指的不是環境的改變，而是一種新的意識，它透過將你自身與生命的驅力融為一體，而直接知曉真理。

「命運之輪」，帶著它看不見的超自然因果律，是「10」號牌；「審判」是「20」號，「10」乘以「2」。透過大阿卡納最後一列的運作，我們揭露了「女祭司」隱密的智慧，因此我們現在瞭解了隱藏在「命運之輪」中的內在奧祕。

天使旗幟上的十字意味著對立物的交會，所有分離事物的一種會合。它象徵著兩種時間的匯合；一種是我們以感官覺察到、並依循著它日復一日地生活的「尋常時間」，另一種則是「永恆」，是對於生命的靈性覺受。這兩種時間是由十字的水平與垂直兩條槓所象徵。它們在中央的交會，意味著較高自我並沒有揚棄舊日的活動，而是以一種新的方式來進行它們。

「審判」上方的牌是「戀人」，在萊德版中，這張牌上同樣也有一位天使。然而，在「戀人」牌中，那天使是某種更高真理的驚鴻一瞥，透過愛的媒介而被體驗到。在此處，天使從雲間傾身，向我們召喚。在傳統版本的「太陽」牌中，我們看見始於五號及六號牌的三角形母題的最後一例，而此處我們看見兩個成人之間有個小孩。生命的兩極匯合一處，形成一個新的實相──每個小孩都既是雙親的結合，又是一個全新的生命。

畫面前方的小孩背對著我們。這份新的經驗是個奧祕，我們無法知道它的面貌，直到我們經驗到它。那孩子隱藏的臉也暗示著，我們並不真

的瞭解自己，也無法瞭解，直到我們聽見並回應那召喚。幾乎所有的神話中都有這樣的故事，主角自小與父母失散，被當成普通的小孩養大。其他的人，往往就連小孩自己，都不知道他真正的身分。亞瑟王、摩西、鐵修斯，還有耶穌基督都是依循這樣的模式。我們在許多科幻小說中也常看見同樣的概念，主角在一個奇異的地方醒來，完全沒有記憶；而他尋找自己真正身分的旅程，引領他發現自身之內強大的力量。常常，他發現自己身處一個巨大密謀的中心，甚至是大自然運作的核心。我們全都「忘了」自己真正的身分，與我們的「父母」分離。而當我們找到、或創造出真實的自我，我們將會發現自己身處宇宙的中心，因為中心就是每一個地方。無所不在。

　　大多數版本的「審判」牌都只畫出前景的三個人。韋特牌又加上三個人，全都面向著我們，這暗示著「審判」雖然將我們引向未知，其中仍然有一種覺察（山脈也是其象徵），知悉這未知的生命將以何種方式發展。

　　這些多出來的人也暗示著另一層極其重要的意義。透過展現一整群人的躍昇，這張大阿卡納提醒我們，沒有所謂個人的解脫。每一個人都是人類的一份子，因此對整個族群的發展負有責任。當其他人還在受奴役時，沒有人可以真正自由。據說佛陀曾以菩薩之身返回世間，因為他明白他無法解脫自己，直到他令所有人類獲得解脫。與此同時，任何一個人的解脫都能釋放每一個人。這是因為，任何人成就了「審判」與「世界」的境界，都會改變每一個人生活的環境。佛陀的悟道與基督的復活，都被視為全盤改變世界的事件。我們或許會認為這樣的概念只適用於佛陀和基督那樣的聖哲先知，實則不然。我們不妨回想一下猶太經典中的名句（電影「辛德勒的名單」片尾曾經引述）：「拯救一個人，就彷彿拯救了整個世界。」

在占卜時，「審判」這張牌帶有一種特殊的含義。無論你周遭發生著其他任何事，無形中都有一股推動力，一種來自內心的召喚，要你做出某種重大的改變。這種改變可能是關乎某種世俗或立即的事，也可能是一個人看待生命之方式的全盤轉變——這取決於其他的牌，以及此次占卜的主題。重要的是那份召喚。在實質上，這個人已經改變了；舊有的情境，舊有的自我，都已經死去。問題只在於承認它。

逆位的「審判」可能是指這個人想要回應這份召喚，但卻不知該如何做。更常見的是，它顯示某人試圖否認這召喚，通常是出於對未知的恐懼。事實上，可能有許許多多理性的原因，讓這人不去進行牌中所建議的改變：缺錢，缺乏準備，或是種種責任。

「審判」牌，無論是正位或逆位，都指出這一切障礙都只是藉口。當這牌逆位時，這些藉口變得具有支配力；這人仍然站在墳墓中。「審判」這個詞暗示著生命的實相已經改變了，唯一的選擇就是依從它。

（圖二十二）

世界
THE WORLD

　　我們該如何形容一種超越文字的領悟，一種自由與狂喜？「無意識」被有意識地知曉，外在的自我與生命的驅力合一，知識根本不是知識，而是一種持續不斷、忘我的存在之舞——它們全都是真的，但又不是真的。

　　我們已經多次討論過這張牌和它的意象。它的數字和那兩根魔杖結合了「魔法師」與「女祭司」。我們也看見「命運之輪」預示了「世界」，並思考過那張牌中的象徵符號，是如何在這兒變成了活生生的實相。事實上，「命運之輪」以種種方式預示了大阿卡納最後一行的每一張牌。這一行的目的可以被描述為：將我們自身與在十號牌作為外顯的靈視中所見的一切事物——亦即，命運，生命的運作，存有的元素——統合起來。當這「合一」達成時，這些象徵就消失了，融合為一個歡舞的靈體。

　　我們在「吊人」牌中也看見了「世界」——在其數字和圖像之中。

十二號牌是透過全然的無為來維持至樂的狀態，但即使是牌上的「世界之樹」也是個幻象，是由心靈想要抓牢什麼的需求所創造的。當我們將孤離的自我消融在「吊人」發光的臉孔底下的那片水域中，我們瞭解到，真正的合一是存在於行動中的。

宇宙中一切萬物都在運動，地球繞太陽旋轉，太陽在銀河中運轉，銀河在星系團中運轉，全都環繞著彼此運行不息。沒有一個中心，沒有一個地方，讓我們可以說，「一切從這兒開始，一切在這兒止息。」然而中心是存在的，它無所不在，因為在舞蹈中，舞者並非圍繞著空間中任一個隨意決定的點而舞動，實則，舞蹈本身乃聚焦於一個不斷移動、卻始終平靜的中心周圍，維持著它自身的合一之感。它同時是「無物」，也是一切事物。

於是我們返回到「愚人」。天真而空無，與智慧合一。正如我們一開始說過的，在所有大阿卡納牌中，只有「愚人」和「世界」兩張牌是動態的。「世界」牌中的橢圓形花環暗示著數字「0」，連同它一切的象徵意義。它同時也暗示著宇宙之卵，生發的原型；一切事物都以潛能的形式存在，而一切潛能都已實現。「自我」無所不在，在萬物之中。花環上下兩端的飾帶結成了「無限大」符號，意味著「自我」並不是被框在裡面，而是向宇宙開展著。

那飾帶是紅色的，是拙火象徵體系中「海底輪」（根輪）的顏色。那舞者並沒有失去她肉體的存在，她在物質界的根，性別的實相。實則，那能量持續地流動著，被轉化並更新。那花環的綠色部分象徵著自然的世界，它獲得了提升，而非被拋棄。綠色同時也是愛與療癒的顏色，將「完整」放射給每一個人，即使是那些不曾意識到它的人。紫色（披巾）是神性的顏色，而藍色（天空）則代表溝通。當我們瞭解，神性並不是某種在

別處的東西，而是在我們自身之內，我們的臨在本身便在向我們周遭的一切傳達著這個真理。

印度的「濕婆」大神——宇宙之舞的主神（Lord of the Cosmic Dance）——與「世界舞者」有著許多類同之處。他同樣也是展開雙臂跳著舞，一腳落地，一腳抬起，頭部端直，表情安詳。這兩個人物的右腳都「植根」於物質世界中，而抬起的左腳則象徵靈魂的釋放。當我們與生命變得最為融合時，在那個當下，我們便實現了自由。那臉孔無悲亦無喜，而是平靜，在空無中自由自在。雙臂對一切的經驗開展著。

舞動的濕婆往往被描繪為雌雄同體——半個身體是濕婆，另一半則是「帕瓦蒂」，他的陰性面。祕術傳統也將「世界舞者」描述為雌雄同體，雙重的性器官隱藏在披巾之下，彷彿是說它們所代表的合一超越了我們的認知。在討論「戀人」牌時我們提到過，世界各地的人們普遍相信所有人類原本都是雌雄同體的。那舞者表現並統合了生命一切的不同面向。

致使我們「回憶」起太初之時雌雄同體狀態的那種感覺，引領人們更進一步設想出整個宇宙曾經是「一個人」的意象。我們可以在諾斯底真知教義、神祕學者布雷克的作品、日耳曼、印度，以及其他地區的神話中找到這種信仰，而喀巴拉學說更是十分詳盡地描述了它。在喀巴拉中，這個人物被稱為「亞當神人」（Adam Kadmon），據說是從不可知的上帝中生發而出的原初造物。「亞當神人」也是雌雄同體的，他並非物質的存在，而被描述為純粹的光。只有當這神人分裂成宇宙分離的部分時，這光才被「禁錮」在物質中。有趣的是，當代宇宙創生學（cosmogony）的科學理論描述宇宙原本是一個粒子。當這粒子裂解的瞬間，它全然是純粹的光；只有在稍後，當其碎片變得較為分離時，這能量的一部分方才——依循愛因斯坦著名的公式 E=mc² ——凝聚為物質。

古代神話認為太初神人的裂解是不可逆的事件。然而，神祕學者卻相信回復的可能性。藉由依循大阿卡納所概述的程序，我們變得與生命合一，於是我們自己便成為「亞當神人」與「濕婆／帕瓦蒂」。

　　「亞當神人」與「生命之樹」──連同生命樹的十個「薩弗洛斯」（Sephiroth），亦即「發散點」──有所關聯。我們已經透過生命樹的二十二條路徑看見它與塔羅之間的連結。「世界舞者」，以她的姿態，準確地呈現了「生命樹」最常見的形態。生命樹的圖形是這樣的：

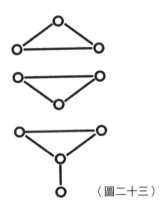

（圖二十三）

　　非常簡略地說，最頂上的三角形代表「超意識」，中間那個是「表意識」，最底下是「無意識」，而最後那個點，也就是這棵樹的根，是所有這些原則在物質世界的顯化。

　　在那舞者身上，最上方的三角形是頭頂和肩膀尖端的連線，中央的三角形是雙手和生殖器，而底下的三角形則是交叉的腿和右腳。同時，它又全都是一個身體。透過思量這舞者，我們瞭解到「無意識」、意識與超意識並非分離的部分，甚或是生命的個別階段，而是全為一體的。但那第十個發散點，生命樹的根，又在何處呢？我們並不是在那身軀中找到它，而

是在整個宇宙中，是我們在其間舞動的奇妙生命場域。

　　描述、隱喻，甚至沈思冥想，都只能隱約點出二十一號牌所體現的驚異奇妙。當這張牌在占卜中出現時，這些驚奇便被進一步縮減為大多數占卜所關注的尋常情境。這張牌意味著成功、成就，和滿足。或多或少，它指出當事人內心的存在感與其外在活動之間的一種統合。

　　逆位時，這張牌意味著停滯，行動和成長緩慢下來，到了幾乎要停止的程度。或者看來似乎是如此。事實上，「世界」牌的自由與狂喜永遠以潛能的形式存在著，等著被釋放——當這人感覺準備好要再次展開生命之舞時。

　　以上是「世界」牌在占卜上的意義。它真正的意義是不可知的。它們是一種目標，一種希望，一種直覺。到達那目標的道路，也就是舞蹈的舞步和音樂，存在於大阿卡納鮮活的圖像中。

第二部分
小阿卡納

Part Two
THE MINOR ARCANA

引言
INTRODUCTION

萊德牌
THE RIDER PACK

　　一九一〇年，倫敦的萊德公司出版了一套新的塔羅牌，係由著名的神祕學家亞瑟・愛德華・韋特設計，而由較不知名的通靈藝術家潘蜜拉・柯爾曼・史密斯繪製。韋特本人顯然並沒有預料到這些牌會大受歡迎；如同他所有的作品，他所設計的牌和他撰寫的塔羅書主要是以已經浸淫於神祕傳統的人為對象。然而，「萊德牌」（後來大家如此稱呼這副牌）現今在全球各地廣為人知，以它原始的版本、眾多的盜版、稍事偽裝的「新版」、「美國遊戲公司」（US Games Systems Inc.）——這副牌的美國出版商——所發行的幾種不同尺寸的版本，以及在小說的插圖、心理學書籍，

還有漫畫書和電視影片中。這副祕傳塔羅之所以大為流行，遠勝其他幾百種傳統及現代的牌，主要源自於這些牌的一個面向，那是韋特本人似乎不曾留意到的──潘蜜拉‧柯爾曼‧史密斯對小阿卡納做出重大變革的畫作。

在韋特為這副牌所撰寫的自辯文中，他煞費苦心地辯護他對大阿卡納牌，在設計與數字順序上所做的某些變動。然而，對大多數塔羅新手而言，在比較「萊德牌」與其他較為傳統的牌（例如「馬賽牌」）時，他們必須十分仔細地觀察，才會注意到這些變動。但他們立刻就會看見小阿卡納牌的差異。在「萊德牌」之前，幾乎所有的塔羅牌中，所謂的「小牌」，也就是四個牌組的一到十號牌，上頭都只有幾何圖案，排列著這個數目的寶劍、棍棒、杯子，或錢幣。在這方面，它們跟一般的遊戲紙牌很相似。在大多數塔羅牌中，這些圖樣都很單調而重複。精美繁複的「克勞利牌」是個例外（此牌又稱「托特牌」，係由佛瑞妲‧哈利斯夫人繪製，事實上是在「萊德牌」之後數十年方才面世的）。然而，在韋特－史密斯牌中，每一張牌上都有著故事般的畫面。

韋特主要的關注焦點，是較具祕傳內蘊的大阿卡納牌，他顯然並不了解，這些豐富多樣的畫面將如何吸引一般讀者去實驗塔羅牌。在某方面，它們的新奇更增添了這些牌的魅力。當大阿卡納以它古老而繁複的象徵意義觸動著我們，並未承襲圖像傳統的小阿卡納，在我們看來卻像是直接取自生活──或者在某些例子中，取自幻想──的場景。

史密斯係以一種仿中世紀的風格來設計這些場景，這似乎並未對大多數人造成困擾。在他們看來，畫面的鮮活更加重要。在大阿卡納牌中，幾乎所有的人物都或坐或立，只有「愚人」和「世界舞者」是動態的。事實上，他們是在跳舞。但在小阿卡納牌中，所有的場景都顯示著某件事情**正**

在發生，有點像是電影的劇照。

這種對比並非偶然。大阿卡納描繪的是原型的驅力，而非真實的人物。「愚人」和「世界舞者」是動態的，是因為只有他們完全體現了這些原則。但是，小阿卡納呈現的是人們實際生活的各個面向。在這四個牌組中，尤其是當我們用這些牌擺出占卜的牌陣、由它們所形成的組合當中，我們看見一幅經驗的全景，不斷向我們展現新的洞察，窺入人性與這個神奇世界的千奇百變。

正是因為它展現著日常生活，而非某種正規的體系，許多神祕學者並不十分欣賞「萊德牌」。雖然有許許多多後繼者做了或多或少的更動來模仿「萊德牌」，但也有些其他的牌，包括那些我們可以稱之為最「嚴肅」的牌，像是「克勞利牌」或「內殿建造者」（BOTA牌），都回復了使用幾何圖案繪製小牌的做法。之所以如此，是因為它們的創作者關注的是塔羅作為一種組織並建構祕傳之術的系統，它既是一種工具，也是一種活生生的力量。對他們而言，塔羅構成了連結神祕體系的一個重要的鏈節。

在這種鏈節中，最重要的是將四個牌組，連結到喀巴拉中所描述的四個世界的環節。喀巴拉學者認為宇宙係以四個階層存在，最接近我們的——卻也是最遠離與上帝之直接結合的——是日常的物質世界，稱為「阿西亞」（Assiyah），亦即「行動的世界」。為了易於理解，中世紀的通神學家將每個世界以一棵「生命之樹」來體現，作為一種宇宙律則的圖示。在不同的世界中，「生命樹」的結構並沒有改變，每棵樹都包含十個「薩弗洛斯」（Sephiroth），亦即「發散的原型」。（生命樹最常見的型態，請見「五角星十」）。而在這兒，當然，塔羅上場了。由於四個牌組都包含十張小牌，我們可以將這些牌放置在各個「薩弗洛斯」上，為我們在冥想時提供一種具體的輔助。而由於「薩弗洛斯」代表原型性的驅力，多數

神祕學者偏好以抽象的圖案來標示它們。對他們而言，一幅人們在做某件事情的場景，像是三個女人在跳舞，或是一群男孩在打架，只會令他們從永恆的象徵符號中分心。

有些神祕學家更進一步，相信牌上的這些幾何圖案本身便帶有一種超自然的力量，透過深刻地觀看這些圖形，體察它們特殊的色彩，便能在我們腦中產生某種獨特的效果。

許多並非特別投入祕術傳統的人，也比較偏好較為古老的牌，甚於任何現代的詮釋版，包括那些以幾何圖案呈現小阿卡納的版本。對於他們，一種傳統感，幾世紀來發展出來的牌義，承載著一種沒有任何修訂版所能比擬的力量。在占卜時，他們訴諸古代的牌義規則，覺得「萊德牌」複雜的畫面會讓人分心。較為依賴超自然直覺的占卜者，往往會偏好較為古老的牌，他們覺得小阿卡納的抽象構圖有助於激發靈視的感應。

然而，對我們大多數人而言，重複的圖案都大大限制了我們所能獲得的洞察，無論是來自研究牌的本身，或是將它們運用於占卜中。一旦我們記住了附屬於每張牌的基本公式，便會感到難以為繼。在這本書中，我試圖建立一種我稱之為「人本的」（humanistic）塔羅，它不僅源自於祕傳的真理，同時也衍生自現代「後榮格」（post-Jungian）心理學的洞見，以提供一種方方面面的圖像，關於我們是誰，我們如何行動，是何種驅力導引、形塑著我們。在這樣一種塔羅中，修習的目標並非固定的牌義，而是一種**方法**，透過它，每一個人都能獲得對生命的更高洞察。本書對每一張牌的解析，固然有一部分來自它——正位和逆位的意義——在占卜中的應用，其內容主要將會是展現這張牌是如何增添我們對於人類經驗的知識。

由於「萊德牌」呈現了如此生動的場景，屬於每一張牌的公式或評註只是一個起點。我們可以思考畫面本身，以及它們是如何與周圍的圖像

相結合。就某方面而言，牌面的圖像與每個人的想像力（和經驗）就像夥伴般共同合作。在每次占卜，或是每次冥想或沈思中，我們可以審視每一張牌，如同一個全新的經驗。正如較富祕傳色彩的牌最宜用於神祕學的訓練，較為古老的牌最能激發超自然的預知力，對於那些主要將塔羅用來拓展對自我及周遭世界之覺知的人，「萊德牌」十分適用。

史密斯的畫作透過卡通般的動作吸引著人們。多年來它們令我們著迷，是因為這些畫面中所包含的非常真實的意涵。潘蜜拉‧史密斯是如何做到的？就我們所知，她是在沒有任何傳統的協助下創作這些圖像的。在本書的第一部分，我提出了我的看法：韋特多半沒有指定小牌的設計，而他對大阿卡納顯然有這麼做。他自己的書中，並沒有提到這些圖像的起源，也沒有對這種激進的改變做出辯護，如同他對大阿卡納的變動所做的那樣。此外，他對牌義的詮釋，並沒有在多大程度上運用到這些新的圖像。儘管他簡短描述了每一幅圖像，他的解說通常都只是公式和關鍵詞（「欲望，意志，決心，計畫」），與附屬於早期塔羅牌的牌義並無實質上的不同。

有些塔羅作者聲稱（雖然我並未在韋特本人的著作中，找到任何證據），史密斯是將這些畫面繪製成四則類似連環圖的故事，每個牌組各一。牌組的特質決定故事的性質，在其中，宮廷牌構成一個家庭，而小牌則是發生在他們身上的事件。所謂的「摩洛哥塔羅」（Moroccan Tarot）——這副牌十分貼近地以「萊德牌」為藍本——就是依循這種模式。這種解釋小牌圖像的「故事理論」多半只是沒有根據的「想當然爾」。重要的問題仍然是圖像與牌義之間的關聯。

據我的猜測，韋特給了史密斯他想要描繪的牌義公式，或許也和她討論了圖樣，然後就由史密斯的藝術直覺接手。她有時是依據表面的象徵

意義，有時則是以超越有意識選擇的層面運作。（現代的研究指出，史密斯曾從一副不太知名的古老塔羅「索拉－布斯卡」（Sola-Busca）汲取靈感。這副牌中，幾張小牌的場景與「萊德牌」十分近似，尤其是「寶劍三」和「權杖十」）。韋特的牌義則來自於許多不同的源頭。韋特自己所陳述的牌義有時會自相矛盾，彷彿像是他諮詢了好幾位不同的占卜師。他的宮廷牌的排列方式，也顯示出「金色黎明會」的影響。該會是祕儀魔法師的祕密會社，韋特與史密斯（以及「托特牌」設計者克勞利和「BOTA牌」設計者保羅・佛斯特・凱斯）都曾是該會的成員。

當然，在許多張牌中，畫面都十分簡單，而且與它們意圖描述的意義直接相關。例如「五角星四」，描繪著一個守財奴的形象，某個「固守」著「財物的保證」（surety of possessions）的人。但是畫面上的四個五角星，分別覆蓋著此人的頭頂、心與咽喉，和雙腳的腳底，這是出於偶然還是有意的安排？由此是否導向了比單純的貪婪更為深刻的詮釋？而在許多例子中，牌面的圖像觸動了我們內心的某些東西，超越了這張牌正式的意義。比如說「寶劍六」，據稱是一次「水路的旅程」。但那夢境般的寂靜，畫面隱隱透出的哀傷，都暗示著亡靈渡過冥河的神祕旅程。

我無意將韋特描繪成一個遲鈍的人，或是對他自己的牌的圖像不夠敏感。有時他的評註，尤其是針對畫面的，為我們增添了超越簡單牌義的領會。在那張「寶劍六」中，他評述道「船上的載重很輕」，這一點，連同伊登・葛蕾的評論「那些劍並沒有把船壓下」，在我們腦海中勾起一幅靈性或情感旅程的畫面，在其中，我們攜帶著記憶與悲傷一同旅行。在「權杖二」中，韋特給了兩種相反的意義，然後又說，圖像本身提供了化解這兩者的「線索」。然而，在其他時候，他給的意義卻是和畫面互相牴觸的，例如在「寶劍二」中，那幅強烈暗示孤立與防衛的圖像，卻被說是描

繪「友誼」。

　　自從「萊德牌」以來，許多塔羅設計者都嘗試在每一張牌上加入畫面。幾乎所有的人都承襲了潘蜜拉·史密斯的圖像，有些極為近似，有些則以想像力轉化了「萊德牌」的畫面。並沒有任何因素迫使他們使用這些圖像；這些畫面本身並不具有古老傳統的權威性，如同大阿卡納那樣。它們的權威性源自於創意的成就。這些筆觸粗糙的圖像，有幾分笨拙，往往不合乎任何比例或透視法則，植基於對中世紀的濫情概念，卻不知怎地引領了成千上萬的人獲致了某種領悟——不僅僅對這些牌，也對他們自己。畫筆一揮，潘蜜拉·史密斯創造了一個新的傳統。

四個牌組
THE FOUR SUITS

　　無論韋特對各張牌的描繪，是如何偏離先前的慣例，對於四個牌組及其標記的安排，他卻是緊密追隨著早期的牌——只有一處例外。早先的牌，一路回溯至十五世紀的「威斯康提－斯弗扎」塔羅，都是使用「權杖」（或「柱杖」）、「聖杯」、「寶劍」，和「錢幣」（或「圓盤」），「萊德牌」卻以「五角星」——金色的圓盤中框著一個五角星——取代了「錢幣」，作為最後一個牌組的標記。韋特的這個改變是承襲「金色黎明會」的做法。他之所以採用了這種變更，是基於兩個理由。首先，他希望他的第四個牌組能代表物質世界的完整範疇，而非僅只是金錢與商業的狹隘唯物主義。其次，他要用儀式魔法的四種基本法器來象徵這四個牌組。實際上，這兩個理由是一樣的。韋特知道，魔法師之所以使用

這些器物，部分就是因為它們以具體的形式象徵著物質／精神宇宙的各個面向。

這四種標誌與魔法祕術、及生命底蘊之靈性真理之間的聯結，至少可以回溯至中世紀，我們可以在當時的聖杯儀式裡，由聖杯少女捧執的象徵法器中，發現與之類同的器物。韋特本人是從他在魔法會社的經驗中，得知這些器物的。在韋特牌中，這些器物也曾出現在大阿卡納中「魔法師」面前的法壇之上。

在塔羅，以及魔法中，這四種標誌代表著這個世界本身，也代表人性，以及造物的行動（既包括特定「事物」的創生，也包含演化的不斷創造）。它們出現在「魔法師」的法壇上，暗示他已經成為物質世界的主宰。在某種意義上，「主宰」意味著許多人在魔法中看見的掌控自然的真實力量。那些將塔羅用於祕術修煉的人時而聲稱，以小阿卡納牌進行冥想和儀式，功力深厚者將能控制自然的力量。在查爾斯·威廉斯（Charles Williams）的塔羅小說《更高阿卡納》（*The Greater Trumps*，暫譯）中，作者將這個概念延伸至戲劇化的極端：主角將與風相關的紙牌掀拍在一起，喚起了一場颶風。從心理學的角度而言，「主宰」小阿卡納意味著——在我們自身和周遭的世界中——理解這些牌中所描繪的一切經驗和驅力。一位「主宰」，意味著某個能夠掌控自己生命的人，也就是自己的主人。

要達成這樣一種目標，要比許多人想像中困難得多。它意味著真正瞭解我們是誰，在無意識及表意識的層面上。它意味著明白我們為何會如此這般地作為，明瞭我們真正的慾望，而非大多數人對他們人生目標的稀哩糊塗的概念。它意味著明瞭看似隨機的經驗之間的關聯。塔羅至少能夠幫助我們增長對這一切事物的瞭解。至於每一個人能達到怎樣的境界，則取

決於——連同種種其他因素——此人與牌的關係。

在人類嘗試理解存有的企圖中，數字「四」扮演了十分重要的角色。由於我們的身體暗示著這個數字（前方與後方，左側與右側），我們傾向於透過將事物拆解成四個部分，來組織我們對這個變動不居的世界之覺察。將一年分成四季的觀念，也來自於天文上的兩個「至點」（夏至與冬至）與兩個「晝夜平分點」（春分與秋分）。（沒有天文概念的文化，往往會將一年分為兩個基本的季節，即夏季和冬季，或者也有分為三季的）。

黃道帶包含了十二個星座，「三」乘以「四」。因此我們看見占星學中的星座被劃分為四組，每組三個。每組當中那一個「固定星座」，給了我們天空的四個「強點」（strong points）。在大阿卡納中，我們看見這四個星座在「世界」與「命運之輪」牌中，以四隻動物的面貌出現在四個角落上。（牌的形狀本身，以及大多數西方的房屋，都展現了我們對四邊的偏好。古代中國人曾使用圓形的遊戲紙牌。）這四隻動物象徵著黃道，但牠們最直接的源頭，是來自《舊約聖經》中先知以西結所見的異象，後來又在〈啟示錄〉中再度出現。

在所有「四」的象徵體系中，與小阿卡納最直接相關的兩種，就是中世紀煉金術的四種元素，以及以希伯來文的四個字母書寫的上帝之名，亦即「四字母聖名」（Tetragrammaton）。我們現代的原子元素觀念，乃是衍生自一種更早的概念（起源於古希臘）：自然界的萬物都是由四種基本的成份構成的，亦即火、水、風，和土。這種概念不僅存在於歐洲，同時也可見於其他數種殊異的文化，如中國和北美等。這些元素有時並不相同，有時元素的數目也會改變，從四個到五個，在四個自然元素之外加上「以太」（ether）或「靈」（正如許多文化加上「中央」為第五個方

位）。不過，基本的概念仍是一樣的——一切萬物都能被化約為基本的部分，這個世界以無限多樣的方式組合著這些基本素質。

今天，我們將這個概念延伸得很遠，將一切物質都化約為次原子的微粒（完全拋棄了「靈」的概念，除了在某些極少數的當代物理理論中），而將中世紀的「元素」視為非常複雜的化學結構。然而，如果我們以為這種古老的體系無法再教導我們任何東西，那可就錯了。因為古老觀點的一個特徵——事實上，這是現代西方文化之前幾乎所有文化的一致觀點——就是物質、精神、道德，以及心理理論與價值觀的「非分離性」。對我們而言，某個元素——就說「氦」吧——並不帶有任何精神意義。但對中世紀的思想家，「火」元素就暗示著一整個系列的聯想。如果我們拒斥我們稱之為「現代科學」的偉大知識成就，這顯然是錯誤的，但我們同樣也不該拒斥來自更古早時代的洞見。

在塔羅中，我們看見這四種元素被呈現為「火－權杖」（「柱杖」）、「水－聖杯」、「風－寶劍」，和「土－五角星」（「錢幣」）。這種「元素－象徵」的配對方式在不同的作者筆下有時會有變異，最常見的是對調「權杖」與「五角星」，理由是木棍是從土中長出來的，而錢幣則是在火中煅造。由於考量「火」與「土」更為寬廣的蘊意，我選擇沿用較為常用的元素歸屬。「火」並不只是一種人類的工具，更是一種偉大的自然力，最強而有力的就是太陽，是它令木頭從土壤中生發出來的。而「土」則不僅僅象徵土壤，在傳統上，它更象徵整個物質宇宙，「錢幣」只代表了它的一小部分，而「五角星」則代表了寬廣得多的一部分。

如果我們希望以五種元素——而非四種——來看世界，也就是納入「靈」，中央，那麼大阿卡納就代表著「以太」，第五元素。我們將它與

四種「小」元素分開，此一事實象徵著「靈」是存在於與尋常世界不同層面的直觀認知。然而，我們在占卜時會將這五種元素全都摻混在一起，這個事實又有助於我們明瞭，在現實中「靈」與所有物質元素始終都在共同運作。運用塔羅，能幫助我們瞭解「靈」為物質世界賦予意義與統合性的動態方式。對這種關係的真正瞭解——在理論及實務上——構成了跨向我們先前描述的那種「主宰」境界的一大步。

許多人是從占星學中知道四個元素的意象的——從它三個一組的「四象星座」：「火象」－牡羊，獅子，射手；「水象」－巨蟹，天蠍，雙魚；「風象」－雙子，天秤，水瓶；「土象」－金牛，處女，魔羯。榮格心理學也運用了這四種元素，將它們與體驗世界的基本方式做成連結。「火」代表直覺，「水」是情感，「風」是思考，而「土」則是感官覺受。

在占星學和榮格思想中，這些元素代表著類型與特徵。在塔羅中，我們看見這些類型反映在宮廷牌上。牌組作為一個整體，則顯現著生活中的活動與特質，而非個人的心理。換個說法，如果在某次占卜中，「權杖」牌佔了主要的份量，我們不會說這人有著「火」般的性格，而是說他目前正在經歷許多「火」象的經驗。我們分別研習四個牌組，以學習「火」，或「水」，或「風」，或「土」象的經驗究竟意味著什麼。在占卜中，我們將它們擺在一起研究，以學習生命是如何在現實中擁抱並結合這所有的元素。

做個簡短的摘要，「權杖／火」代表行動、運動、樂觀、冒險、抗爭、生意（指商業活動而非販賣貨物）、開端。「聖杯／水」代表沈思、寧靜的經驗、愛、友誼、喜悅、幻想、被動。「寶劍／風」代表衝突、憤怒或煩亂的情緒、悲傷，但也代表心智活動、智慧，或運用思維能力去瞭

解真理。「五角星／土」代表自然、金錢、工作、例行的活動、穩定的關係、生意（指製造及販賣貨物）。同時，由於「五角星」是魔法的符號，它們也代表大自然的魔法，以及尋常生活中的驚奇——並不總能被感受到，但往往隱藏在表象下。

借用另一種眾所周知的象徵體系，「權杖」與「寶劍」代表「陽」或「主動積極」的情境，而「聖杯」和「五角星」則代表「陰」或「被動消極」的情境。參照大阿卡納，我們也可以用「魔法師」與「女祭司」來替代「陽」與「陰」。不管是用哪種術語，這些特性在意象中會變得更為清晰。木杖和寶劍都是用來攻擊的，另一方面，杯子則是以接受並裝盛水來完成它的功能；而五角星，無論是作為魔法或金錢的標記，都能在物理上無須移動的狀況下影響世界。相仿地，火和風不斷在變動，而水和土則傾向於靜止。

對著塔羅的圖像稍加沈思，並細細審視它們，就會明白這些不同的類別，實際上是如何在現實中融混在一起。「權杖」和「五角星」都與商業有關，而「權杖」和「寶劍」都可以是指衝突。「聖杯」與「權杖」傾向於快樂、正面的經驗，而「五角星」和「寶劍」則往往代表生活中較為困難的一面。同時，「聖杯」和「寶劍」涵蓋著一般範疇的情感，而「五角星」和「權杖」則描繪較為實質的活動。這些牌傾向於彼此結合，並模糊一切的區分，而非顯現僵化死板的分隔。

在本書的第一部分中我曾提到，塔羅占卜的研習，教給我們最重要的功課就是，沒有任何特質是好的或壞的，除了在某種真實情境的脈絡中。從占卜中我們也學到，沒有任何情境、特質，或是個人的特性是獨立存在的，而都是與其他特質結合在一起。在占卜中，我們首先審視個別的牌，在它們個別的位置上，但只有當我們看出這些牌是如何融混成一種整體的

模式，我們才能瞭解這次占卜在告訴我們什麼。同理，我們逐張研究這些牌，但只有當我們看見它們如何運作，才能徹底理解它們。

不同的元素不僅代表不同的經驗，也代表著不同的生活態度。將牌組作為一個整體來研究，理由之一是看出每種態度的優勢與問題。針對每個牌組，我們將會審視一種「問題」，和一條「通往靈性的道路」（Way to Spirit）。舉例而言，「聖杯」的問題是消極被動，「通往靈性的道路」則是愛。透過不同的圖像，我們看見「聖杯」的經驗是如何呈現出這些特質。

在牌的排列順序上，我依循了韋特的做法，從「國王」一路往下，直到「王牌」，而非顛倒過來。韋特在這兒也是依循「金色黎明」的先例，想像「靈能」象徵性地降臨到物質世界中，因此我們是從較高的數字算起。由於「國王」（作為傳統上的象徵，而非政治的實體）負有維繫社會的責任，也因為他們予人成熟的印象，四張「國王」牌全都象徵著該牌組最具社會意識的穩定形式。另一方面，「王牌」則象徵合一與完美。因此，「王牌」代表著該元素最純粹的形式。「權杖王牌」就代表「火」本身，以及它所有的意涵，而其他十三張「權杖」牌則分別描繪「火」的某種特定樣貌，或者是在某種情境中（二號到十號牌），或是作為一種人格典型（宮廷牌）。

在「萊德牌」中，我們看見每張「王牌」上都呈現著一隻手，從雲端伸出，握著該牌組的標記。這種象徵，在「萊德牌」之外的其他牌中也可以見到，教導我們每個元素都能引領我們找到靈性的奧祕。它同時也教導我們，所有的經驗都是一份禮物，來自我們無法有意識地理解的源頭——除非我們走過大阿卡納所示現的深刻靈性旅程。基於這個理由，我以「王牌」作為每個牌組的終點。

四字母聖名
TETRAGRAMMATON

在四元素之外，我們還應當探討四個牌組所隱含的另一種象徵，亦即上帝的「四字母聖名」。我們在大阿卡納的第十張牌「命運之輪」中，曾看見過這四個字母——Yod-Heh-Vav-Heh——排列在輪圈上。以歐洲字母來書寫，我們會將它們寫成YHVH，或是IHVH。由於《聖經》中並沒有寫出這個名字的母音，我們實際上無法把它發音出來，因此它象徵著上帝不可知的本質，上帝與人在本質上的分離，而這也正是西方宗教的特徵。有些作者為這些字母選派了「Jehovah」（耶和華）或「Jah」或「Yahweh」等名字，但這造成了混淆。當我們查閱喀巴拉學者的文獻，我們發現這些字母並不是凡人意義上代表某個人的標籤的「名字」，而是描述一個公式。而這公式是在敘述創造的過程。

「四字母聖名」和「四元素」其實並不構成兩個分離的系統，而是一個統合的象徵體系。每一種元素歸屬於一個字母，「Yod」－火，「Heh」－水，「Vav」－風，「Heh」－土（註），而當我們將上帝之名應用到這些元素上，它們在象徵上的區別之意義便告完成。

這個創造的過程如下：「Yod」，「火」，象徵任何新事業的開始，第一個創造的火花，起頭所需的能量。以神話的角度而言，「Yod」是指源自於不可知上帝的神性火花。以心理學角度而言，它則代表開創某種特定計畫、或是新的生活方式的衝動。第一個「Heh」，「水」，象徵真正的開始，當這火花被「接收」入一個型態之時。在神話上，這指涉上帝之火觸動「深處的水」（Waters of the deep），也就是在上帝開始為宇宙賦

予秩序之前的混沌。在心理學上，我們瞭解我們的計畫與希望仍然是無定形而模糊的，直到「火」的能量進入它們，驅動我們真正去做些什麼。然而，除非我們能給它一個明確的目標，躁動不安的「權杖」能量便無法真正裨益我們。

第三個字母，「Vav」，與「風」相連，象徵計畫的發展，以及讓一切事物成形的有方向、有目的的行動。在神聖的意義上，它是指上帝為世界賦予基礎形式的創造階段。「風」也代表智識，在心理學上，「Vav」係指從一個目標，到將此目標付諸實現的實際計畫之間的心理過程。

最後是第二個「Heh」，「土」，它代表已完成的創造，事物本身。就宗教而言，它意味著物質，物理的宇宙，上帝透過其他字母的過程所創造的成果。以人類的角度而言，它意味著目標的完成。

且讓我們以一首詩為例，若是沒有寫詩的衝動，以及表達些什麼的慾望，詩的創作便無法開始。然而，除非我們能選定一個特定的主題，這份慾望就無所著落。在某種意義上，這個主題「接收」了這份寫詩的衝動。但是，直到我們真正動手撰寫，運用思維，寫出幾份草稿，解決意象、韻律等問題，這首詩還是不會誕生。最後，當我們將這首詩捧在手中，並讓他人傳誦，這整個過程方才告終。稍加思考我們就會明白，任何行動都會經歷同樣的發展過程，從蓋房子到釀啤酒到做愛皆然。

顯然，最後一個元素，「土」，其位置與其他的元素稍有區隔。數學家暨神祕學家鄔斯賓斯基（P. D. Ouspensky）曾以下面的圖形顯示此種關係：

註：這種連結乃源自於塔羅傳統。有些喀巴拉學者會使用稍微不同的順序。

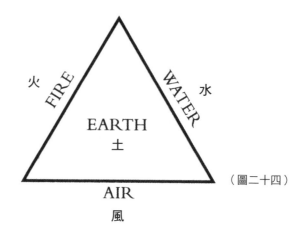

（圖二十四）

　　審視那四個希伯來字母，也將有助我們瞭解此種象徵。從右到左讀起，它們是：

יהוה

　　請留意「Yod」，代表「火」的字母，它幾乎沒有什麼形體，而只像是一個點，第一個衝動的閃光。也請觀察那兩個「Heh」，隱約像是兩只翻轉過來的杯子。第一個「接收」那份衝動，第二個則接收這整個過程，並賦予它一種物質的形象。最後，請細看第三個字母「Vav」，是如何延伸了第一個字母「Yod」。智力，也就是「風」，取得了「火」的能量，並給了它明確的方向。

　　乍看之下，第四個元素，「土」，似乎可以獨立存在。然而，為了要在我們擁有的事物之中找到任何意義，我們必須瞭解致使它們發生的創造過程。當我們檢視每個牌組的「問題」，我們看見每種問題都是當我們將該元素從它與其他元素的關係中抽離時才會出現。或者，換個說法就是，

當我們在生活中太過偏往某個方向傾斜時。「土」的問題——「物質主義」——可以透過加入「聖杯」的感性欣賞來中和。將一個牌組加入另一個的方式,將會在第三部分「占卜」中討論。

正如每個牌組都有其特質,每個數字或宮廷角色亦然。就每一張牌而言,我們可以將其意義視為該數字與牌組的結合。許多「靈數學」體系都描述了數字的意義,我們並不引用任何特定的系統,這裡所給的意義衍生自牌本身的特質。

國王——社會責任,權力,成功

王后——對該牌組的深刻欣賞;創造力

騎士——行動,對他人的責任

侍衛——探索,研習

十——完成,超越的需求

九——妥協,奮鬥

八——運動,活動

七——勝利

六——溝通

五——失落,衝突

四——結構

三——該元素的充分表現

二——結合

王牌——基本特質,根源

在某些狀況下,牌組與數字會彼此支援,但在其他情況下,它們卻會

互相衝突，有時甚至會產生與數字的意義相反的結果。舉例而言，「八」的一貫主題是行動、活動，由於「火」也意味著運動，因此「權杖」牌十分直接地表現了這個主題。然而，「寶劍」則強調衝突，「寶劍八」不僅未曾展現某個行動中的人，反而呈現著一位行動受限的女子。牌中的議題仍然是「行動」，但現在相反的狀況變成了焦點。

門戶牌
THE GATE CARDS

如果說，「萊德牌」中的小牌主要是作為日常生活的一種實況描寫，它們並不曾忽略或將我們隔絕於更深的覺察之外。相反地，這些牌的哲學取向，總是導引我們去探索「隱藏的驅力」，也就是為日常經驗賦予形式和意義的力量。一種真正實際的世界觀（相對於通常被誤以為是「現實主義」的狹隘唯物意識型態），將會承認精神的能量始終存在於這個世界變動不居的型態中。過去科學界認為電磁等力量是靜態而機械的，目前許多主流科學家都逐漸轉而傾向認為它們是動態而具創造力的。

「萊德牌」大大鼓勵這樣的覺知。我們看見這個理念在「聖杯十」中備受頌揚；我們也在所有的王牌中最直接地看見它──其中每個元素都被呈現為一份禮物。

但是「萊德牌」不僅僅**教導我們**這份覺知，某幾張牌，如果以適當的方式看待，還有助於誘發它。稍早我們曾討論過一種神祕學的觀點，觀看小阿卡納牌的幾何圖形將會在腦中引發某種效果。我們若以類似的方式，讓自己以冥想的狀態融入四個牌組中某幾張特殊的牌，將會帶來超越這些

牌的特定意義之外的經驗。

我將這些牌稱為「門戶牌」（Gates），因為它們能夠開啟通道，從尋常世界通往原型經驗的內在層面。每個牌組都包含至少一張「門戶牌」，「五角星」牌最多。它們全都擁有某些特徵：複雜、往往自相矛盾的意義，還有一種神話般的奇異之感，沒有任何寓言式的詮釋能夠完全透析。我選擇了某些牌來執行這種功能，但並無意暗示其他的牌就不能，只是在我的經驗中，這些牌特別具有此種作用。

有時一張「門戶牌」的奇異感從表面上就能看得出來，但有些牌只有在經過思維的分析之後才會變得明顯。後者示現了一個非常重要的重點——外在與內在的覺察並不彼此對立，而是互相彰顯的。對待一張「門戶牌」最佳的方式，是以這張牌字面及象徵意義的知識為開端，當我們將這些意義延伸到極處，便會抵達超越它們之外的奇異道路。

塔羅會示現許多事情，有些是全然出乎意料的。這些事物的浮現，是透過對於塔羅圖像的詮釋，透過在冥想中將我們自身與這些圖像融合，以及察見這些牌在占卜中形成的組合。個別來看，小阿卡納牌對我們展現了一幕人類經驗的壯闊全景。綜而觀之，並結合代表原型的大阿卡納牌，它們將我們引入千變萬化的生命奇觀，汲取越益寬廣的知識。

第七章
權杖
WANDS

　　人類以形形色色的方式，幾乎曾將自然界的一切事物拿來象徵生命的靈性精髓。在這所有的象徵中，「火」是最為強而有力的。在日常用語中，我們談到靈魂之中的「神性火花」，描述某個人「思緒如火般燃燒」，而當某個人懷憂喪志或夢想破滅時，我們說他「心中的火苗熄滅了」。當上帝將亞當夏娃逐出伊甸園，不讓他們接近園中的「生命之樹」時，祂派了一位天使手持燃燒的寶劍守衛著入口。最早的人類因為墮落，將自身與天界之火隔絕了。當瑜珈士透過冥想或身體的鍛鍊引動拙火，或靈能，他們會感到一股強大的熱流沿著脊椎上升。全球各地的薩滿也都精通火的控制，像是在火焰中舞蹈，或是口含熱炭，藉以展現他們的靈性力量。

　　「火」，象徵著為我們的身體注入生機的生命要素。沒有了它，我們就成了行屍走肉。在米開朗基羅以上帝創世為主題的著名畫作中，就描繪著一點火花從上帝的指尖躍上亞當的手。我們將食物在體內的化學變

化描述成身體在「燃燒燃料」。「火」象徵著存在的根本能量。由於火性向上，不斷地往上躍升，因此它代表樂觀、信心，和希望。為了給人類一絲不朽的氣息，並讓他們免於被宙斯滅絕的威脅，普羅米修斯將火給了他們。自遠古以來，人們始終知道火是具有靈性的。原始洞穴及考古遺跡的證據顯示，當我們遠古的祖先發現如何用火，他們最先是將它用於儀式中，遠較他們想到要用火烹煮食物或製造工具為早。

由於小阿卡納主要是在處理外在的經驗範疇，「權杖」傾向於顯示內在之火展現在日常生活的方式。研究小阿卡納，除了獲得特定的知識外，也示現了世俗經驗是如何衍生自一種靈性的基礎。

於是，「權杖」首先代表著行動。無論是贏是輸，「權杖」總是在爭鬥，這不全是為了真正的問題或目標，而更是出於對衝突的愛好，渴望有機會去運用這全副的能量。在事業上，「權杖」代表商業和競爭；在愛情中，它們象徵浪漫戀情、求婚、贏得「愛人」的行動，而非贏得「愛的情感」本身。「權杖」引領我們以行動和熱忱面對人生。

當「權杖」太過成功，像是「權杖國王」或是「權杖二」中的人物，他們可能會被一種憂鬱所掌控，因為成功的報償可能會成為一種牽累。在其他時候，像是在「權杖九」或「權杖十」中，他們容許戰鬥或迎擊所有問題的習慣影響他們，令他們對較為平和的選項視而不見。

不過，在多數時候，「權杖」的影響對我們展現的是「在戰鬥中獲勝」。透過「權杖」，我們在活動、行為、為活著的喜悅而活之中發現「通往靈性的道路」。「權杖」在「四」號牌中找到了最強而有力的表現，人們從築有城牆的城市中載歌載舞而出，歡頌著太陽賜予生命的力量。

然而，儘管有著那樣賦予生機的能量——如同太陽從土地中茁長生命的力量所展現——「火」也具有毀滅力。如果不加以控制、導引，那份能量

能夠焚燒整個世界。因此我們看見，所有「權杖」宮廷牌中的人物都是在沙漠中，或坐或立。儘管擁有樂觀與熱切，「權杖」還需要「聖杯」柔化的作用，因為若是沒有水，夏天的豔陽只會帶來乾旱。「聖杯」會帶來一種深度感，以及行動力之外的感受能力。從「寶劍」，我們能為這所有的能量獲得一種規劃感和方向感。「寶劍」還能帶給我們一種對於悲傷和痛苦的覺知，以平衡「權杖」的樂觀和征服精神。而「五角星」則能給予我們一種植根於真實世界的感受，以及在征服的同時也能享受生命的能力。

（圖二十五）

權杖國王
King of Wands

在占卜時，各個牌組的宮廷牌傳統上代表著將會影響問卜者的人物。雖然情況常常是如此，但它們也可以代表問卜者本人。單就這些牌本身來看，也就是說，在特定占卜的脈絡之外，這十六張宮廷牌提供了更大範疇的

人類性格。無論是在占卜中，或是將它本身作為研究的標的，任何一張特定的宮廷牌，都象徵著一個擁有或表現出這張牌所代表之特質的人。

「國王」牌（或是「騎士」或「侍衛」）未必是指一位男性，同理「王后」也不一定是個女子。實則，它們顯示的是傳統上為這些人物所象徵的特質和態度。國王、王后，或騎士的特殊社會功能，暗示著某些經驗及責任。宮廷牌象徵這些特質的程度，往往不亞於表徵年齡或性別。

我們也應該避免認為某張牌代表某一個人一生一世，像是描述某個人：「她就是『權杖王后』」，並認為這就總結了她的一生。某人可能在這一個月經歷「寶劍王后」的階段，下一個月又轉變為「聖杯騎士」。或者他也可能在不同的生活面向中，同時經歷這兩種模式。

國王是統治者，負責社稷的福祉。在萊德牌中，四位國王全都在皇冠底下戴著一頂罩帽，韋特稱之為「維護之帽」（a cap of maintenance）。傳統上，國王負有維護人民的責任，因此，所有的國王都既代表著成功（因為，畢竟國王是至高無上的），也象徵著社會責任。

「權杖國王」將這些特質轉譯為「權杖」的模式。他象徵一個心智堅強的人，能夠以意志的力量支配他人。他的力量源自於他對自身的「正確性」的堅實信念。他**知道**真理；他**知道**他的方法是最好的。他認為其他人追隨他是天經地義的。

與此同時，他顯示「權杖」的能量受到了控制，被轉變為有用的計畫，或是長期的事業。「權杖」冒險犯難的天性，可能會讓這樣一個人在此種角色中感到不太自在。他在王座上傾身向前，彷彿想要一躍而起，去尋找新的經驗。

他天性誠實，看不出謊言有任何理由或價值。基於大致相同的理由，他總是樂觀而正面；「權杖」的能量在他內心燃燒得如此熾烈，他不明白

為什麼有人會表現出負面的態度。

這樣一種強烈的性格卻可能有著不夠寬容的傾向，他無法理解軟弱或絕望，因為他自己從未經歷過這些。「國王」這種缺乏耐心的面向，可能會讓他信奉這條格言：「如果我能做到，你也能。」有一回，在一次占卜中，我看見兩張牌的組合，絕佳地展現了人們慣常稱為「代溝」的現象：「權杖國王」和「愚人」，兩者都是精力充沛，但前者是責任的化身，後者則是本能與自由的純然體現。

這張牌中主要的象徵有二：「獅子」——獅子座的標誌，以及「火蜥蜴」——傳說中居住在火中的火之精靈。它們分別代表世俗界與靈性界，因為獅子座表徵著屬於火元素的人格特質，而火蜥蜴則是煉金師最喜愛的象徵之一。在最佳狀況下，「權杖國王」是創造之火的主宰。他的社會承諾感馴服了火，並加以運用。請留意國王袍子上的火蜥蜴圖案，尾巴是銜在口中的。這封閉的圓形意味著成熟與完成。對照「權杖騎士」衣服上的圖案，火蜥蜴的口和尾巴並沒有接合。

逆位牌

當某張牌逆位時，它原始的意義在某方面被改變了，彷彿它原本的衝擊力受到阻滯，或是被重新導向，或者，在某些案例中，獲得了解放。某些塔羅評論者選擇忽略逆位的牌義，而的確，在運用塔羅牌冥想或激發創造力時，我們通常會將所有的牌視為正位的。但是在占卜或牌義研究中，逆位的意義不只將一副牌可能的意義加倍，更從不同的角度來展現這張牌，從而給了我們對此牌真正意義的更為寬廣的理解。

在實際占卜中，如果某張宮廷牌是指一個特定的人（例如，是依據體型，而非該牌的特質），那麼逆位牌意味著這人擾亂或妨礙了問卜者，或

是對他起著負面的影響。另一方面，如果我們看的是該牌的特質，那麼逆位的牌則顯示這些特質被改變了。

　　正位時，「權杖國王」代表某個頗有權威且愛發號施令的人，但往往對他人的弱點欠缺寬容。逆位時，我們看見自然的火遭遇了障礙和挫敗，換了較不堅強的人，可能會變得憤世嫉俗或膽怯畏縮。由於他是「權杖國王」，他並沒有失去力量，而是變得較為溫和，對他人較能諒解，同時對生活的態度較為嚴肅，因為它似乎不再是如此容易的競賽。韋特所給的公式在這兒相當貼切：「好心而嚴肅，嚴厲卻能寬容。」

（圖二十六）

權杖王后
Queen of Wands

　　「王后」牌代表陰性原則，或者說是每個元素的接受性特質。她顯示對該種元素的一種欣賞，而非「國王」牌所代表的社會性應用。這並不意

味「王后」牌是指軟弱，甚至消極無為，而是這種元素被轉譯為情感與理解。

如同「國王」牌，我們不必將這些特質只應用在女性身上。如果，在一次占卜中，我們看見「王后」牌僅只以身體的型態對應於某個人，那麼這張「王后」自然是指一位女性。但如果我們希望將其象徵性特質應用於某人身上，那麼任何一張宮廷牌都可以是指一位女性或男性。而在占卜之外，「權杖王后」代表的是對生活的一種特殊的欣賞。

相對於「國王」的熱切和欠缺耐心，這位「王后」端坐在寶座上，彷彿像是生了根似的。她的皇冠冒出花朵，她的衣袍如陽光般燦爛。在所有的「王后」中，只有她是兩腿分開而坐，暗示著性的能量。她展現著一種火象的對生命的激賞，溫暖，熱情，非常堅實地植根於世界。和「國王」一樣，她誠實而正直，看不出欺詐與卑鄙有任何用處。她比「國王」要來得敏感，允許自己熱愛生活，熱愛他人。在她眼中，操控和支配就和悲觀諷世同樣沒有價值。

一頭黑貓守護著她的寶座。在基督教民間傳說中，惡魔曾將一隻黑貓給了一個女巫，保護她免遭襲擊。黑貓在這兒的意義沒那麼通俗而戲劇化。有時如果一個人熱愛生命，這世界回應的方式，似乎會是保護他免於傷害，並給他快樂的經驗。如果我們尚未獲致大阿卡納最後幾張牌所象徵的對於宇宙之錯綜複雜的內在知識，就無法理解這樣的事是如何發生的。無論如何，它是可能發生的，而那黑貓正顯現著大自然對某個以火焰般喜悅面對它的人的這份回應。

逆位牌

如同「權杖國王」，這位逆位的「王后」顯示這樣一個人在面對橫逆

與悲傷時的反應。「權杖王后」基本的良善天性、正面的態度，以及她的精力幹勁，使得她在危機或災難中極其難能可貴。我們可以看見她會是這種人：當有人遇上危難時替他們料理家務，同時提供勸告、諮詢、情感的支持……，而這一切全都是出於一種自然的衝動，而非某種責任感。

然而，這種良善的天性也要求生活以正面的方式來回應。生活若是給了她太多的災難或太多的橫逆（這種人的弱點之一，是傾向覺得生活對她「不公平」），一種惡劣的特質便可能浮現。她可能會變得虛偽、善妒、不忠，或是有幾分憤世嫉俗。

（圖二十七）

權杖騎士
Knight of Wands

「騎士」牌將每個牌組的特質轉譯為行動。我們在「國王」和「王后」牌中所見，分別以成就和體察的形式展現的能量，此處在一種較為初

期的階段迸發了出來。在「騎士」牌中，我們看見每個元素被付諸應用的種種方式。然而，「騎士」也欠缺「國王」和「王后」的篤定與沈穩。

由於「火」元素本身就象徵著行動，火上加火的「權杖騎士」將這份特質展現到極致。他代表熱切、活動、為行動而行動、冒險，和旅行。如果沒有一些落實的影響力，這一切的興奮刺激可能會在他試圖同時衝往每一個方向之際消散殆盡。倘若結合了一種目的感，再有某種善於籌劃的風象影響力來協助，「權杖騎士」便能提供締造偉大成就的能量與自信。

請留意騎士罩衫上的火蜥蝪圖案，牠們的口和尾部並沒有連在一起，這象徵未完成的行動，未成形的計畫。對照「權杖國王」，「騎士」才剛剛展開他的冒險。

逆位牌

想像那年輕的騎士。不同於老於戰陣的武士，他尋求每一個作戰的機會，亟需證明他的勇氣和力量——對自己也對別人。然而，他卻很容易被顛下馬來。未經試煉的「權杖騎士」，滿懷的熱切卻帶著某種脆弱的質地。對抗會讓他困惑，甚至將他宏大的計畫砸成粉碎。期待一切事物都臣服於他，卻往往發現自己和周遭的人及形勢扞格不入。他的行動受挫，發現自己基本上良善的天性卻與周遭的人事物並不相融。因此，在占卜中，逆位的「權杖騎士」象徵困惑混亂、受阻的計畫、分崩離析，以及不和諧、不融洽。

PAGE of WANDS.　（圖二十八）

權杖侍衛
Page of Wands

　　「侍衛」牌代表每個牌組的特質最單純的狀態，以一種比成熟的「王后」更為輕盈而朝氣蓬勃的方式來享受自我。在體型上，「侍衛」是指小孩。對於成人，他們意味著某個時刻，當一個人免於外在壓力、純粹為體驗而體驗生命的某個面向。作為小孩，「侍衛」牌往往象徵新的開始，學習，思考，以及其他屬於年輕學生的特質。

　　由於「權杖」象徵開端，「權杖侍衛」尤其是指計畫的開始，特別是對世界、對我們自己的一種宣告，我們已經準備好要展開一項「計畫」（除了實際的計畫，也可以是指一段關係），或是生命的一個新的階段。在較為單純的層面，「侍衛」可以意味著一位信差，或是訊息或資訊。在情感的狀況中，「侍衛」牌單純的熱切暗示著一位忠實的朋友或情人。

逆位牌

　　比「權杖騎士」沈靜，這位「侍衛」不會那般狂亂地被問題沖昏了頭，但卻會變得惶惑不安而缺乏決斷力。複雜的狀況和公然的反對，會打亂他起步的熱忱，讓他膽怯害怕，或是無法主張自己的意見。由於他基本的特質是單純與忠誠（留意他衣衫上的火蜥蜴，有許多隻是首尾相連的。這不似「國王」牌是意味著完成的計畫，而是自我中一種單純的完整），當他猶豫不決時，就可能會變得軟弱而反覆易變。這張牌所指的人必須遠離複雜的情境，或是發展出成熟度來因應它。持續的優柔寡斷，只會益發減損決心與自信。

（圖二十九）

權杖十

Ten of Wands

　　由於「權杖」是如此地投入於活動與行動，它們也會招來問題。它們

不斷處於衝突之中，幾乎會吸引敵人與困難。這，部分是由於缺乏目的和計畫，但同時也是因為「權杖」暗地裡十分享受任何競爭。

這張「權杖十」，表面上向我們展現的是，一個人被生活的重擔壓迫，尤其是被責任壓得抬不起頭來。「權杖」的熱忱令他捲入如此繁多的情境，現在，弔詭的是，那份能量已經被承諾和問題給壓垮。他想要自由自在地去旅行，去尋找冒險和新的經驗；但取而代之的是，他發現自己就像個住在市郊的上班族，陷入了一張由無窮責任織成的網——財務、家庭、自己創造出來的工作……。這並不是他所規劃的；它只是在他周遭自己「長」了出來。

在這兒我們看見「權杖」的大問題。「火」的能量未經思考就行動，迎頭承擔新的問題，純粹只為那份挑戰。但是當這人感到厭倦，想要嘗試新的事物時，這些情況與責任並不會消失。它們繼續存在，並可能淹滅似乎已經征服了它們的火焰。

在感情方面，這張牌顯示此人把一段關係的所有壓力都擔負在自己身上。無論起了什麼問題、衝突，或是不滿，他總是試圖將之緩解、撫平。他弓著背，費盡力氣要維持這段關係，而另一方卻可能根本不曾認知到發生了什麼事。

在實際事務及情感狀況中，此人將所有的重擔都揹負到自己身上。是他自己製造出了這種局面，他需要了解，其他的因應方式仍是可能的。在這樣的情境中，這些負擔或許並不全然是真實的，或者至少是可以避免的；它們事實上可能是種藉口，以規避去做任何真正具有建設性的事，像是掙脫一個糟糕的處境。

逆位牌

　　和許多牌一樣——尤其是逆位時——這張牌可能的意義不只一種。在某次占卜中，我們可以判定最佳的意義（雖然有時不只一種意義可以適用，如同選擇也是），部分是藉由其他的牌，部分是藉由唯有透過練習才能發展出來的一種直覺。在塔羅研究中，這多樣化的意義，正顯示了某個情況可以在許多方面發生變化。

　　最簡單地說，逆位的「權杖十」表示某人的負擔，在份量和數量上都已加劇，到了可能令他崩潰的程度，無論是在體力上或情緒上。與此同時，它也可能意味著此人已經拋掉了這些重擔（或許是因為它們已經變得太過難以負荷）。從此處，情況又有了分歧。他拋開這些棍棒，是因為他領悟到可以將這份能量用於更好的目標？或者他只是要抗拒這些責任，而沒有真正去做任何建設性的事？一位我曾為她占卜的女士如此描述：問題在於要把棍棒拋在腦後，還是扔在面前。如果是拋在腦後，是指我們企圖嘗試新的方向。若是扔在面前，則意味著我們將會再次拾起它們，繼續在同樣的道路上艱苦跋涉。

（圖三十）

權杖九
Nine of Wands

　　「九號牌」顯示該牌組是如何因應問題，以及解決問題所需的妥協。
「火」暗示著強大的力量、體力、心智的敏銳。然而，在情感上，這種對
於抗爭的嗜好可能會令「權杖」陷入衝突的模式中。在這張「權杖九」
中，我們再次看見一個人面對著來自他人和生活的許多對抗；與其默默承
擔，他選擇反擊回去。爭鬥的行動培養了他的力量，因此畫面顯現一個肌
肉發達、目光機警的人。他後方的棍棒可以代表他在生活中的資源，卻也
可以是指在他身後隱隱浮現的問題。無論何者，他都準備好面對下一次戰
鬥。

　　不過，請留意他那僵硬的姿態，全身緊繃，兩肩聳起。同時也請留意
他頭上的繃帶，象徵心靈的創傷。這位鬥士並不是一個完整的人。無論是
出於必要或習慣，他封閉了對於衝突之外的生活的覺知，而現在，他只尋
找著下一次戰鬥，眼中只看見敵人，有時甚至在敵人已投降之後。

逆位牌

　　再一次，逆位牌意味著替代的選項。首先，防衛失敗了。障礙與問題越滾越大，以他的力量無法抵抗。然而，另一種意義則是尋找某種不同的對策。

　　我們不應該假定這張逆位牌永遠是建議我們放棄戰鬥。拋棄防禦得冒很大的風險，萬一我們長久以來拒之於安全距離外的問題撲噬過來怎麼辦？背景的脈絡決定一切，有時它就是需要那雙強有力的肩膀和銳利的眼光。然而，請觀察這人光是保持緊張備戰就耗費了多大的能量。在特定的占卜中，這張牌真正的蘊意，只能透過審視它與其他牌的組合才能變得清晰。

（圖三十一）

權杖八
Eight of Wands

　　「火」暗示著迅捷與行動。儘管這種行動有時欠缺方向，我們在這

兒看見的意象是一場到達終點的旅程，或是完成了的事物。當「火」找到它的目標，計畫和情境便會來到一個令人滿意的結局。「權杖」著陸了。因此，這張牌上的畫面暗示在「權杖」的能量中，加入了「五角星」的落實。

韋特很浪漫地將這些權杖稱為「愛之箭」。我們可以將之特別視為戀情中所採取的行動、引誘，或是被提出並被接受的求婚。

逆位牌

倒轉過來後，這張牌的圖像變成了一種持續不斷的狀態，凡事都沒個了結，尤其是當你希望有個結束時。某個情境或態度就這樣持續又持續，在可見的範圍內都沒個了局。如果這樣的情況沒法避免，那麼最好承認它，接受它，而不要讓它帶來挫折或失望。另一方面，這種「懸浮在半空中」的特質，有時可能是我們自己造成的，因為我們預期某個情境持續懸而未決。在占卜的牌陣中，「希望與恐懼」是最重要的位置之一；它往往會成為一則自我實現的預言。

「愛之箭」倒轉過來，就會變成「嫉妒與爭吵之箭」。嫉妒可能衍生自不確定和迷惑——對我們自己和對方的感情皆然。

（圖三十二）

權杖七

Seven of Wands

　　如同「權杖九」，這張牌的主題是「衝突」，但在這兒我們看到了戰鬥的實景，而其作用是令人振奮的。以它們天生的力量和積極，「權杖」期待會贏，而且通常也會。透過積極活躍的衝突，牌上這位人物超越了任何消沈沮喪，上昇到令人興奮忘我的清朗空氣中。在某方面，這張牌展現著「權杖九」的背景。透過早先勝利的經驗、保持拔尖的經驗，我們變得防衛成性，隨時準備投入戰鬥。只要戰鬥還在持續，我們就很享受它。受「權杖」影響的人需要知道自己活著，需要腎上腺素大量湧出，讓他們感到那把火仍在體內奔竄。只有到後來，不斷爭鬥的習慣才會包圍、掌控他們。

逆位牌

　　如同這幅圖像所暗示，這人是在用衝突所帶來的興奮，克服不確定感

和消沈抑鬱。逆位牌則是指他陷入了焦慮不安、猶豫不決，以及窘困難堪之中。正位時，他雖然始終待在風尖浪頭，但卻不見得多麼能掌控自己的人生。在這兒，他不再能無視於這種矛盾了。最重要的是，這張牌提醒你不可遲疑不決，它暗示若是一個人能找到一條清楚的行動路線，「權杖」天生的自信將會回來，克服焦慮與外在的問題。

（圖三十三）

權杖六
Six of Wands

當「權杖」往一號的「王牌」前進，它們變得越來越強大。強調的重點從問題轉移為喜悅，從防衛轉移為樂觀，而到了「王牌」，我們便與賜予生機的「火」合而為一了。「權杖六」標記著一個轉捩點。在「金色黎明」體系中，這張牌有個標題叫「勝利」（Victory），而事實上，我們也看見一場勝利的遊行，英雄頭戴桂冠，追隨者前呼後擁。然而，他還沒有

抵達目的地。（當然，這是一種虛構的想像；他也很可能正要回家。這一點我是依循韋特的提示。）他贏得了勝利。「樂觀」獲致了它所渴望並預期的成功。

常常，儘管當然並非必然，我們只須真正相信自己，就能找到那份能量，成就我們渴望的目標。再者，這樣的信念也會鼓舞他人追隨我們。「六號牌」往往和「溝通」與「禮物」有關。在這兒，「權杖」給予周遭人群的，便是「火」一般的對生命的信念。

逆位牌

真正的樂觀創造了勝利。而虛假的樂觀，以狂言大話或錯覺假象掩蓋我們的疑慮，則會導致恐懼和軟弱。這張牌正位時所展現的態度並不能被佯裝出來，因為當它行不通時，就會成為相反的心態：失敗主義，覺得敵人會打垮我們，或是生命或某個特定的人將會以某種方式背叛我們。這種心態往往也會成為一則自我實現的預言，因為猜疑將會招致背叛。

（圖三十四）

權杖五
Five of Wands

　　又是衝突，不過是在較為溫和的層面上。將生命視為戰鬥是「權杖」的天性，但在它最佳的意義上，戰鬥變成了一場令人興奮的爭鬥，被熱切地追尋著。「五號牌」一般都呈現著某種困難或失落，但是「火」元素將問題轉譯為競爭，視之為人們與社會和他人溝通的一種方式。畫面中的年輕人是在打鬥，但卻不是要傷害彼此。就像孩子假扮騎士玩騎馬打仗，他們用棍棒相互擊打著，但卻沒有真的擊中任何人。他們並非試圖毀滅，而只是為了行動的純然樂趣而競爭。

逆位牌

　　那令人興奮的對抗，在正位時暗示一種規則感與公平競爭感，因為若是沒有彼此同意的規則，以爭鬥作為一種遊戲便成為不可能。逆位時，這張牌意味著規則被拋棄了，事實上，這場爭鬥已經染上一種較為認真、且

較為險惡的調性。遊戲的感覺轉變成不滿或幻滅，人們實際上試圖要傷害或毀滅對方。「火」象對生活的態度——尤其是未曾受到「寶劍」的覺知與智慧來開展時——要求生活以正面的方式來回應，並且不去展現它較為殘酷的一面。當這張「五號牌」逆位時，又會讓人想起那句「火焰熄滅」的形容詞。

（a）

（b）　（圖三十五）

權杖四
Four of Wands

　　數字「四」，連同它方方正正的形象，暗示著靜止或穩固。然而，不受壓抑的「權杖」能量，並不像，例如，「五角星」那樣，需要保護的籬柵。它不會被圈制，因此我們看見人們歡欣鼓舞地邁開大步，走向最簡單的建築結構，相信太陽會焚燒一切煩惱的陰雲。這張牌呈現著一幕家庭的

場景，充滿了火象的樂觀、熱切和喜慶。如同在「權杖六」中，我們看見人們跟隨著前導者載歌載舞。不過，與那張牌不同的是，那兒是一群士兵追隨著有魅力的領導者，而這兒的人們則是沈浸於歡樂中。

他們正在離開一座築有城牆的城堡，走向開闊的涼棚。換句話說，他們的精神與勇氣帶領他們離開一個防衛性的情境，邁向開闊的場域。我們可以將這幅圖像與「塔」牌相對照（見右圖）。「塔」牌中的兩個人物，其衣著與「權杖四」中的兩位主角極為類似（連袍子的顏色都是一藍一紅）。在較為世俗的意義上，「塔」牌示現的是，當人們容許某種壓迫性或悲慘的處境不斷積累，直至無法忍受的程度，繼之而來的爆發。在「權杖四」中，樂觀的心態和對自由的愛，將人們一同帶領出被高牆封閉的城堡——在它變成一座「塔」般的監獄之前。

逆位牌

韋特認為這張牌逆位時意義不變。那份喜悅是如此地強大，無法被阻滯。不過，我們可以補充，逆位的「權杖四」，就像大阿卡納中的「太陽」牌，可能意味著這個情境中的歡樂並不是那麼顯而易見。如同「五角星十」中的那個家庭，這張逆位牌所指的人可能需要學習欣賞他們所擁有的。另一種可能是：此人周遭環境中的幸福快樂同樣強烈，但卻是「非正統的」，至少就其他人的態度和期望而言是如此。

（圖三十六）

權杖三
Three of Wands

　　數字「三」，由於它將「一」與「二」結合在一個新的實相中（見大阿卡納中的「皇后」牌），因而意味著結合與成就。在每個牌組中，「三」顯現著該元素臻於成熟的狀態。在「權杖」中，這就成為「成就」。牌上的人物看來很強大，但卻安穩靜立，也不曾受到威脅。「權杖五」中年輕的競爭者已經成功了，尤其是在商業或事業等方面——雖然這張牌也暗示著情感上的成熟。「權杖」的熱忱並沒有消失，但是在這兒，牌中人派遣他的船隊出外探索新的領域，自己卻留在後方。反過來看，我們也可以想像這些船正在回航，將探險的成果或新的經驗帶回日常生活中。相對於「權杖騎士」，這幅圖像暗示在我們既有的成就中守住一個穩固的基礎，同時繼續開拓新的領域，並開展對我們自身的興趣。有時在占卜中，這可以意味著對既存的關係保持首要的承諾，但卻仍在尋找新的朋友或戀人。

　　某些塔羅牌會在特定的情境中，具有只適用於該情境的特殊意義。

對於一個受到過去經驗的折磨、或與之不斷抗爭的人，「權杖三」可以意味著與自己的記憶和解。這些記憶變成了船，向遠方駛去，越過了一條寬闊的河流，然後駛入海洋。象徵滿足的夕陽照耀著河水（感情生活的象徵），為它染上溫暖的金黃色光芒。

在「權杖三」中，我們看見了第一張「門戶牌」（Gate card）（「權杖」牌組，由於強調行動，所以這類「內心牌」的數目，要比其他牌組來得少）。就形而上的意義而言，大海總是在人們心中喚起一種宇宙的廣袤神祕之感，而河流則象徵小我的經驗融入大海中。船隻代表我們探索深刻經驗的那個部分，而那人則表達著在我們嘗試這種形而上的旅程之前，將自身植根於尋常現實的重要性。以上這些概要的說明，只為這張牌真正的意義提供了一種智識上的投影。這意義存在於融入這幅畫面的經驗，直到那船隻載著我們進入自我的未知領域中。意味深長的是，畫面加入了「水」與「土」的元素（以海洋和岩石的形式），將這些意象導向了「火」元素最強大的潛力。儘管如此，這張「門戶牌」的特質——也就是探索未知——仍然是屬於「火」象的。

逆位牌

這張牌逆位時有好幾種意義，反映著它正位時複雜的本質。一方面它可能暗示某種「探索」或計畫（實際上或情感上）由於遭到「暴風雨」而失敗，所謂「暴風雨」，也就是指強大到超出我們預期的問題。不過它也可以意味著在一段疏離和反省的時期之後，再度投入我們周遭的環境。這幅圖像正位時，牌中人俯瞰著世界，帶著幾分孤離之感。最後，它也可能是指被回憶所煩擾。

（圖三十七）

權杖二

Two of Wands

　　又是一張象徵成功的牌，甚至比「權杖三」更成功，因為此處這個人站在城堡頂端，將世界握在手中。但這張牌並沒有帶著與「權杖三」相同的滿足感。他感到無聊、厭倦；他的成就只是像城牆般將他圈禁在裡面（這對火象而言是種很不愉快的處境），而他手中握著的是個很小的世界。韋特將他的厭煩比之於亞歷山大大帝。亞歷山大在征服已知的世界後，據說哭泣了起來，因為他再也想不出他的人生該做什麼（他不久後的崩逝，無疑更增強了這個傳說的戲劇效果）。

　　韋特的評註，暗示「權杖」對爭鬥及挑戰的愛好，可能會讓一個人——在贏得勝利後——對實際的成就無法感到真正的滿足。這張牌與「權杖四」（以及「權杖十」）的對比十分明顯。在「權杖四」中，好幾個人一起跳舞，走出築著城牆的城市。這兒則是一個人獨自立於城頭，被圈禁在他自己的成就中。

逆位牌

在這兒我們看見韋特最佳的關鍵詞組之一：「詫異，驚奇，著迷，麻煩，和恐懼」。這些詞彙都是在描述某個直接跳進新經驗的人。當我們離開安全的情境和過往的成就，進入未知，我們釋放了如此多的情緒與能量，致使我們既無法避免驚奇與魅惑，也無法免於隨之而來的恐懼。對於那些長時間活在某種不愉快或不滿足的情境中，終於決定要毅然決然做出改變的人，這張牌傳遞著非常強烈的訊息。

（圖三十八）

權杖王牌
Ace of Wands

一份力量的禮物，強大的能力，強大的性能量，以及對生命之愛的禮物。木杖上的綠葉迸發得如此茂盛，以致於掉落下來，成為「yods」——上帝之名的最後一個字母。「yods」出現在每一張「王牌」中（除了「五

角星」），顯示我們接收到這些原初的經驗，如同一份來自生命的禮物。我們無法藉由任何正常的手段引發或製造它們，它們如同自雲間浮現的手般降臨到我們身上。只有當我們到達大阿卡納後面幾張牌所展現的高度覺知的境界時，我們才能明瞭這些原始能量迸發的源頭。在尋常的情境中，只要體驗並欣賞它們，就已經足夠了。

在某個局面的開端，再也沒有比這張牌更好的起始訊號了。它帶來了熱忱與力量。與此同時，這張牌也教導我們要謙卑，因為它提醒我們，究竟而言，我們並沒有在道德上做了任何事而值得擁有這份樂觀和超卓的能量──而它有時令我們能夠壓倒其他的人。

逆位牌

逆位的「王牌」暗示那份原初的經驗在某方面的失敗。這可以單純地意味局面轉為對我們不利，或者，尤其是在「權杖」和「寶劍」，是我們發現自己無法掌握那份力量，並善加運用。因此，逆位的「權杖王牌」可能意味著混亂，情勢分崩離析，若非是因為事情就是這樣發生了，就是由於我們擁有太多未受導引的能量，因而毀了它們。這可以發生在實務的層面，透過太多的活動，太多新的開始，而不曾鞏固過去獲得的成果；或者是在情感層面，由於對友誼太有信心，或是純粹的專橫傲慢；或者，最後，在性方面，由於拒絕控制那份火熱的性慾。

韋特也為這張逆位的「王牌」提供了一種較不沈重的解讀：「陰雲遮蔽的喜悅」。那麼這張「王牌」就變得像是「權杖四」或「太陽」牌；那份驚奇和喜樂還是存在，即使我們無法、或不願看見它就在我們面前。

第八章

聖杯
CUPS

　　如果「火」象徵為宇宙賦予生命的靈能，那麼「水」就代表容許靈魂接受這份能量的愛。太陽將種子拉拔出土壤，但是先要有水去軟化、滋養它。「火」代表行動，「水」則是沒有定形或消極被動。「水」並不意味軟弱，實則，它代表著內在的本體，代表種子的慢慢甦活。在極端的情境中，「水」與「火」是天敵；大水能淹熄火焰，而容器底下的火則會將本已沒有形狀的水消散為蒸汽。然而，若非融混了這兩種原始的對立物，生命便無法存在、成長。

　　這種弔詭致使煉金師和其他神祕學者將「轉化」——這並不僅僅是指改變，而是從分離到整合狀態的瞬間進化——描述為「火」與「水」的融合，展現於「雌雄合體」的意象中（在傳統社會中，以其嚴格的性別及角色認同，有什麼是比「男與女」更強而有力的對立象徵？），或是，較為象徵性地，在「六角星」的符號中。在這個古老的圖形中（遠比它作為猶太標記的

現代用法來得古老），尖端向上的「火三角」和尖端向下的「水三角」結合在一起，形成一幅由一個合一的中心向四面八方開展的生命圖像。

由於河中的水流動不居，而河流本身卻總是保持著它基本的特質，因此河流象徵著在一個人生活中所有的外在改變底下，始終維持不變的「真我」。於是，當「火」象徵著我們「做」什麼，「水」則代表我們「是」什麼。

所有的河流都匯入大海。無論我們的小我，是如何堅持自我與其餘生命的分隔，我們的本能——我們「水」象的那一面——卻提醒我們自身與宇宙的和諧。西方文化強調個人是獨特且與世界分離的概念，而塔羅並不否認個人的獨特性——它強烈主張如此，透過每一次占卜的獨特性——但卻代之以將個人描述為各種元素的組合（占星學的星盤，有著十二個星座和十二個宮位，也教導著同樣的功課）。而其中的一種元素，始終是一個人與其餘生命的基本連繫。

「聖杯」牌組展現著一種內在的經驗，它是流動而非界定、開放而非限制的。「聖杯」代表愛與想像，喜悅與平安，一種和諧與驚奇之感。它們對我們展現，愛是「通往靈性的道路」，包括我們給予他人、從他人那兒收受，以及在生命較為歡愉的時刻，從生活本身得到的愛。

當生活要求我們採取行動——無論是實質上或情感上——「聖杯」有時會呈現出消極被動的問題。一切的嘗試，試圖去做任何事，或是解決某種複雜的問題，都消解成含混曖昧、漠不關心，或是空幻的夢想。「權杖」能為「聖杯」注入活力，「寶劍」則能界定那份情感的能量，並給予它方向，幫助它釐清事態（雖然「風」象的風暴將會攪動平靜的「水」），而「五角星」則能將幻想落實於實際的計畫中。

（圖三十九）

聖杯國王

King of Cups

　　如同「權杖國王」，他在社會責任、成就與成熟等方面代表著他的牌組。也和「火」象國王一樣，他作為社會維繫者的身分並不讓他那麼自在。「聖杯」象徵創造性的想像力，而要獲致成功，他必須規範、甚至壓抑他的夢想。他的脖子上掛著一條魚，是創造力的象徵，但卻是個人工的裝飾品。他已將他的創造力導入具有社會責任的成就。韋特將他描述為一個從事「商業、法律、神職」的人。在某種意義上，他令他的牌組臻於成熟；但是「水」需要流動，而非被侷限。

　　在他的寶座後方，一條活魚在波浪間跳躍，意味著那份創造性的想像力仍然鮮活，即使被推到了幕後。同樣地，他的寶座漂浮在活潑湧動的海上，然而他自己卻不曾碰觸到水（對照「聖杯王后」），這顯示他的成就終究來自於創造力，雖然他塑造人生的方式，讓他與自身如詩人般歡快的想像力分隔了開來。

在極端的情況下，這個意象暗示某人築起堤壩，圈禁住自身的情感與想像力。比較溫和的狀況是，它也顯示某人是有表達這些特質，但並不把它們當作生活的中心。責任先於自我表達。

這位「國王」並沒有看著他的聖杯；而是以手執王杖（權力的象徵）般的方式握著它。有些評註者認為這位「國王」象徵有著情緒困擾的人，甚至心懷憤怒和暴力。他習慣性地壓抑這些情緒，即使是對自己，總是維持一副平靜的外表。

在某些情境中，尤其是在藝術方面，「聖杯國王」會呈現十分不同的意義。由於他是「聖杯」牌組的領袖，他可以象徵在藝術工作上的成功、成就、精通與成熟。

逆位牌

比「權杖國王」更複雜，或許也更焦慮不安，逆位的「聖杯國王」往不誠實的方向退轉。正位時，他將自己的創造力運用在工作上；逆位時，他將才華轉向作惡或貪腐。騙子也會運用創造力去拓展事業，但我們不會將他們描述為「負責任的」。

這張牌逆位時可能意味著暴烈的「水」象情緒從平靜的表象下浮現，或許是由於外在事件的壓力。在戀情上，逆位的「聖杯國王」可能暗示一個不誠實但卻專橫跋扈的情人，較常是男性，有時也會是女性。

最後，在藝術方面，逆位的「聖杯國王」可能暗示某位藝術家的作品其實無足輕重，或是某人尚未成熟，無法創作出重要的作品。在占卜中，如果這張牌與某些逆位的「五角星」牌同時出現，像是「八」號或「三」號，最後這種意義會表現得十分強烈。

（圖四十）

聖杯王后
Queen of Cups

　　這是「聖杯」牌中最為成功、最為平衡的一張，在某些方面，甚至是所有小阿卡納中最成功均衡的一張牌——這位「聖杯王后」幾乎可說是「世界舞者」的世俗版。介於「聖杯國王」的外在責任和「聖杯騎士」的消極被動之間，她顯示了融合想像與行動、創造力與社會貢獻的可能性。她的寶座裝飾著上半身是小天使的人魚，穩穩安置在陸地上，顯示她與外在世界及他人之間的重要連結，這種連結要比「聖杯國王」更為真實。同時，河水流過她的腳，與她的裙擺融合在一起，意味著自我與情感及想像的統合。那水也暗示「無意識」的驅力——大阿卡納所展現的潛在靈性模式——滋養著意識面的生活。水、陸地與這位「王后」的結合，暗示著我們滋長想像力的方式，並不是給它完全的自由，任它恣意漂蕩，而是將它導引至有價值的活動中，這是大多數藝術家都會認同的理念。這個理念會在「五角星九」中更為強烈地展現，那是創造性紀律的標誌。

韋特描述她手中捧著的杯子是她自己的創造物。那是所有的「聖杯」中最為精巧複雜的一只（無論我們對它的風格作何感想！），象徵著運用想像力所帶來的成就。請留意它教堂般的形狀。直到現代（較為古式的文化仍然如此），所有的藝術都是在表現並讚頌靈性的經驗。這位「王后」熱切地凝視著這個杯子，顯示導引並形塑創造驅力的強烈意志，而不壓抑它。同時她的神情暗示著，有創意的人會從過去的成就中為未來的活動汲取靈感。請將她熱烈的眼光與「聖杯騎士」的夢幻或「聖杯七」的含糊空想相對照。

單憑意志力是無法統合想像與行動的。唯有愛能為她的行動賦予意義，並實現她的目標。這些目標是富有創造性的，並不只是狹義地單指藝術，而是更廣義地泛指運用生命所提供的機會與元素，將某樣東西變得完整而有生氣。它們可能包括情感上的目標，尤其是家庭，因為「國王」牌象徵社會，「王后」則象徵家庭，對男性或女性皆然。

最重要的是，她結合了意識與情感。她知道她要的是什麼，也會採取必要的步驟去獲得它。然而她在行動時始終帶著一種愛的覺知。

韋特說：「懷著愛意的聰慧，由此而來的願景之禮」。這些詞語暗示，如此喜悅的生命願景只能作為禮物而降臨，但是愛能開啟我們，去接收這樣一份禮物，去承認它的存在。帶著結合了愛的聰明才智，我們藉由接納這份願景、並以之創造某種真實而持久的東西，回贈了這份禮物。

逆位牌

當「聖杯王后」逆轉過來，願景與行動的合一便被打破了。我們看見某個野心勃勃而強大的人，但同時也很危險，因為她無法被信賴。那份愛失落了，把價值看得比自身成功更重要的信念也告淪喪。如果她更進一步

地偏離均衡，她可能變得不誠實，甚至邪惡墮落，因為她的創造驅力蠢動得失去了控制。

(a)

(b)

（圖四十一）

聖杯騎士
Knight of Cups

　　作為一個發展程度未及「王后」或「國王」的人物，「聖杯騎士」還沒有學會將想像力導入這個世界。因此，夢想主導著這張牌，牌中的意象如緩步的馬兒，沈浸於杯之誘惑（想像力的象徵）的騎士，都暗示著這一點。同時，這兒所展現的創造驅力，強度不及任何其他「聖杯」宮廷牌。只有一條狹窄的小河流過乾枯的土地。這位「騎士」還沒有學會，真正的想像力是以行動為養料，而非空想。這句話的意思是，如果我們不為自己的夢想做些什麼，它們就始終是朦朧模糊的，與我們生活的其他方面毫不相干。

關於「聖杯騎士」的夢幻特質，我們還可以探討另外一點。是什麼在餵養著它——是內在的原則，像是在神話或原型藝術中；或是自我耽溺，像是在白日夢或逃避現實的電影或小說中？英國浪漫詩人柯立芝（Samuel Taylor Coleridge）曾就「想像」與「空想」做出區分。兩者都會將心靈帶離日常的經驗與覺受，但前者源自於、並導向一種對潛在靈性真理的覺知，而後者卻只會製造夢幻。幻想可能令人興奮，但終究缺乏真正的意義。它們衍生自「小我」，而非「無意識」。

從他的杯中，並沒有任何東西湧現出來（對照「聖杯侍衛」）。他也不曾將之塑造成某種比原先更偉大的東西，像是「王后」那樣。「騎士」是一位致力於行動和參與的人物，然而另一方面，水，則象徵著消極被動。這種懸殊的對比，使得這位「騎士」難以調解這兩種特質。由於否定了對世界這份基本的承諾，他不允許他的想像力創造任何東西。

由於他是一位「騎士」，行動與性愛的外在世界，即使當他在追逐自己的思緒與夢想時，也會吸引著他。他的消極有時可能有些做作，為了否定那些攪擾他寧靜的誘惑和慾望而幾乎顯得誇張。在愛情上，這位「騎士」可能代表一位不願做出承諾的情人，他或許很有吸引力，但卻被動、冷漠，或是自戀。

「聖杯騎士」這種種不討喜的形象全都關係著他內在的衝突。然而，他的頭盔和靴子上生著翅膀，他的馬兒雖然步履緩慢，精神卻很健旺。他的形貌與「死神」相似，那是轉化的象徵。如果這位「騎士」不為責任或慾望所牽絆，如果他追隨一份真誠的願景，而不逃避外在的承諾，那麼他便能非常深刻地進入自身，將「騎士」的能量轉化為對內在世界的探索。

逆位牌

　　我們看見這位「騎士」以各種各樣的方式應付來自外在世界越來越多的要求。這可能只是意味著他奮發振作，展開行動，又或是追逐他較為物質的慾望。或者，這也可以意味，一個被動的人被迫去行動或承擔，而他並不喜歡這樣。即使外在沒有抗拒，但他可能對這些要求心懷怨憤。其結果可能是，這位「騎士」與那些迫使他負起責任的人之間，築起了一道牆。這種態度可能導致虛偽或操控，有時甚至是謊言和詭計。

（圖四十二）

聖杯侍衛
Page of Cups

　　精神上較為年輕，像孩子一般，這位「侍衛」並不似「聖杯騎士」那般苦於與責任或感官慾望的衝突。他意味著一種狀態或時期，當沈思與幻想對一個人是十分恰當的。沒有外在的要求打擾他溫和的沈思。因此，那

條想像之魚從杯中望著他，他感到有趣，也回望著牠，而不像「騎士」那樣必須如此深入地洞察自己。在這兒，想像就是其自身的正當理由。

那條魚同時也象徵超自然的能力與敏感性。而由於所有的「侍衛」都帶有一種學生的特質，「聖杯侍衛」可以是指某個正在發展心靈能力的人，或許是透過真正的研習及／或冥想的修煉，又或者這樣的才能是自行在發展，但卻是以一種平和的方式。

逆位牌

正位時，我們看見一個人讓他的想像力在面前汩汩沸騰。由於他並沒有將幻想付諸實行，它們也就沒有為他帶來麻煩。然而，如果他對之採取了行動，它們就可能會引他犯錯。因此，逆位的「聖杯侍衛」意味著我們順隨自己的意向，不經思考地行動，或是允許當前的慾望引誘我們，尤其是當它們違反我們的常識判斷時。每當我們買了什麼並不需要、甚至並不真的想要的東西時，我們就看見了逆位的「聖杯侍衛」；當我們做出無法信守的承諾，或是不具任何意義的保證時，我們也看見了他。

在其他情況中，如果「聖杯侍衛」是指靈力的發展，或是真正的靈視時，那麼逆位牌是指一個受到這些異象所擾的人。在我們這個理性化的世界，對許多人而言，超自然能力的突然出現，即使是透過訓練刻意尋求而來，也可能顯得非常駭人。逆位的「聖杯侍衛」反映出這種恐懼，並提醒我們冷靜下來，平靜地看待從自我的杯中升起的那條魚。如果伴隨著「五角星」牌，它需要被落實於外在現實中，以免被幻想或異象所淹沒。

（圖四十三）

聖杯十

Ten of Cups

　　作為最高的數字，「十號牌」象徵被該牌組的特質所充滿。在「權杖」中，我們看見過度的負擔；而在「聖杯」中，我們則看見喜悅與生命的驚奇像彩虹般開展在天際。「聖杯」，神之恩典與愛的象徵，是這個牌組的基礎，它對我們展現，愛、想像力，以及喜悅，全都像禮物般降臨到我們身邊。《聖經》告訴我們，上帝以彩虹為信約，這個世界將永遠不再遭受洪水的毀滅。但這彩虹還帶著一種更為光明的許諾——生命會帶來快樂，而非只是「沒有痛苦」。

　　畫面上的那對男女了解這些。他們相擁著，舉頭仰望、讚頌這彩虹。然而，小孩們跳著舞，但卻不曾抬頭仰望。他們象徵天真，把快樂視為生命的自然狀態。他們認為快樂是理所當然的，但卻不浪費它。這張牌展現著一個家庭，主要是指家庭的幸福，但也可以意味任何會帶來澎湃的喜悅的情境。它特別是指對某種情境之寶貴特質的領會。當「聖杯十」在占卜

中與「五角星十」同時出現，互為對照時，這份意義尤為明顯。

逆位牌

逆位的意義有兩種基本的變貌。首先，所有的情緒轉而與自身為敵。某種具有高度張力的情境——通常是在愛情或家庭上——出了差錯，導致暴烈的情緒、憤怒，或欺騙。或者，在實務上，逆位的「聖杯十」可能只是意味此人並未認知或欣賞生命正在給他的幸福。

（圖四十四）

聖杯九
Nine of Cups

從「十號牌」的深刻喜悅，我們轉移到比較簡單的享樂，像是盡情饗宴和肉體上的滿足。如前所述，「九號牌」描述我們與生活的妥協。「權杖九」顯現一種強烈的防禦；而較為溫和的「聖杯」，則示現著透過專注

於尋常享樂以避免煩憂與問題的態度。人們有時對這張牌會有抗拒的反應，或許是希望看到自己超越了膚淺。

　　有些時候，尤其是在一連串麻煩或長期辛苦工作之後，再沒什麼會比簡單的好時光更讓人心滿意足的了。

逆位牌

　　就這麼一次，逆位的牌帶來了更高的覺知，套用韋特的公式，就是「真理、忠誠、自由」。配合正位的意義，這些字詞暗示著對表面價值的拒斥；但它們也意味著透過堅守真理的脈絡，或是對自我、他人或某個目標保持忠誠，我們便能在極為紊亂而壓迫人的情境中，獲致勝利與解放。

（a）

（b）

（圖四十五）

聖杯八

Eight of Cups

「聖杯」愉悅的本質，往往會哄誘我們遠離必須做的事。這張「八號牌」開啟了（或結束）一系列處理「水」象之行動問題的五張牌。在這張牌中，我們看見某人轉身離開兩排相疊的正立的杯子，那些杯子象徵某個情境，不僅曾經給過他快樂，而且還將繼續如此。對照「聖杯五」，這兒所有的杯子都還是正立的，一切都沒被傾倒。然而這個人卻知道，該是離開的時候了。這個意象暗示了「水」象直覺真正的作用之一——感知某樣事物該要結束的能力，在它乾涸或在我們周遭崩毀之前，就知道是時候該繼續向前了。

我們看見牌中的人物爬上一座山丘，走向高處，帶有移往更具意義之情境的蘊意。請留意這個人物與「隱士」的相似性。要達到「隱士」智慧的高度，我們首先必須將生活的尋常事物置諸腦後。

「隱士」提醒我們，陸地的意象並不必然意味著一般意義上的行動或參與，而也可以暗示幾乎相反的概念：亦即，從外在活動中抽離，尋求一種更高的覺知。這個場景乍看之下像是發生在夜晚，但是當我們仔細看去，便會發現它事實上是在描繪一次日蝕——月亮橫過太陽前方。一種「月之位相」，亦即一段內在覺知的時期，接管了外在導向的活動。透過在活動的場景中加入月亮的意象，這張牌教導我們，發展更深的自我感也是一種行動。還記得「隱士」，藉由逆轉他上方的「女祭司」的性別極性，在一種自我覺知的確切修煉中結合了行動與直覺。

　　無論我們是將這人看作從世俗中抽離，還是投入行動中，這張牌都象徵著離開一個穩定的情境。在它最深的層面，這張牌可以發揮「門戶牌」的作用，在某些方面類似於「權杖三」。這兩張牌都運用了進入未知旅程的意象，但當那張「火」象的牌被引向「水」，這張「水」象的牌卻被引向「風」。「權杖三」打破了小我，釋放探索的精神，而「聖杯八」則離開「水」的朦朧曖昧，藉由攀登「隱士」的山峰，邁向它所象徵之抽象原則的特定知識。

逆位牌

　　有時，逆位的「聖杯八」只是簡單地否定了這張牌的基本意象——拒絕離開某種情境，決心堅守下去，即使當我們內心深處已經知道，我們已經不能再從中得到什麼了。這樣的描述點出了許多人際關係的特徵。

　　然而，這張牌逆位時通常仍保留著它代表覺知與正確回應的特質。它象徵離開的時候**還未**到來，當前的情境仍會持續帶來喜悅與意義。

　　最後一種可能性：膽怯，離開某個局面，因為這人缺乏勇氣去貫徹它，去從中取得所能獲取的一切。許多人讓這成為生命中的一種模式；他

們投入一段關係，或是工作、計畫等，然後當困難出現，或是真正承諾的時刻來臨，卻又逃離而去。

（圖四十六）

聖杯七

Seven of Cups

　　在「聖杯七」中，「水」象的問題以最直接的形式浮現出來。情感與想像可以創造出美妙的願景，但若未能落實在行動及生活的外在現實中，這些幻想的景象仍只是白日夢，是沒有真正意義或價值的「空想」。請留意牌中的異象涵蓋了一切範疇的幻想，從財富（珠寶），到勝利的桂冠，到恐懼（龍），到冒險（城堡），甚至神話的原型——一張天神般的臉，發光的神祕人形，還有一條蛇，超自然智慧的普世象徵。如果認為白日夢之所以沒有意義，是因為它們的**內容**，這可是個錯誤。相反地，它們往往是從深層的原型需求與意象之中湧現的。白日夢缺乏意義，是因為它們與

自身之外的任何事物都毫無關連。

逆位牌

這張牌逆位時，意味著一種從夢想中創造出些什麼的決心。它並不意味著棄絕幻想，而是為它做些事情。

（圖四十七）

聖杯六

Six of Cups

作為代表善意的情感與夢想的牌，「聖杯」象徵甜美的回憶。有時這些回憶確實呈現著過去的往事；但也有時，我們可能是把過去理想化了，並透過安全與幸福的煙霧來凝望它。童年是第二種態度的標記，它被描繪成一段安全的時期，當父母或兄姊保護著我們，提供我們一切所需。有時這樣的態度能帶來一種溫暖的安全感，能幫助人們面對當前的問題。在此

種意義上，這張牌顯現著「過去」（小矮人）正在給「未來」（小孩）一份回憶的禮物。然而，在別的時候，對於過去的執著卻可能妨礙一個人面對眼前的問題。「過去」可以讓人從「現在」分心，正如對「未來」的幻想亦然。

在回憶之外，「聖杯六」還有其他的意義。「六號牌」顯現施與受的關係，在這兒，我們看見一個老師或保護者的形象，正在給予某人智慧與安全感，這對象可能是一位家庭成員、學生，或是朋友。

逆位牌

如同「聖杯七」，逆位的「聖杯六」意味著往行動的方向移動。特別是，它顯示的是「向前看」，而非流連過去。這兩張牌逆位時意義十分相似，不同之處在於「聖杯六」顯現的是一種態度，而「七」則是指所採取的實際行動。

其他時候，依其正位時的意義而定，逆位的「聖杯六」可以是指混亂的回憶（對照逆位的「權杖三」），或是一種與過去疏離的感覺。它也可能意味著一段關係的破裂，而這關係原本是基於一個人保護或教導其他的人。

（圖四十八）

聖杯五

Five of Cups

　　「五號牌」關係著爭鬥，有時是傷痛。在「權杖」中，我們看見競爭的冒險；而「聖杯」則展現對於「失落」的情緒反應。這張牌刻畫著悲傷，但也顯示出接受。三只杯子傾倒在地，但還有兩只仍然立著——即使在這個時刻，牌中人正全神貫注於打翻的那三只上。在占牌時，我常常看見這張牌連結著「聖杯三」——意味著快樂或希望已經失去，又或是「寶劍三」；那兩個立著的杯子往往呼應著「聖杯二」，亦即，來自一位情人或朋友的支持。

　　那女子（或男子；這人物中性的特質，指出悲傷是不分性別的）僵硬地站著，裹在黑衣中——哀慟的顏色。她必須去接受，某些幸福已經突然消失了，被打翻了。她還不知道仍有些東西留存了下來，因為首先她必須理解並接受那份損失。那些杯子是她自己打翻的嗎？由於魯莽粗心，或是將它們視為當然？以覺知的角度而言，這張牌呼應著「正義」，真理與接

受責任的標誌。而她的姿勢和服裝又很像「隱士」，後者將自己包裹在智慧中，使他在向內尋求生命願景的任務中維持挺立，而在這願景中，他將會接受不公平。

那條河代表悲傷之流，但那座橋卻象徵著意識與決心。它從過去（失落）通往未來（新的開始）。當她接受了她的損失，她便能轉過身來，拾起那兩只立著的杯子，跨過那座橋，走向那棟房子——穩定與延續的象徵。

由於它深刻地喚起了悲慟之感，這張牌構成了另一張「門戶牌」，在我們心中引發那種心靈的失落感與分離感。就是這種感覺，在世界各地都衍生出從天堂墮落或被放逐的神話。

逆位牌

逆位時，這張牌的基本意義可能以三種方式起著變化。首先，它可以意味著不接受損失，以及——作為此種意義的延伸——虛妄的計畫或錯誤。其次，它可以是指在某個悲傷或令人煩亂的事件後，獲得來自他人、友誼、新的興趣或事業的支持。最後，它可以強調一種覺知，明白哀傷當前，還留下什麼是重要和永恆的。在這種意義上，這女子從三只杯子轉向那兩只。此處那兩只杯子象徵此人生活中堅實的基礎，它們仍然正立著，因為它們沒那麼輕易被打翻。而這份覺知也指出，那三只翻倒的杯子，象徵某種在它傾毀之初看來似乎很重要、其實並不見得那麼重要的東西。

（圖四十九）

聖杯四

Four of Cups

　　「聖杯」被動的特質有時會導致冷漠，一種我們可以稱之為「負面想像」的心態，致使我們將一切事物都看成沒有價值或無聊乏味的。似乎沒有任何東西值得我們奮起爭取，沒有事情值得做，沒有事情值得探究。

　　地上的三只杯子象徵這人過去的經驗。生命曾經給予他的，令他感到厭倦，致使他不曾認識到由第四只杯子提供給他的新機會。這只杯子與「聖杯王牌」很相似，暗示這些新的機會能夠帶來快樂與滿足。不過，基本上，這張牌是在顯示一種情境：生活中的一切事物都顯得千篇一律。這張牌有時是指由一種單調而缺乏刺激的環境所導致的冷淡漠然。

逆位牌

　　又一次，這逆位的牌帶領我們走出自我，喚醒我們迎向世界和其中的可能性。新事物，新關係，和新想法都被提供給我們。最重要的是，這逆

位的牌展現了熱忱，捉住新的機會。

（圖五十）

聖杯三
Three of Cups

「三號牌」顯示對該牌組意義與價值的一種欣賞。由於「聖杯」是這個牌組的基礎，「聖杯三」意味著喜悅、歡慶，以及最重要的，分享生命的神奇美妙。彷彿我們已經度過了行動的危機，這個牌組最後的三張牌，全都依據它們的數字，洋溢著喜悅幸福。此處我們看見三名女子歡喜慶祝，像是在豐收季。可能是危機已經過去，又或是工作產出了美好的成果。

我們看見這三名女子緊密交纏在一起，甚至很難分出那條手臂是誰的。無論在好時光或艱難時刻，這張牌都顯示著一種經驗的分享。

逆位牌

再一次，逆位牌可能呈現好幾種意義。首先，它可以是指失去某些快樂。時常，它是指我們所期待的某樣事物並沒有發生。它也可能意味著友誼的破裂，發現朋友不曾在我們需要時支持我們，所帶來的幻滅，又或是一群朋友的決裂。

另一種可能則是此牌原始意義的敗壞。相對於共同歡慶生命的喜悅，我們發現——如同韋特饒富古趣地描述為——「物質享受與感官享樂的過度」。顯然韋特的本意是指較為深刻的價值被忽略了，然而，耐人尋味的是，大多數人都不覺得這段話——尤其是作為預言時——有任何令人不快之處。

（a）

THE LOVERS.
（b）

THE FOOL.
（c）

（圖五十一）

聖杯二
Two of Cups

　　在許多方面，這張牌的作用類似低階版的「戀人」。大阿卡納的「戀人」牌顯示著成熟性愛關係的強大力量，而這張小牌則強調一段關係的開始。就占卜而言，這並不是一成不變的規則。這張「聖杯二」時常是指一段長期的結合或友誼，或許是在一種比「戀人」輕鬆的層次上。然而，在牌的研究以及——最常見地——在實務中，它是指友誼的盟約，一段戀情的開端。

　　在那張大阿卡納中，我們看見了天使，超意識的象徵。在這張「聖杯二」中，我們看見了生了雙翼的獅子，其下是漢密斯雙頭蛇杖，療癒與智慧的象徵。這兩張牌都顯示了兩個人如何透過愛來結合他們各自的特質與能力，在他們的生命中創造出某種超越任一個人獨自所能成就的東西。那獅子象徵性慾，翅膀則是靈性。性的慾望將我們引領至愛，而愛又給了它

更高的意義。

在本書的第一部分，我們看見了「戀人」牌如何可以作為統合後的自我的一種圖解。我們也可以用類似的方式來看待這張「聖杯二」。當這男子象徵行為與行動，那女子則象徵情感、敏感度，以及對經驗的欣賞。藉著結合這兩種特質，我們為自身的生命賦予了價值。

請留意這男子與「愚人」的相似性。在一次占卜中，這兩張牌互相連結地出現了。占牌的那位女士是位藝術家，她想知道她的工作應該朝向何種方向。她特別想要探究她的藝術是否來自生命真正的中心，或者只是一種智性的運作。且說，其他的牌顯示，在她一向在做的事情上，她已在技術上成就了某種程度的精熟，然而作為結果的「愚人」牌，卻顯示她會躍入一個新的領域。但是「聖杯二」則顯示，如果她能將技術上的能力，與對精神基礎的探索（由牌中女子所象徵）連結起來，便能獲致成功。

逆位牌

以種種不同的方式，這張逆位牌顯示正位時它所象徵的理想之破滅。它可以意味一段戀情或友誼在某方面變了質，尤其是出於嫉妒或是信任的瓦解。它可以單純地意味一段關係的結束。根據周圍其他的牌，它可能暗示一段關係由於受到內在或外在的壓力而岌岌可危。另一種可能是迷戀，人們對別人、對自己，假裝一段戀情比它實際上要來得意義重大。依循類似的脈絡，這張逆位牌可能顯示人們表面上行禮如儀地交往著，但其中一人，或是兩個人都並不真的在意。

如果我們將這張牌視為「自我」的表徵，那麼逆位時它便是指在我們的作為與我們的感覺之間的分裂，亦即行動與情感之間的分裂。

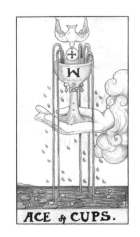

（圖五十二）

聖杯王牌

Ace of Cups

　　從「聖杯國王」矛盾的情感，通過在歡慶與消極之間的種種平衡，我們終於到達了「王牌」──作為生命基礎的「愛」之標記。「聖杯王牌」的直接意義，是一段幸福與愛的時光，一份喜悅的禮物。正如「火」創造了世界，「愛」給了它價值。

　　史密斯的圖像描繪著白鴿和聖餅，特別突顯著傳說中的「聖杯」（The Holy Grail）──據說它容納著在世間運作之聖靈的實體存在。在亞瑟王傳奇較為深微的版本中，維繫亞瑟的輝煌王國的，並不真的是騎士精神，亦即，一種道德的結構，而是隱藏在國土中的「聖杯」之祕密存在。當「聖杯」離開（因為亞瑟的騎士們不能以合乎靈性的方式來接近它），王國也就分崩離析了。這則寓言告訴我們，這個世界最首要地並不是以它的律法、道德秩序及社會結構來運作，而是以靈性的基礎──它為前面這一切事物賦予了意義，並保護它們免於敗壞、墮落。當我們將存有視為某

種僅僅需要被征服的東西（亦即亞瑟的騎士們追逐「聖杯」的方式），我們便只會帶來混亂。「聖杯」——水——象徵接受性。愛，以及究極而言的生命，無法被抓住，只能被接受。

逆位牌

逆位的「王牌」總是會帶來騷亂和阻礙。在這兒，我們看見不快樂、暴力和崩毀——正是亞瑟王傳奇中，當「聖杯」離開他的王國時所上演的劇情。這張逆位的「王牌」，可以單純地指時局轉而對我們不利，而我們只能接受生活不僅會帶來喜悅，也會帶來問題的事實。或者，這張牌倒立時，可以暗示這份不快樂是我們自己造成的，原因是未能認識到生命所給予我們的，或是當我們需要冷靜時，卻做出激烈的反應。

第九章
寶劍
SWORDS

　　在許多方面，「寶劍」都可說是最「困難」的一個牌組。這器物本身是一種武器，象徵著痛苦、憤怒，和毀滅，而「寶劍」的意象所描繪的，多半也都是這類的經驗。然而「寶劍」也可以象徵斬斷幻象與複雜的問題——當年亞歷山大大帝在面對難以解開的「戈帝安之結」（The Gordian Knot）時，便一劍劈開了它。而那位尋得聖杯的騎士，也是在從王國的守護者梅林手中取得魔法寶劍後，才能展開他的靈性探索。同理，直到我們學會認識、並接受真相——無論它會帶來何種痛苦——我們方能展開對生命意義與價值的追尋。

　　「寶劍」隸屬於「風」元素，或是「氣」，往往被認為是最接近「以太」（Ether）——或是「靈」——的元素。在西洋語系中，「靈」（spirit）與「氣息」（breath）這兩個字是直接相關的；而在希伯來文中，「靈」與「風」這兩個概念用的根本是同一個字。正如空氣是不斷流動的，我們的心

也從不止息，總是在翻騰、扭絞，有時狂亂，有時平靜，但無時無刻不在起心動念。任何嘗試過冥想的人，都會知道心是如何頑強地騷動著。

與「寶劍」相關的一個問題是「未落實的思考」，或者我們可以稱之為「哈姆雷特情結」（Hamlet complex）。心靈看見一個情境的這許多面向，這許多可能性，使得理解判斷——更別提行動了——成為不可能。由於我們的文化總是強調理性，今天許多人將一般性的思考視為人生所有問題的肇因。他們告訴我們，只要我們停止思考，一切事情都將圓滿無礙。就算這樣的事是可能的，塔羅卻告訴我們，這對我們並無益處。對於某個元素的問題，我們並不是藉由摒棄它、或用某個東西取而代之來加以克服，而是將它與其他的元素結合。事實是，我們越是困惑，便越需要我們的心智，因為別無他物能夠釐清真理。然而，我們也需要結合「風」與「水」，亦即接受性的情感。我們也需要將它與「以太」，「靈」，相結合，也就是植根於靈性／心理真理的深刻價值，如我們看見大阿卡納所體現的。那麼「風」象的問題就會轉變成「道」，即智慧。

「寶劍」所展現的更為明顯的問題是悲傷，痛苦，憤怒——「風」象暴烈的一面。我們無法藉由忽視而克服它，但我們可以為「寶劍」加入「權杖」的樂觀，也可以運用「五角星」，透過投入工作、大自然，和外在的世界，將我們帶出自身的情緒。

|（a）|（b）|（c）（圖五十三）|

寶劍國王
King of Swords

　　作為社會結構的維護者，這位「國王」代表權威、權力，以及判斷力。他汲取「風」象的心智能量，並以敏銳的心智與人格的力量，用之於維持、治理世界。他的王冠是黃色的，是象徵心智能量的顏色，而他的披風是紫色，代表智慧。他的罩帽是紅色，是行動的顏色。這位「國王」的智能，並非單為其自身而存在，而是為了它所能「做」的，作為權威的一種工具。同理，他的寶劍，不似「寶劍王后」或「正義」女神手中的寶劍般直指向天，代表純粹的智慧，而是稍稍斜向右邊──代表行動的方位。這份對自身的判斷採取行動的需求，往往會扭曲判斷力本身，這個事實，我們只要比較一下學院派的政治觀察者，與實際治理國家之人所處的情境，就能明白了。

　　尤有甚者，對於以社會為念的「務實態度」的這份強調，可能會窄化他的視角，成為一種十分狹隘的唯物主義。我們可以在那些對自己絕不感情用事的良好判斷力引以為傲、沒時間理會「神祕主義的胡言亂語」的男

男女女身上，看見這位「國王」的身影。這樣的人通常會忽略，他們的思考是多麼依賴成見與偏見，而非對生活的觀察。

請留意這張牌與「皇帝」的相似性。我們可以將這位「國王」稱為「皇帝」在現實世界的代理人。那張大阿卡納體現著秩序、律法，與社會的原型，而這張「寶劍國王」則在實踐上維繫著這些原則。

兩隻鳥兒在王座後方飛翔著，牠們是「寶劍」宮廷牌的標誌動物，象徵著心智將我們帶上智慧高空的能力，遠離火炎的激情、水濕的情緒，或是土象塵俗的物慾腐化。另一方面，數字「二」象徵選擇——在抽象思考與必須在世間採取的行動之間恆常的緊張。

可是，如果飛鳥象徵心智攀升到世界之上的能力，牠們也象徵這樣一種態度可能造成的孤高疏離。請留意，這位「國王」的寶座彷彿立於雲端。如同「權杖國王」，「寶劍國王」也可能會有傲慢的傾向，他強大的心智及意志，會把他置於周遭較為困惑的人群之上。在社會事務方面，這個意象暗示政府和統治者之判斷與人民實際需求分家的傾向。在較為個人的層面，我們會在那些嚴酷、冷淡而喜歡批判的男女身上看見這位疏離的「國王」。作為丈夫或情人，這位「寶劍國王」往往是指一個跋扈或有操控慾的人。

在最佳的意義上，「寶劍國王」召喚著「正義」——大阿卡納中位於「皇帝」正上方的牌。當他連結上這張大阿卡納，「寶劍國王」代表著社會公義，明智的律法，以及最首要的，對智識上的誠實的信奉，以及將知識付諸實踐的必要。如同「正義」——也是所有宮廷牌中唯一的一張，他迎面直視著我們，是智慧的化身，迫使我們去認清並堅持真理。

逆位牌

正位時，「寶劍國王」便已走在「有承擔的智性」和「為權力而權

「力」的狹窄分界線上。逆位時，他傾向於跌落在這條線錯誤的那一邊。他是腐化的權威，是用於爭取權力及支配地位的力量。

在占卜中，我們永遠必須將這樣強大的意象列入考慮。逆位的「寶劍國王」（或任何逆位的宮廷牌），或許只是意指某個處於困境中的人。在伴隨「寶劍王后」或「騎士」出現時，它可能意味著一段棘手的關係，或是未能臻於成熟（詳見「占卜」章節中，關於同一牌組的宮廷牌之間關係的探討）。然而，就其本身而言，這張逆位牌象徵一個強大心靈的傲慢，耽溺於自身，眼裡除了自己的控制慾外別無他物。

（圖五十四）

寶劍王后
Queen of Swords

作為這個牌組的「陰性面」，「寶劍王后」象徵著悲傷與智慧這兩種經驗，尤其是兩者之間的關連。經歷過痛苦（這張牌有時意味著寡居），

並以勇氣、接納與誠實面對了它，她已找到了智慧。

　　她左手腕上（左邊代表經驗）掛著的流蘇，很像一條剪斷的繩子（對照「寶劍八」）。她運用心智的寶劍，將自己從混淆、疑惑與恐懼中釋放了出來；現在，儘管她對世界皺著眉，卻也對它伸出了手。雖然雲團聚集在她身邊，她的頭卻保持在雲端之上，在真理的清新空氣中。一隻鳥兒，象徵她的智慧之純粹，在她上方高飛。她的寶劍，和「正義」與「寶劍王牌」一樣，直指向天。

　　軟弱無力的女性往往會因男人的行為而受苦，在這個意義中，這張牌特別是指女性。就人物而言，它可以代表任一性別的某個人，因為悲傷與勇氣都不受限於性別。

逆位牌

　　逆位的「寶劍王后」可以意味對悲傷的過度強調，某個人由於忽略了周遭的美好事物，而使生活顯得比實際糟糕得多。她也可以顯示一個變得惡劣的強大心靈，尤其是作為對於痛苦的反應，或是來自不愉快的情境或人的壓力。有時她代表一個極為強橫的人，她或他不僅要求、並且預期周遭的人，甚至生活本身，都順從她的心意。

　　當人們反對她，這位「王后」會變得懷恨怨毒，心胸狹窄，頑固偏執，也會像「寶劍國王」一樣，用強橫的態度迫使周遭的人遵從她。無論她代表的是過度的悲傷或自負自我，她都失去了正位時對真理的信奉。

（圖五十五）

寶劍騎士
Knight of Swords

　　這位年輕的「騎士」，他的年輕，使得他既比「寶劍國王」自由，不需擔負那麼多的社會責任，也不像「王后」那般受到經驗的鍛冶，他騎著白馬迎頭衝進暴風雨中，以一腔熱忱揮舞著寶劍，要克服一切的困難。他英勇善戰而勇猛強健，但卻也有著放縱的傾向，甚至狂熱。他不承認任何限制。

　　不過，他往往不知道該如何打持久戰。他期待敵人和生命的問題在他的衝鋒之下土崩瓦解，當某個情況需要長期、穩定的苦幹時，他便感到難以應付。

　　他的熱切暗示著幾分天真，就像一位從未吃過敗仗的年輕騎士。他的勇敢，他的技藝，以及隨時準備迎擊所有問題的意願，有時可能包藏一種對失敗的恐懼，這是當生命較為重大的難題來臨時，他所必須面對和克服的。他在許多方面都是「聖杯騎士」的反面，他將所有的能量都導向外

部；安靜地獨處或許會令他感到緊張不安。

逆位牌

與「寶劍國王」和「王后」一樣，逆位的「寶劍騎士」被自己的弱點所控管了。他放肆不羈，草率粗心，言行放縱。他的衝鋒變得狂亂任性，當某個情境需要採取較為沉靜、謹慎的態度時，這是一種錯誤的反應。

（圖五十六）

寶劍侍衛

Page of Swords

這張牌比其他的「寶劍」宮廷牌都要輕快得多，這位「侍衛」代表面對問題時，一種與「寶劍騎士」十分不同的態度（請留意當「國王」和「王后」強調智慧，這兩張較為「年輕」的牌則在處理「寶劍」較為立即的衝突特質）。他並不向前進擊，而是覺得只要超脫其上就已經足夠，去

找到制高點。他並不去解決衝突或迎擊對抗，而是將自己抽離。

如果所處的情境需要這種輕鬆的應對方式，那麼「寶劍侍衛」的超然態度是十分有利的。但如果有較為困難的問題牽扯在內，那麼這位「侍衛」的做法就會變得難以為繼。借用韋特的話，他需要「保持警覺」，確保他人或情境不會太過逼近。這位「侍衛」的許多能量，都用來察看後方了。作為一個有點年長的學生，哈姆雷特體現了「寶劍侍衛」的旁觀與嘲諷的態度。然而，他的處境，其實需要「騎士」積極進取的做法。

由於他疏離的特質，「寶劍侍衛」有時可能沉溺於窺探他人——可能是真的窺探，或是象徵性地——作為一種生活的態度。換句話說，他可能會將人類生活視為某種奇特的景觀，而他自己並不打算參與其中。

逆位牌

在這裡，我們看見「寶劍侍衛」疏離的態度，在某個需要更多力量的情境中產生的結果。警戒的態度變成了偏執狂；每個人似乎都是敵人。一開始是「我是超越這一切的，我不需要理會這些」的感覺，變成了對問題的執迷，以及一種似乎對之無能為力的反應。「寶劍」時常會有這種軟弱無力的感覺；它們需要「權杖」帶來勇氣和樂觀。

（圖五十七）

寶劍十
Ten of Swords

從宮廷牌的蔚藍天空，來到了「寶劍十」和「九」陰鬱漆黑的愁雲慘霧。正如「聖杯十」示現著滿溢的喜悅，「寶劍十」則用痛苦將我們填滿。儘管畫面很極端，這張牌並不意味著死亡，甚至也不特別代表暴力。比起問題本身，它更意味著對問題的一種反應。

要殺人一把劍就足夠了。插在這人身上的十把劍——甚至連耳朵上都有一把——暗示著歇斯底里，以及那種少年強說愁的心態：「再也沒人比我更慘了」、「我的一生都毀了」，諸如此類。請留意，相對於「寶劍九」，在這裡，遠處的天空雲開霧散了，烏雲被陽光取代。再對照「寶劍五」或「寶劍二」，這裡的湖水平靜無波。情況並沒有看起來那麼糟。

逆位牌

將這張牌倒轉過來，我們可以想像那些劍紛紛從他背上掉落下來。韋

特將之描述為「成功」與「優勢」，但並非永久的。這些概念暗示，當某個情況改變，問題可能暫時離去。然而，此人現在必須把握這個喘息的機會，對自己的處境做出真正的改變——可能是實際上或心理上的，視需要而定——如此，情況才不會打回原形。這張牌和逆位的「權杖十」有所呼應，在後者中，我們看見一旦形式趨緩後再度拾起棍棒的危險。

（圖五十八）

寶劍九
Nine of Swords

最深的悲傷，極度心理痛苦的意象。當「寶劍王后」藉由轉悲傷為智慧而釋放自己，「寶劍三」暗示著接受的平靜，這張「寶劍九」則示現著苦惱、崩潰的時刻。那些寶劍並沒有插在她的背上，而是懸浮在她上方漆黑的空中。往往，「寶劍九」並不是指某件直接發生在我們身上的事，而是我們所愛之人的苦難。

愛，事實上，充滿著這張牌，並為它賦予意義。那張毯子的圖案是玫瑰，熱情的象徵，穿插著黃道十二星座的標誌。在這張牌最深的意義中，它示現著一個將世間一切哀傷背負在自己身上的心靈，就像是猶太傳說中的「Lamed Vav」——這是兩個希伯來字母，意味著公義之人。

我們能夠看見出離此等可怕痛苦的途徑嗎？佛陀和基督都將這個世界描述為一個苦難無盡的地方，但兩人也都說過，悲劇始終只是似真非真的，而被視為一個整體的宇宙，將會帶來喜悅與平靜。尼采也曾寫道，以如此全然忘我的誠實，如此徹底地擁抱存在，我們將願意欣然重複——無窮無盡地——我們生命的每一個時刻，無論有多少痛苦。

逆位牌

對逆位的「寶劍九」，韋特給了他最能發人聯想的牌意公式之一：「禁錮、猜疑、疑惑、合理的恐懼，以及羞愧。」這些詞彙描繪了一種心靈狀態，或更確切地說，一種心態的發展，是當人們從某個他們所不敢正視的問題退縮到自己內心時，所造成的結果。

和正位時一樣，這張牌逆位時，是在處理我們對於某種身外事物的反應，但在這兒是壓迫，而非悲劇。關鍵詞是「合理的恐懼」，它可以是指，例如，政治的壓迫——像是做為種族或性別的少數；或是社會的壓迫——一種由於外表、說話等因素而成為笑柄的感覺；或者單純是來自跋扈的家人或伴侶的個人壓迫。重要的是這個問題是真實的，但是因為我們不能直接攻擊它，往往便將它埋藏在內心，壓抑我們的憤怒和怨恨。

無法發洩的憤怒會變成抑鬱，而後變成猜疑。小時候被人嘲笑大鼻子的女孩，會覺得每個人都在盯著她看。有色人種相信，任何工作上的責難都是出於種族歧視。而猜疑很容易就會導致自我懷疑與羞愧。常常，就算

我們在理智上知道我們沒有理由感到羞愧，事實上是那些嘲笑或壓迫我們的人才應該感到羞恥，卻也沒有幫助，至少不能令我們完全釋懷。除非那個被壓迫而自我懷疑的人能夠採取行動，表達自身的憤怒，並對他的人生做出真正的改變，那深藏的羞愧感始終會留連不去。

（圖五十九）

寶劍八
Eight of Swords

從逆位的「寶劍九」，我們來到一幅更為明確的「壓迫」的意象。我們看見一個人被五花大綁，又被劍陣所包圍，背後還有一座城堡──權威的象徵；她站在泥濘中，一種蒙羞與恥辱的意象。不過，請留意，那些劍並沒有真的圈禁住她，繩索也沒有綁住她的雙腿，而綑綁她的人在牌中也完全不見蹤跡。簡單地說，沒有任何東西能阻擋她就這麼離開。

蒙眼的布是這張牌的線索──象徵迷惑，壓迫性的思想，與其他處境

類似之人的隔離；政治解放論者所說的「迷思化」（mystification）──不是以直接的武力壓制人民，而是訓練他們相信自己的無力。塔羅能以這種非凡的方式，總結了一個複雜的情境，這張牌幾乎可以做為受壓迫狀態的一種圖解。

在一種十分不同的層面，「寶劍八」可以做為通往一種特殊覺知的「門戶牌」。透過與它認同，我們會獲得一種對於我們自身的無知狀態的感知。這份無知，許多人在智識上能夠承認（弔詭中的弔詭），但卻並未真的接受。由於我們是過著這樣的人生，受到物質需求、感官限制，以及語言文化制約的束縛，我們只能透過濾鏡來感知現實。未經開悟，或是某些蘇菲門徒和其他修行者所謂的「有意識的進化」，我們永遠無法真的瞭解我們自身或這個世界，永遠無法說：「這是真相；這是事物真實的面貌」。認識到這份無知，是通往真知的第一步（往往也是最困難的一步）。

逆位牌

當我們扯開蒙眼的布，當我們看清我們是如何來到身處的境況，我們做了些什麼，別人做了些什麼（特別是那些束縛我們的人，再就是其他和我們處境相同的人），我們現在又能對之做些什麼，自由就開始了。一般而言，逆位的「寶劍八」意味著從某個壓迫性的情境中釋放出來；它主要是指此種解放的第一步，也就是儘可能地看清事情的真相。

（圖六十）

寶劍七
Seven of Swords

抗爭的主題繼續著。在這兒，我們看見一幅對問題採取行動的意象。有時這張牌單純意味著採取大膽的行動，甚至是發動奇襲，快刀斬亂麻以降低對抗的不快。更常見的是，它代表當需要審慎的計畫時，卻採取了衝動的行為。

畫面顯示一個人偷偷取走敵人的武器，一邊咧嘴而笑。他並沒有攻擊營地，甚至無法拿走所有的劍。這張牌暗示著無法解決任何事情的方案或行動。不那麼明顯、但有時卻更為重要的是，隱含於其中的孤立之感。他是在獨自行動，無法或不願取得任何人的協助。

更進一步地說，這張牌可以意味機變靈巧，但缺陷是習慣性地隱匿——往往並沒有真正的原因——其人真正的計畫或意圖。

逆位牌

　　孤立翻轉過來，成為溝通，尤其是針對該如何解決自己的問題而尋求指點。明確的指導固然彌足珍貴，同樣重要的是此人聆聽與求助的意願。這張牌有時可以是指求助的行動，像是諮詢塔羅牌師、心理治療師，或者只是朋友。

　　如同所有其他的牌，這張牌的作用取決於整體的脈絡。當需要依靠自己時，逆位的「寶劍七」可能暗示過分依賴他人來告訴我們該怎麼做。當這張逆位的牌相對於「愚人」或「吊人」而出現，我們必須參看其他的牌，來決定何種路線——獨立自主或尋求建議——才會產生最佳的結果。

（圖六十一）

寶劍六

Six of Swords

　　一幅奇異而蘊含強大力量的圖像，比起其他任何一張牌，這張「寶

劍六」更能說明潘蜜拉‧史密斯的圖像是如何超越了亞瑟‧韋特所給的公式。《塔羅圖像金鑰》中說，「水路的旅程、路程、道路、權宜之策」。但畫面中，擺渡人在薄暮中載著兩個裹著罩巾的人，駛往一個樹木叢生的小島，暗示著一趟更為屬靈的旅程——在神話中，冥河擺渡人凱戎（Charon）載著亡者渡過史帝克斯河。一種巨大的寂靜充滿了這張牌，就像是達利畫作中的寂靜。

　　通常這張牌並不意味著死亡，雖然它可能是指悲悼或服喪；它也不像大阿卡納中的「死神」那樣代表轉化。它所描繪的是一段通過艱困時刻的沈默旅程。韋特說：「船上的載重很輕」；而伊登‧葛蕾則寫道：「那些劍並沒有把船壓下」。雖然我們負載著自身的煩惱，但我們已經適應了它們；它們不會壓沈我們，或是把我們拖垮。在一種單純的層面上，它意味著在某種艱難的情境下運作，而不去迎擊問題。它可以是指眼前的問題，或是已經持續了許多年的情況。較深入地看，我們看見一種長期憂傷的意象——悲悼逝者是一個例子，但並非唯一的——某個人承受這種哀傷已經如此之久了，它不再引起痛苦，而成了生命的一部分。

　　這牌還有另一種較不令人不安的意義——一次安靜的過渡之旅，實質上（當然我們也別忘記「旅程」的字面意義）或精神上的，一段從容轉變的時光。請留意那擺渡人的黑色撐竿。黑色意味著潛能；還沒有任何決定性的事情發生，一切都仍是可能的。透過保持沈靜，我們就不會浪費能量與機會。

　　「寶劍六」是一張「門戶牌」。保持敏感度地細看它，然後進入這幅畫面，首先會對心靈產生一種寧定的作用，然後，慢慢地，自我當中便會浮現一種移動的感覺。

逆位牌

　　就一方面來看，均衡與平靜被擾亂了；這段航程不再寧靜，因為湖水
——情感的象徵，被攪動了起來。因此這張逆位的牌可能暗示一段動盪的
旅程，可能是實質上或精神上的。它也可能是指這個概念：當我們試圖著
手解決某個存在已久的問題，尤其是已被所有其他人接受的，我們會擾動
這個局面。舉個例子，一段無法令人滿足或壓迫性的關係，可以安安靜靜
地持續好多年，直到其中一人決定做些改變。試圖移除船上的劍可能會讓
船沈沒，因為那些劍畢竟堵住了破洞。

　　另一方面，逆位的「寶劍六」可以意味著溝通。這提醒我們，當這牌
正位時，船上的人是藉著不與彼此說話或目光交會，來維持他們的寧定。
如果那些劍象徵不愉快的記憶，而那份沈默是一種防衛，那麼溝通可能會
帶來痛苦。但它同時也能啟動療癒。

（圖六十二）

寶劍五

Five of Swords

這是最棘手的牌之一，也是有些人覺得萊德牌太過負面的原因之一。不過，它反映著一種大多數人都會在人生中某個時刻經歷到的真實情境。

所有的「五號牌」都示現著衝突或損失，「寶劍」更將這個概念帶到「挫敗」的極端。有時這張牌的意義會聚焦在前景那個較大的人物上——那個勝利者。但更常見的是，我們會認同於那兩個背轉身子的人。他們在某次戰役中吃了敗仗，現在整個世界都在壓迫他們——水面波浪起伏，天空烏雲密佈。伴隨著這份挫敗的，是一種軟弱及蒙羞之感。

敵人的意象可以是指一個真實的人，或是一整個情境，又或是一種內在的不足之感。我曾為兩個人做過一次占卜，他們在一位心理不正常又愛記仇的老闆手下受苦受難，想知道應不應該把他告上法院。當「寶劍五」顯示這場官司會輸，他們便決定不告了。後來另外兩個人為了類似的原因去告了那位老闆，結果輸掉了官司。

逆位牌

　　痛苦的特質還在，雖然強調的重點可能會轉移。正位時這張牌是指潰敗的時刻，逆位時則延伸至事後所感受的絕望。這是一種難以克服的狀態，雖然其他的影響因素，尤其是由「權杖」所象徵的特質，可能會有幫助。

　　「寶劍」牌比任何一張大阿卡納都要來得悲觀。單獨來看，小阿卡納的任何牌組都無法展現生命的真正平衡。它們將經驗打成碎片，因此扭曲並誇張了它。比起其他任一牌組，過多的「寶劍」牌更加需要來自其他牌組元素的經驗與態度來加以平衡。

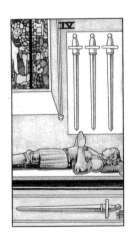

（圖六十三）

寶劍四
Four of Swords

　　「四號牌」關係著「穩定化」（stabilization）；對於不快樂的「寶劍」而言，這轉譯為休養生息，或甚至是撤退。這幅圖像顯示的不是死

亡，而是退隱。有時人們對困難的反應是自我隔離，可能是實質地躲在家裡，或者只是麻木自我的情緒反應，躲藏在自己內心。這張牌曾在我為一名男士占卜時出現，他一向慣於強勢地應對周遭每一個人，這張牌對他指出，當他這種侵略性的作風失效時，或是當他自信的面具變得太過沈重，他就會從世間躲藏起來，而非展露他的另外一面，或是試圖與他人合作。

然而，退隱也可以帶來療癒——如果其目的不是躲藏，而是恢復力量。這張牌可以意味抑制自己不去爭鬥，直到有了較大的勝算。同理，一個人在某種深刻的創傷後，透過一段時間的退隱，可以給自己一個復原的機會。

請留意這位騎士是躺在一座教堂中，窗上顯現著基督正在對懇求者施予療癒的賜福。這個意象暗示著聖杯傳說中的「漁王」，他肉體上的創傷反映著王國中精神的病態。這畫面同時也讓人聯想起「睡美人」。這兩位人物都需要外人來喚醒他們。漁王臥病不起，直到葛拉罕帶來聖杯的賜福；而那公主——象徵對生命的神經質恐懼——始終長睡不醒，直到王子拒絕被棘籬阻擋（神經質者會用其人格的力量，樹起藩籬阻絕他人），透過性的生命能來喚醒她（在迪士尼版本中，王子親吻了公主；而在民間故事中，他則是與她交媾）。退隱，即使是為了復原，可能會令一個人與世隔絕，創造出一種只有外界能量才能打破的魔咒。

逆位牌

逆位時，這張牌是指返回世間。這是悄悄進行，或是戲劇化地發生，則視情況而定。有時這張牌是指謹慎戒備，彷彿這位騎士戒慎小心地從庇護所中出來。其他時候，逆位的「寶劍四」可能意味著他人察覺並打破了這道圍籬——王子來尋找睡美人了。

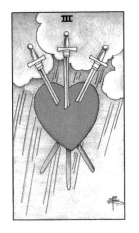

（圖六十四）

寶劍三
Three of Swords

　　這張「寶劍三」在「金色黎明」牌中的標題叫做「悲傷」。在所有的「寶劍」牌中，這張「三號牌」最為簡單明瞭地表現出痛苦和心碎。然而，儘管這幅畫面如此陰鬱，在寶劍的對稱勻整中，它帶來了某種平靜之感。對於真正的哀傷，我們只能做一種反應——將痛苦帶入心中，接受它，然後超越它。「寶劍九」提出了如何在巨大傷痛後繼續往下走的問題。「寶劍三」則告訴我們，我們不能將痛苦推開，而必須以某種方式將它帶入內心深處，直到它被勇氣與愛所轉化。

　　曾經，在我的一位親人過世後，我為自己做了一次占卜，「寶劍三」出現了，而「聖杯三」則交叉其上。起先，我認為這意味著以喜悅和友誼來對抗悲傷，然而，兩張同樣數字的牌，往往意味著某種轉化，而「交叉牌」往往在某方面是從第一張牌之中萌生出來的。深入地審視這次占卜，我看見這兩張牌是互相連結的，而非相對的。接受與愛能將痛苦轉化為喜

悅的回憶，以及對生命的擁抱。

逆位牌

如果我們抗拒接受，療癒的過程就會受到阻滯。如果生命中的某件事情看來太過痛苦，我們或許便會推拒它，試著不去想它，並躲避任何會讓我們想起它的事物。這樣的態度會讓痛苦永遠跟隨我們，事實上還會增加它的掌控力。韋特寫道：「心理的疏離……混亂失序，困惑」。有一次我為一位女士占卜，牌陣顯示在許多領域都有很大的發展潛力，但其「結果」卻顯得十分平庸、軟弱。在「背景」的位置上，是一張逆位的「寶劍三」。稍早那位女士曾經提到，她始終無法走出父親過世的陰影。

(a)

THE HIGH PRIESTESS

（圖六十五）

(b)

寶劍二

Two of Swords

　　應付問題或敵對的方式之一，是將一切事物都阻隔在一道情感防線之外。如果我們不讓任何事物接近我們，就沒有什麼可以傷害我們。對照「寶劍八」，這裡的蒙眼布不是代表迷惑，而是刻意地閉上眼睛。這遮眼布是牌中人自己縛上去的，好讓她無需在敵友之間做選擇，因為這樣的選擇，會成為她再度與人打交道時必須踏出的第一步。兩把寶劍隨時待命，準備攻擊任何試圖越過雷池一步的人。它們代表憤怒與恐懼，造成了一種岌岌可危的平衡；一把劍想要擊出，另一把則想要躲藏，於是此人在兩者之間保持著緊張。

　　然而，請留意這種姿勢在這女子身上造成的效果。首先，交叉的雙臂封鎖了她的心。這種情感封閉的意象延伸到她灰色的衣服上，似乎與石座融為了一體。與此同時，沈重的雙劍將整體的重心從太陽神經叢（近胃

部）上移到胸部。當一個人將情感憋在內心，呼吸會變淺，身體會僵硬。弔詭的是，抑遏情緒的企圖會令一個人更加情緒化，因為他的所思所為並非出自中心，而是出於被束緊的胸腔，見到的不是這個世界，而是遮眼布後自己的形象。

比較「寶劍二」與「女祭司」——大阿卡納中的二號牌。她們以類似的姿態坐著，但是「女祭司」顯得輕鬆閒適，「寶劍二」卻被緊張所籠罩。一片帷幕將「女祭司」與隱藏在她身後的「無意識」之水分隔開來；而那蒙眼女子和她後方騷動的情緒池水之間，卻沒有屏幕的保護。然則，那汪淺淺的池水與「女祭司」後方的，卻不是同樣的水。

寶劍的重量，讓這名女子很容易被推倒，栽進波浪起伏的池水中。由於防衛的心態會讓我們專注在情緒上，使我們更容易突然發怒，或變得歇斯底里。我們也可以拿「寶劍二」與「正義」牌相對照，後者的數字是「11」，化約為「2」。「正義」女神只拿著一柄寶劍，代表明銳的心智，而她也不曾蒙眼，寧取絕對的誠實。

逆位牌

平衡失去了——或是被放棄了。此人若不是被向她的防線進襲的人或問題所打倒，就是為了看見真相或溝通的目的，放棄了她的蒙眼布。如果此人不接受外來的協助，後者的經驗可能十分攪擾情緒，甚至令人崩潰。

（圖六十六）

寶劍王牌
Ace of Swords

最終的一張（也是第一張）「寶劍」牌，將我們帶回此一牌組真正的本體——智性。這柄寶劍直指向天，代表真實的覺察，刺穿了物質世界的皇冠。智慧引領我們超越幻象與限制，來到蘊含在生命中的靈性真理。許多「寶劍」牌，都受制於生命只包含悲傷與痛苦的假象。牌中的山嶺象徵「抽象的真理」，存有的客觀事實，不受限於個人的觀點與經驗。大阿卡納為我們描繪了這份真理；而「寶劍王牌」觸及這「第五元素」的程度，高過於其他任何小牌。然而，單憑智性，而與直覺分了家，只會導致更多的幻象。我們需要「聖杯王牌」，也就是愛，來找到真理；而只有智性能夠帶領我們超越直接的經驗。

許多人堅稱，唯有情感才能表達真實的自我，唯有情感的反應能夠帶領我們找到真理。然而，情感往往會被誇張，淪於自我中心，或自我耽溺。可是單憑智性也無法帶來真正的覺知。真理與覺知兩者，都必須來

自一種更深層的靈性價值與經驗。於是那手從雲間伸出，引領我們歸返「靈」。

　　這個真理的象徵，對於世俗的經驗也同樣適用。在令人困惑、情緒化，或是壓迫性的情境中，心智能夠穿透迷霧與僵結，提供對於真確事實的清晰理解。真理，表現著「寶劍王牌」最為寶貴的形式。在另一層面，這張牌只單純意味著極端形式的情感驅力──包括愛與恨。請留意那手緊緊握著寶劍。情感，同樣也是一份禮物，使我們得以熱烈地體驗人生，但它們總是難以掌握，更加難以指揮。對於曾經受過某種虐待的人，專注心思於「寶劍王牌」將有助於把被壓抑的憤怒帶到表面。

逆位牌

　　緊握的手鬆開了，帶來錯覺、混亂的想法與感覺，以及難以抑制的情緒。較為暴烈的情緒，壓倒了親善的情感。缺乏一種清晰的現實感，心靈可以成為獵物，受害於情緒所製造的錯誤。問題被誇大了；一切事物，包括吸引力，都顯得比實際上來得重要。在這樣的情況下，逆位的「寶劍王牌」告訴我們要把持好自己，試著去找到一種平衡的現實感。

第十章
五角星
PENTACLES

　　我們的文化有著鄙視物質世界的長久歷史。亞當從泥中被創造出來，我們視之為一種羞恥——「塵歸塵，土歸土」。說到侮辱某人，我們說「把他當泥塵對待。」情感與抽象思考，被認為比任何實存之物要來得「崇高」。然而，正如一幅畫是藝術家理念的最終結果，我們也可以將凡塵世界視為上帝創造力量的產物。對我們而言，造物意味著我們感官的世界。無論我們在靈性冥思中旅行得多遙遠，我們必須從**這裡**開始，並歸返**這裡**——否則便會在此過程中迷失自己。

　　一則著名的喀巴拉故事說明了這種「落實」的必要。話說四名猶太拉比，透過研究和冥想進入了天堂。拉比班阿贊（Ben Azzai）體驗到極度的狂喜，當場氣絕身亡。拉比班左瑪（Ben Zoma）被經驗的洪流淹沒，發瘋了。拉比班阿布許（Ben Abuysh）彷彿看見了兩位上帝，這與基本的一神教義相牴觸，因而成為叛教者。只有拉比阿基巴（Akiba）平安進入，又平安離開。

我們可以用塔羅的象徵體系來解釋這個故事。拉比班阿贊朝「火」的方向走得太遠，因此將自己焚燒殆盡。拉比班左瑪容許他的情緒（「水」）壓倒了理智。拉比班阿布許太過偏重「寶劍」的能量，把他眼中所見的與在《聖經》中讀到的做了太過字面的解讀。拉比阿基巴能將其他元素與「土」象能量平衡，以中道的方式理解他的經驗。

在其早期的形式「錢幣」中，「五角星」主要是代表金錢與工作等狹義的物質主義。在萊德牌中，我們仍然看見這些重要的特質，而「五角星」也的確帶有過度專注於這些事物、而忘記還有其他任何東西存在的問題──在某方面，可以說是阿基巴的反面。然而，萊德牌還為這第四個牌組添加了更為宏大的「自然」向度。我們不僅將自我奠基於工作上，也紮根在對周遭世界的愛之中。

作為一種魔法的標誌，「五角星」象徵日常造物的「魔力」。簡單地看，這意味著大自然的美，圓滿工作的喜悅。然而，這種象徵還帶有一層更深的意義，在拉比阿基巴的故事中有所暗示。神祕主義者或魔法師並不只以負面的方式落實自我，把世界當作靈性經驗的對立物。實則，由於自然世界比其他元素承載了更為穩固的實相，由於它不會如此易於導致混淆、誤解或濫用，它開啟了通往更為神祕之經驗的道路。

比起其他元素更為直接的吸引力，正是日常生活的世俗性──透過某種「取予」原則──確使這類的事物擁有更大的「魔力」。我們無法立即理解這種似非而是的論述，我們需要思忖它、經驗它。兩項關於「五角星」／「土」象的事實暗示了它的真正價值。首先，在占星家朗尼・卓爾（Ronnie Dreyer）針對古往今來宗教領袖的研究中，他發現這些領袖的星盤以「土」象星座居主導地位。再者，「五角星」也比其他牌組包含了更多的「門戶牌」。

（a）

（b）

（圖六十七）

五角星國王

King of Pentacles

「五角星」的世俗性與「國王」的社會責任非常相融，這位「五角星國王」向我們展現了成功企業家或專業人士的生動形象。他坐在寶座上的隨性姿態，他看著手中五角星——在此處是他的能力與成就的象徵——的愛憐眼光，顯示他對生活十分滿意。他生性慷慨大方，甚至也很勇敢，儘管並不特別熱衷於冒險。「國王」的角色並沒有帶給他挫折感，像是「權杖」和「聖杯」國王那樣。或許在他生命和事業的早期，他曾因缺乏耐性或疑惑而受累。現在他的成功肯定了他的人生，容許他放鬆並享受生活。

享受生活也意味著與自然的親近。雖然他的城堡——象徵他在社會中的顯赫地位——聳立在背景中，但他卻坐在花園裡，花朵落在他的王冠上，葡萄——象徵生命的甜美——裝飾著他的皇袍。葡萄葉和花朵似乎與他的長袍融為一體，正如溪水融入了「聖杯王后」的衣裙。生活對他很優

渥，而他也意欲享受它。

　　在我做過的一次占卜中，「愚人」牌被「五角星國王」所交叉（這兩張牌有著極其相似的顏色設計）。這種連結，對於我所謂的「垂直」與「水平」的時間，亦即內在與外在的世界，構成了一個絕佳的範例。這位「國王」象徵著日常的活動、成就、社會地位與成功，而「愚人」則代表內在性靈的自由，它容許一個人去享受這些事物，並以之為根基，而又不致受困於狹隘的唯物主義觀點。想像兩個人擁有相同的外在世界——兩人都很成功，受人敬重，富有；但內心裡，或許一人很緊繃、受挫，或恐懼，而另一個人則能保持喜悅與平靜。

　　如果我們將「愚人」視為大阿卡納的開端，而「五角星國王」是小阿卡納最後的一張牌，那麼這兩張牌便位居於塔羅相對的兩端。但是這種對立性，只在我們以線性看待這些牌時才成立。如果我們把這些牌想像成一個圓，那麼「愚人」和「五角星國王」就變成相連在一起了。

逆位牌

　　「國王」就是準備要成功的。逆位時，他暗示著失敗，或者只是平庸。缺乏成就感會帶來不滿、軟弱的感覺，或是疑惑。從另一方面看，我們可以將逆位的「五角星國王」解讀為成功的概念變了質，一個為達目的不擇手段的男人或女人的形象。

　　如果我們將「五角星國王」設想成某個需要與大自然緊密相連的人（並非人人皆然，儘管現代人假定如此），這位「國王」逆位時，則象徵著被割離於這股元氣之流的狀態。在此處，這種切割也會導致不滿足、軟弱，甚至精神上的危險。

<table>
<tr><td>QUEEN of PENTACLES</td><td>THE MAGICIAN.</td><td>（圖六十八）</td></tr>
<tr><td>（a）</td><td>（b）</td><td></td></tr>
</table>

五角星王后
Queen of Pentacles

　　當「五角星國王」坐在城堡前方，這位「王后」的寶座則是處於一片開闊的田野中，被玫瑰圍繞著。當「國王」只是看著他的五角星，這「王后」則以雙手捧著它，強烈地覺知到大自然的魔力，以及她從其中汲取的力量。甚於任何小阿卡納牌，她代表著對這個世界的愛與合一。右下角的兔子不僅象徵著性的豐饒，同時也代表當一個生命在周遭世界中找到它自己的韻律時，所成就的心靈的豐碩。

　　她的特質，以及牌上的性象徵，都將她連結上「五角星」的守護者——「皇后」。與此同時，作為一個小阿卡納人物，她帶有一種特質，是那張代表熱情原型的大阿卡納牌所欠缺的：自我覺知。她瞭解並相信自己，以及她生命中的魔法。在占卜中，這種自我信賴的特質往往會是最重要的。

如果說「五角星國王」和「愚人」並肩而立，那麼「五角星王后」則是與「魔法師」相互呼應。和他一樣，她也穿著白色的衣衫，外罩紅袍；兩人身邊都圍繞著花與葉；後方也都閃耀著金黃色的天空。當「魔法師」操控著隱藏在世間的力量，「五角星王后」則將自身與這些力量合而為一，讓它們流經她，進入她的日常生活。

逆位牌

在占卜中，這張逆位的「王后」牌可能意味在某個特定的情境中對自己的不信任。較為概括地說，它是指精神上的軟弱。因為若是將這「王后」與她和大地之間的重要連結切割開來，將會導致神經緊張與困惑慌亂，甚至比逆位的「五角星國王」更加嚴重。她會變得膽怯，甚至恐慌，不信任別人，尤其不信任自己，懷疑自己的能力，以及做為一個人的價值。這種分割不僅僅意味著與動植物的隔離，實則，它意味著失去了生活的日常韻律，對整個環境的一種不滿足感，並且無法欣賞週遭環境所提供給她的一切。

在占卜中，逆位的「五角星王后」不僅指出當事人身上的這些特質，同時也建議了一種雙管齊下的療方。首先是要建立自信；在強調他或她的成就和美好特質之外，當事人可以透過對著正位的「五角星王后」冥想，來達到這個目的。其次是要在自然的事物、尋常的樂趣，以及令人滿足的工作中，穩定自己的情緒。

（圖六十九）

五角星騎士
Knight of Pentacles

「騎士」對於行動的責任，帶出了這個牌組務實的特質。然而，否定了「騎士」天生對冒險的愛好，卻往往扭曲並窄化了他對生命的態度。他很負責，努力工作，從不抱怨。在最佳的意義上，他深深植根於外在世界，植根於單純簡樸——他的馬兒穩穩地站在地面、騎士挺直地端坐馬背的姿態，都暗示著這種特質。

儘管他手中也捧著五角星，但卻並不看它，而是越過了它，凝視著前方。這種象徵，暗示他不再看見自己生命力量的源頭和意義。由於將自己獻身於純然實際的事物，他切斷了自身與大地中更深層事物的聯繫。

逆位牌

有時逆位的「五角星騎士」意味著對於其他那些體悟的覺醒。但更常見的是，它顯示著這位「騎士」未能實踐——或是誇大了——他較為明

顯的美德。他的穩定遲緩了下來，到達遲鈍的程度，而他孜孜矻矻的責任感，則退轉為懶散。原本溫和的性格，延伸得太過頭了些，變成了軟弱與消沈，尤其是當他的平穩沈靜掩蓋了一種對冒險或更大進展的潛藏慾望時。

逆位的「五角星騎士」有時可能指出一種危機。如果一個人獻身於一份工作，或是某種類似的外在責任，而當那份意義被拿走——例如被解雇或退休——那麼他便可能被沮喪或消沈給擊倒。另一個例子是當一位女性畢生奉獻給她的孩子，現在卻發現他們已經長大，並且遠離她時。

儘管這樣極端的意義當然很少發生在實際的占卜中，它們仍隱含於「五角星騎士」基本的弔詭中：深深植根於潛藏在他生命底層的魔法，但卻未曾覺知它，而只認同於自身的職責。他需要在自身及生命之中，發現他的力量之真正源頭。

（圖七十）

五角星侍衛
Page of Pentacles

　　與「五角星騎士」成一百八十度對比，這位「侍衛」眼中，除了他輕盈地捧在空中的五角星之外，別無他物。「五角星騎士」是位模範工作者，而「五角星侍衛」則代表學生，沈浸在他的研究中，像是著了迷似地，除此之外對任何事物都不怎麼關心。儘管如此，他還是稟承了這個牌組務實的本質，相較於「聖杯侍衛」所象徵的靈感，「五角星侍衛」則象徵學生的實際工作、研究及學術活動。

　　這兒的「學生」只是作為一種象徵；「五角星侍衛」並不必然是指某個真的在學校就讀的人，而是指任何以這種著迷、投入的特質進行任何活動的人，他關心工作本身，甚於其報酬或社會地位。

逆位牌

　　再一次，「五角星侍衛」看來像是「騎士」的反面。在現實中，這兩

者分攤了「五角星」的雙重特質——務實性與神奇的魔力。當「五角星騎士」失去他的工作，便會變得沮喪而呆滯；而「侍衛」若是失去了辛勤工作的感覺，便會退轉為任性和揮霍，也就是韋特所謂的「放浪」。不過，有時這張牌可能只是意味在一項艱難任務之後的放鬆，像是學生在考試之後的解放。

（圖七十一）

五角星十
Ten of Pentacles

　　這是小阿卡納中，最富象徵意義、層次最深刻的牌之一。這張「五角星十」對我們展現，「門戶牌」的圖像本身，便開啟了尋常事物中隱藏的經驗。如同「聖杯十」，這張牌是關於家居生活，但是當「聖杯十」中的男女歡慶著天賜的禮物，這兒的一家人卻似乎不曾注意到周流在他們身邊的魔法。在表面上，這張牌描繪著穩固的家庭，美好的生活，在世間的一

種安穩而舒適的地位。然而，牌中的人物看來似乎把這份安逸視為當然；他們覺得這種安全感乏味而令人窒息。相對於「聖杯十」（在占卜中，這兩張牌時常同時出現），這兒的一家人似乎並不彼此溝通。那對男女面朝相反的方向，雖然那女子焦慮地側過頭來看那男人。那小孩神經質地捉著他的母親，但卻轉開目光。他們當中沒有一個人注意到拱門之外的那位老者。

雖然這張牌表現的是世俗的場景，魔法的符號卻充塞其間。十個五角星排列成喀巴拉「生命之樹」的圖形，這是整副牌中所僅見的。也請留意拱門邊上倚著一根魔杖；這在其他小阿卡納牌中也沒出現過。拱門本身刻著一幅浮雕，是一具平衡的天秤（就在那老人頭頂）。且說，天秤是「正義」牌的象徵，更深一層地說，它也代表維繫日常世界不致陷入混亂的微妙力量。我所說的「微妙力量」，並不僅僅是指所謂的「超自然」的律則，像是兩極性，或是相應律（如其在上，如其在下）。這個詞也適用於自然界較被普遍接受的運作法則，像是萬有引力，或是電磁現象等。我們不該因為在學校學過這些，就認為這樣的現象沒那麼神奇。事實是，我們都將宇宙視為當然，只因它運作得如此完美。

更甚於其他的意象，最能令人聯想起魔法的，是那位老者。他像是傳說中造訪凡間的天神。在每個文化中，都有類似的故事：神或天使喬裝成乞丐或旅人，造訪某個人家，測試他們好客與慷慨的美德，然後留給他們一份魔法的禮物。這老者令人聯想起造訪凡間的神。在亞伯拉罕和撒拉的故事中，天使賜給他們一個兒子，以撒。在許多這類的傳說中，只有狗能識得這位訪客的真面目（就像在許多其他的故事中，當魔鬼喬裝來訪時，也只有狗會逃開）。由於牠們未曾將直覺埋藏在老於世故的人類理智中，當神奇事物來訪時，狗兒便能感知得到。

這些故事多半是強調這個道德教訓：「善待每一個人，你永遠不知道你趕走的是什麼人。」但是我們可以給這個故事一種更為深微的詮釋。透過以某種方式行事，人們在**自身**之中創造出一種能力，去辨識並接收周遭世界給予他們的賜福。

　　這一切隱藏的符號和神奇的景象，指出了「五角星」的基本主題：日常的世界包含著一種比我們任何人通常能夠看見的更為強大的魔力。魔法無所不在，在自然界，在天地間有生命存在、而這個浩瀚的宇宙不會分崩離析的事實中。

　　在拱門之內，我們看見一個明亮的尋常日子；外邊則充斥著較為晦暗的色調，就連那老者色彩斑斕、綴滿占星，及魔法符號的袍子也不例外。站在拱門底下的那一家人就像在演戲般地擺著姿勢。儘管有著堅實的現實感，這日常的世界，我們視為當然的舒適生活，就連往往佔據我們全副心神的煩惱與不幸，都只是一場戲，我們全都在其中扮演個人的成長背景和社會所分派給我們的角色（承認我們是制約的產物，是從其中釋放自己的第一步）。

　　真正的實相始終是古老、幽暗，而神祕的。雖然我們的視線穿越了拱門，但這張牌的透視角度卻將我們置於門外，和那個神祕訪客在一起。透過與這張牌融合，我們會發現自己穿越了這個「門戶」，往內看著我們自身日常生活的小小戲碼。隨同它往更深處行進，我們可以體驗到那存在於尋常事物之核心的原始而生機勃勃的宇宙。

　　當英雄奧狄修斯結束了文明希臘之外的漫遊，告別妖魔出沒的野蠻世界，終於返抵家門時，他喬裝成一個乞丐。只有他的狗認得他。儘管他穿著蔽衣爛袍，但那卻是華美的破衣（很像牌中訪客的百衲袍），因為那是女神雅典娜賜給他的。奧狄修斯從荒野返回居家的世界；他消滅了穢亂家

門的惡人惡行，重新建立起道德秩序。但是他首先必須經歷異域的一切。「五角星十」同樣也把我們帶到彼處。

逆位牌

　　如果對生活的厭倦感不斷升高，便可能導致妄擔風險，尤其是財務上或情感上的。有時，視其他牌的脈絡或預測的結果，這些風險是有其正當性的；例如，在「五角星十」之旁的「愚人」便會是在慫恿這場賭博。在其他時候，這些風險並非那麼出於必要，而是源自於我們對已經擁有的事物感到不耐煩。當「五角星十」與「聖杯十」同時出現，這種情形會變得更為尖銳。

　　逆位時，這張牌與奧狄修斯的相應性就更為突顯了。這位英雄所遇到的麻煩，大半來自他性格中一點點魯莽的傾向，令他在錯誤的時刻做出輕率的舉動。他的基本特質是謹慎精明、技藝超群、富有遠見，而這份賭性正好與這些恰恰相反。然而這份狂野卻維持了平衡。若沒有它，奧狄修斯便不會在最終回歸故土之前，遍覽家園以外的世界。

（圖七十二）

（a）　　　　　　　　　（b）

五角星九

Nine of Pentacles

　　作為象徵物質的牌組，「五角星」探討著「成功」，以及它在一個人生命中的意義。不像「五角星十」中的人物，這張牌中的女子鮮明地覺知著生命中的美好事物。她一手擱在「五角星」上，拇指勾著葡萄藤。「覺知」是這張牌的基本涵義之一，尤其是自我覺知，以及一種區辨的能力，辨別何者才是生命中重要的事，何種目標真正需要投注最大的努力。這張牌象徵著成功——但不單單是指物質上的利益；它也意味著一種篤定之感，來自於知道自己做出了正確的抉擇，並以必要的行動貫徹它們。那些生長在灌木叢中的「五角星」，象徵著一種豐饒而鮮活的生命。

　　這兒的「成功」並不那麼意謂世俗的成就，而更是指以我們人生的環境與條件所給予我們的素材成功地「創造」自我。而「篤定」在它最強烈的意義中，不僅意味著回顧過往，清楚我們做了正確的事，它也意味著一種能力：在

別人只能「猜測」的地方，你卻能「知道」。這張「五角星九」便是這種特質的象徵，是進化之人的真正標記（關於更進一步的討論，請見「占卜」章節的結尾）；因此研究這張牌，並以它來冥想，有助於成就這樣的篤定。

我們已經看到，「九號牌」全都展現著妥協與抉擇。這個主題在「五角星」中也顯現了出來。這女子獨自佇立在她的花園中。要成就她所成就的，她必須捨棄正常的伴侶關係。在占卜中，這個象徵並不意味這張牌必然建議要放棄一段關係；但它的確要求自我依恃，以及在追求目標過程中的某種孤獨。

圖七十二（b）中的圖像與正規的萊德版（圖七十二〔a〕）稍有不同，是摘自於若干年前出版的一套美國版本。在這張「五角星九」中，一片陰影遮暗了這女子的臉孔，以及牌面右方的葡萄藤。顯然她正轉而背向陽光。這種象徵用法暗示著犧牲。要將她的人生塑造成她所要的樣子，她不僅必須捨棄伴侶關係，也必須放棄一些事物，像是隨性、漫遊，和輕率等。如果這種犧牲似乎太大，這或許意味著我們不夠珍視自我發展的報償。

「鳥」的意象更進一步地延伸了這些概念。作為遨翔的狩獵者，老鷹象徵著心智、想像，和心靈。然而，那頭罩令牠臣服於牠的女主人，亦即有意識的意志。因此，當這張牌乍看之下意味著成功，更深入理解後，它的首要意義便轉移為紀律。而通過這張牌的「門戶」，將幫助你獲致真正紀律的喜悅——它不會窒礙你，反而能讓你振翅高飛。

逆位牌

這張牌的特質被否定或逆轉了：缺乏紀律，以及由之而來的失敗；計畫半途而廢；無法將能量導入有用的目標中。它可能意味著不知道我們要的是什麼，或者什麼對我們才是真正重要的。缺乏自我覺知將導致不負責

與不可靠，對他人和自己皆然。

（圖七十三）

五角星八
Eight of Pentacles

對於「五角星」而言，通往靈性之道並不那麼在於「成功」，甚或是對於尋常事物之價值的體認，而是能讓我們欣賞這些事物的「工作」。「五角星九」展現著紀律；而「八號牌」則示現造就紀律與技能的訓練。

工作，無論是體力、藝術，或是心靈上的——蘇菲大師愛覺夏（Idries Shah）曾說，「工作」是最基本的蘇菲教旨——如果只想著它最後的結果，都將無法成功。許多藝術家和作家都曾現身說法，提醒後輩如果他們只想出名或發財，便永遠無法成功。我們必須關心工作本身。

因此我們看見這位學徒在工作中渾然忘我。然而，工作也需要與外面的世界保持連繫。無論我們多麼遵奉我們的標準、依循我們的本能，或是

追求自身的進境，我們的工作如果不能服務社群，便欠缺了意義。因此，在他的工作場所後方——雖然很遠——有著一座城鎮，一條黃色的道路（黃色代表心智的活動）連通著這個作坊。

逆位牌

逆位時，這張牌主要暗示著缺乏耐性，以及由此而生的情境：挫折、未實現的野心，羨慕或嫉妒。這些情況可能是源自於偏差的心態，眼中只看見成功，卻忽略了造就成功的工作。它們也可能導源於無法令人滿足的工作，亦即，某種不需要技藝和個人的投入，也不會帶來自尊的工作或職業。

（圖七十四）

五角星七
Seven of Pentacles

從工作的意象，我們轉移到它的報償。如同「五角星九」，這張「七

號牌」將「五角星」呈現為一種活生生的產物，從此人的勞務中生發出來。有意義的工作不僅能帶來物質的收益，工作者也會從中成長。「五角星七」展現了這個時刻：當某人能夠帶著對某件完成了的事物的滿足感，來回顧他的工作。這「某件事物」可以廣義如一份事業，或是簡單到一項眼前的計畫。這張牌暗示，無論我們建立起了什麼（包括人際關係），它已經達到一個能夠自行生長的點，此人可以歇手退開，它也不會崩解。

逆位牌

對許多人而言，有意義的工作就是遍尋不得。一般而言，逆位的「五角星七」顯示著瀰漫的不滿足感，受困的感覺，來自於無法令人滿足的工作或目標。同樣地，逆位的「五角星七」可以意指任何特定的不滿足或焦慮感，尤其是源自於某種不順遂的計畫。

（圖七十五）

五角星六

Six of Pentacles

接下來的兩張牌，由於它們所使用的象徵而互有關連，可以列入小阿卡納、甚至整副牌中最為複雜的幾張。同時，它們示範了各種詮釋層次之間的差異，以及我所謂的「門戶牌」之額外向度；因為當「五角星五」包含了相當多樣的涵義，「五角星六」則對我們展現了「門戶牌」的運作機制。

在表面上，這張「五角星六」呈現著分享、慷慨，和慈善的概念。然而，請注意牌中人物構成了一種階級性：一個人在其他兩人之上。因此這張牌意味著一種關係，其中一個人支配著其他的人。他施予，但卻總是從一種優越的基礎上。那人手中的天秤是平衡的；這樣的關係往往十分穩固，正是因為這些人非常相配。正如其中一人希望去控制，其他人則希望被控制。較低的位置其實並不意味著軟弱；這種關係往往是由被支配的人鼓動的，而事實上，當扮演支配角色的人想要改變時，受支配者還會微妙

地堅持讓這段關係維持下去。

　　有時這種階級關係並不是指一個人，而是一種情境──在情感上、經濟上，或其他方面──支配著另一個人或一群人。它給予他們的可能非常少，但是剛剛足以讓他們不去另尋出路。這可以是一份工作，它提供了物質的收益，但卻無法給人滿足感，或是提升的機會；或者是一段關係，它讓人不快樂，卻能過上舒服日子；又或是某種政治情境，人們體認到自己受到了壓迫，但卻不願危及他們擁有的那點安全感。

　　好幾張大阿卡納牌（「教皇」、「戀人」，和「惡魔」等）中，都有某種力量連接或調解著生命的對立面。這張「五角星六」與這些牌之間都有著一種（扭曲的）關係。在此處，沒有任何東西真正獲得調解，但這情境維持著平衡，並繼續運作下去。

　　到目前為止，我們所述及的牌意都是著重於那兩名乞丐。但那施予者又如何呢？他展現了慷慨，但那平衡的天秤卻暗示著，他並非發乎自然地施予，而是仔細估量過他認為自己可以付出的。換句話說，他只給出他用不著的東西。在情感上，這象徵一個很容易與他人相處的人，但卻總是掩藏著自己最深的感受。

　　如上所述，這種關係來自於施受的兩造。許多人只願意接受來自他人的有限度的「禮物」。例如說，展現強烈的情緒可能會嚇到他們，或令他們窘迫。對於那些厭惡「施捨」，並把任何幫忙的提議都歸入此類的人，這也往往適用。因此，「五角星六」可以是指**給予他人他們所能接受的東西**。

　　我之所以強調這幾個字，是因為它們隱含著某種字面之外的意義。大多數人都會依據別人對他們的期待，無意識地估量他們所給予的東西，避免讓自己或他人感到不舒服。另一方面，要能**有意識地**給予人們他們需要

並能利用的東西（而不是他們自己覺得想要的），我們必須已經達到一種很高程度的自我覺知，以及對一般人性的體察。很少人真正做到這種層次的施予；許多人自以為他們知道別人需要什麼，事實上只是在對方身上投射自己的需求與恐懼。作為一種較為客觀的資訊來源，塔羅牌能夠幫助我們瞭解我們自身以及他人的需求。由於這一層意義，「五角星六」與「五角星九」在後者作為「篤定」之標記的脈絡上，是互有關聯的。

「給予人們能接受的」這個概念，同時也帶有一種宗教上的意義。神祕學者與祕傳修行者時常說，隱含在某個特定宗教之內的真理，可能與該宗教表面上所說的幾乎恰恰相反。舉例而言，當教義可能教導我們要藉由虔誠的思想來控制慾望，神祕主義者卻會試圖引出他最深藏的衝動，並以之修煉。這種分歧之所以存在，是因為大多數人不僅無法、甚至也不願去處理未經偽裝的宗教／心理學教誨。甚至許多嘗試過的人，也會發現真相難以消化。想想拉比班阿布許，當他以為他見到了兩個上帝，便喪失了信仰。

蘇菲大師愛覺夏說過一個寓言：兩位旅人來到一個部落，那兒的人非常恐懼西瓜，相信它們是惡魔。第一位旅人試圖告訴他們真相，但卻被當成異教徒，被人用石頭砸死。第二位旅人接受他們的說法，贏得他們的信任，然後慢慢教育他們。就像這個故事，「五角星六」指出，宗教和祕傳教旨便是以這樣的方式給予我們所能接受的。韋特在描述這張牌時，說道：「一個裝扮成商人的人」──他不是說「商人」，而是「裝扮成商人的人」。而尼采也在《查拉圖斯特拉如是說》中，讓一位隱士告訴查拉圖斯特拉：「如果你要到他們那兒去，只可給他們一份施捨，讓他們乞求更多。」給得再多，就沒人要聽了。

然而那個「裝扮成商人的人」又是何人？他只單純地是位老師，抑

或是某種宗教或心理學的教旨？那天秤暗示著某種更深刻的東西——「正義」，它代表真理，不僅僅是指「正確的資訊」，而更是一種活生生的力量，維繫並讓宇宙保持均衡。在「五角星十」中，我們看見這種力量呈現為門口的老者；在此處，我們則看見它是那位商人。**生命**給予我們所需要的，我們能使用的，尤其是當我們將自身置於接收的位置。

修習冥想、塔羅或是類似的修行法門（以及從事藝術工作）的人，往往會注意到一種奇特的現象。生命似乎會協力給予他們所需的東西，在道途中幫助他們。不是某種重大的爆發，而是恰好足以在他們最能用得上時，給他們一點推力。這兒有一個例子。就在我研究「五角星六」的這些意義時，我為自己做了一次塔羅占卜，這張「五角星六」出現了，交叉在「聖杯騎士」之上。我將之解讀為：保持一種冥思的心理狀態，將會令我獲益。這件事發生在我母親過世的幾個月後，當我前去探視我的父親時，我找到我母親的一個「經文盒」（*mezuzah*，一種猶太護身符），並開始配戴它。那個「經文盒」上刻著「Shaddai」這個名字。我認得這個字是上帝的一個名字，但並不知道它的意義。在那次占卜的兩、三天後，我隨我父親到一間猶太教堂，參加星期六的祈禱（若是我一個人我是不會去的）。途中我在一件展示的珠寶上看見「Shaddai」這個名字，我便提起我對它的意義的好奇。

當我閱讀當天的讀經資料，我發現了一個註解，說明了「Shaddai」的意義。這個字被翻譯成「全能的」（Almighty），源自於一個希伯來字根，意思是「壓倒」、「征服」。不過它也與一個阿拉伯字有關，意思是「仁慈，賜予禮物」。那本書不僅回答了我眼前的問題，同時也讓我對「五角星六」有了更深刻的理解。那位「商人」象徵著生命的力量，它不僅給予我們所需要且能夠接受的東西，也能以靈性的奇蹟征服我們（然而

通常不會，如果我們不想要的話）。而我正是藉著把自己放在接收的位置，亦即，隨我父親上教堂，才獲得這些洞見的（這些領悟，由於我是親身體驗，比起作為智識上的概念，對我更具意義）。

從「五角星六」我體會到，研習塔羅或其他法門的價值，並不僅只在於所獲得的特定知識，同時也在於做這件事的「行動」所創造的心理狀態。工作本身改變了我們。我們可以透過「門戶牌」的機轉，有意識且刻意地發展這種變化。藉由對它們的畫面冥想，並融入其中，我們便允許了自己接受它們的禮物。

逆位牌

逆位牌可能的意義與正位時的意義相關。當被期待要分享時，卻有欠慷慨，自私吝嗇。有時這是指涉當事人處於一種優越地位的情境，那麼，施予者的考驗便是要更為慷慨地付出，不去估量他所能提供的，而是真正地分享。在其他時候，這張逆位牌則是指出收受施捨——或是其情感上的對應物，憐憫——之人懷藏的怨憤。

逆位的「五角星六」往往也會是指某種穩定、但基本上卻是不平等或無法令人滿足的情境受到了破壞。至於這種裂解是否會導致一種較為自由或平等的情況，將取決於各式各樣的因素，其中相當重要的是相關人等繼續他們——或是某種外在動力——所啟動之改變過程的渴望和勇氣。

最後，當然，它也意味著不把我們自身置於接收的位置；這可能是指在靈性上自我封閉，或是錯失某種實際的機會——可能是出於傲慢，或是對他人動機的懷疑。

（a）

（b）　　　　（圖七十六）

五角星五
Five of Pentacles

　　這張牌變化多端的涵意，再次突顯了我們在「占卜」章節中將會討論到的「確定性」的問題。我們怎能確切知道哪種意義適用於某種真實的情境？與此同時，這些意義也示現著某個情境如何能往極為不同的方向演變。

　　「五號牌」顯示某種衝突和損失；就「五角星」而言，這首先意味著一切物質上的麻煩，像是貧困與疾病。有時它暗示著一種長期持續的困苦。觀察牌中的人物，雖然垂頭喪氣，蹣跚跛行，卻能勉力存活。這張牌也可能意味著愛，尤其是兩個人在艱難處境中相依為命的患難之情。結果可能是，這份艱困已經變成令他們相守在一起的主要因素之一，以致於當物質的困境緩解後，兩人的結合反而可能會受到挑戰——或者可能是他們認為這樣的情況將會發生，因而害怕改變。

　　請留意他們正走過一座教堂。作為施予庇護的場所，教堂代表躲避生

命風暴的歇息和慰藉。然而，這兩個人卻對之視而不見。人類可以習慣任何事情，而當他們習慣後，便往往看不見改變的機會；他們甚至會抗拒，不想讓問題終結。如果我們拿他們對照「五角星六」中跪著乞討的兩個人，我們看見「五角星五」表現著驕傲和獨立，有時到了愚蠢的程度，拒絕他人真誠的幫助。

當我們更貼近地檢視這張牌，我們可以發現另一種不同的、甚至相反的意義。這張牌沒有顯示出教堂的門。就像今天許多真正的教堂，它們像店鋪或企業一樣在下午五點鎖上大門，這間教堂或許讓這兩人吃了閉門羹。庇護所的功能喪失了。我們首先看見的是對現代宗教的一種評論，許多人認為它已經無法做到對人們不安的靈魂提供安慰和療癒的任務。在較為單純的層面上，在許多國家，教會犧牲了人們的福祉而變得越來越有錢。再一次，請比較「五」號和「六」號兩張「五角星」牌。「六號牌」中的商人或許象徵著現代世俗的教會，施予它能夠（或願意）施予的物質協助，而人們的靈性需求卻沒有得到照顧。

我們可以將上一個段落稱為「對沒有門的教堂的『社會學』詮釋」。如果我們將重點移轉到牌中人，我們便能看見一種心理學的觀點。有時我們可能會發現自己置身於某種情境，外在的力量——社會機構、親人，朋友等——都無法幫助我們，我們必須單靠自己與問題對抗搏鬥。

我們還可以將這種概念延伸到一種「魔法」或神祕學的詮釋。在本書的第一部分，我曾討論過「魔法師」是如何藉由展開個人發展的道途，而以一人之力與主流教會分庭抗禮——後者在傳統上扮演著人與神之間的中介者。這個抉擇可能會帶來政治上和實質上的後果。如果這位魔法師遭遇危險的超自然力量，傳統的教會便無法（更別提不願了）幫助他克服它們。請比較「五角星五」和大阿卡納的五號牌「教皇」。在「教皇」牌中，兩位求法

者臣服於某種能夠在一切狀況中指引他們的教義體系之下。這兒的牌中人拒絕了這樣的教義體系,或者只是覺得它們與自己並不相干。

逆位牌

韋特給這張逆位牌的意義是「混亂,無序,毀滅,困惑」。這暗示正位時的狀況瓦解了,牌中人不再能苟延殘喘。當這立即的情況看來似乎糟糕得多,它有時卻能導致改善。當人們習於受苦,一次崩潰將能解放他們。至於他們能否建構起某種較為正面的狀況,部分取決於他們自己,部分則有賴於他們周遭的影響力和機會。

(圖七十七)

五角星四
Four of Pentacles

我們首先看見的是守財奴的意象,再延伸之,則是對物質安適及安全

感的依賴，渴求數字「四」所象徵的穩定性。彷彿是對上一張牌所展現之困苦的回應，牌中人給自己裝上了一層防護罩，對抗未來可能出現的任何經濟（或其他）問題。然而，當「五角星五」呈現著兩個人，這兒我們只看到一個，為了對個人安全感的需求而排除了他人。

作為魔法的標誌，五角星象徵著基本的情感／心靈能量。牌中人用他的五角星將自己與外在世界隔離開來。他封閉住了自己最重要的穴位：頭頂心（還戴著一頂皇冠），心臟與咽喉，以及腳底。修習脈輪冥想的人，會認出頭兩個點是與「靈」、以及與他人連結的重要穴位。蓋住腳底，則象徵著將自我封閉於周遭世界之外。可是，這人卻無法封鎖他的後背。對於生命，我們始終是有弱點的，無論我們試圖把自己變得多麼自我中心。

在某些情境中，這張通常被視為「問題牌」的「五角星四」，卻會變得十分適切。當生活崩解成一團混沌，這張「四號牌」便意味著創造某種結構，可能是透過有形的事物，或是將情感和心理的能量轉向內在。這張牌仍然是一種自私的意象，但有時「自私」或許正是我們所需要的。透過氣場（aura）來冥想的人，通常會在每次冥想結束時進行一種儀式，在各個脈輪點上「封鎖」氣場。這種做法既可以防止自身能量的漏洩，也能防範外界的影響侵入自身。

最後，在一種非常深刻的層面上，「五角星四」還象徵著人類心靈為物質宇宙的混沌賦予結構與意義的方式。這種概念，與「五角星十」和「六」中所描述的各種力量平衡著自然界的觀念並不衝突。實則，它透過展現心靈不僅感知、實際上還協助著那些力量的運作，而補充了那個概念。人類存在於宇宙間，是作為創造者而非被動觀察者的事實，構成了神祕／祕傳學說與當代物理學之間的一個交會點。

逆位牌

在這兒，能量被釋放了。這個行動可能意味著慷慨和自由——如果正位時是指貪婪或閉鎖在自身之內——但它也可能象徵無法把持我們的生命，或是為它賦予結構。再一次，在真實的情境中，它的意義需視其他影響力而定。

（圖七十八）

五角星三

Three of Pentacles

在這兒我們又回轉到「工作」的主題——可以從字面上的意義來看，或是作為一種靈性發展的象徵。左邊那個人是位雕塑家，是精通其技藝的大師。這張牌有時會和「五角星八」一起出現，意味著辛勤工作與專注投入，已經或將會造就精熟的技藝。

牌的右方站著一位僧侶，和一位手握教堂設計圖的建築師。這三位

人物共同象徵著：最佳的工作是要將技術上的技能（風）與靈性的領悟（水）和精力與渴望（火）做結合。請觀察牌中的五角星是如何構成一個尖端向上的「火三角」，顯示工作能將我們提升到更高的層次；而在五角星下方，則有一朵花嵌在一個尖端向下的「水三角」中，象徵將這樣的工作植根於世界的現實面與社群之需求的必要。反映著這種二元性，這張牌就像「五角星九」，既是指實際的工作，但也可以作為成熟自我的一種象徵。這兩種意義並不會彼此抵銷。如我們先前探討過的，實務的工作，如果是有意識地並全心投入地去做，可以作為自我發展的載具。

這張牌部分的意義，蘊含在此種心靈發展的象徵是發生在世俗的「五角星」牌組的事實，而非在其他牌組中，以往往較為奇特迷人的意象呈現。

逆位牌

平庸平凡：工作——物質上或精神上的——進展不佳，往往是由於懶惰或軟弱。有時它的意義延伸至某種一般性的情境，沒有太多事情發生；情況只是持續地變壞或改善，但都是以緩慢而穩定的速率。

（圖七十九）

五角星二
Two of Pentacles

　　如同「寶劍二」，「五角星二」維持著一種岌岌可危的平衡，雖然一般而言是種比較快樂的狀況。事實上，我們在這位雜耍者身上看見了「平衡」概念的化身。有時，這張牌指涉的是生活本身，將每一件事物同時維持在半空中。更單純地，它傳達著享受生活的概念，擁有一段美好時光——類似於「聖杯九」，但比較輕快，是一種舞蹈，而非饗宴。

　　就像如此多的「五角星」牌，這張牌暗示著某種隱藏在尋常樂趣之中的魔力。那位雜耍者捧著他的魔法標誌，套在一條形似「無限大」符號的環圈中，這與出現在「魔法師」和「力量」女子頭頂的是同樣的標記。有些人相信靈性的進展只能發生在嚴肅的時刻，事實上歡愉和娛樂也能對我們教益良多，只要我們留上了心。

逆位牌

在這兒，遊戲變成勉強為之：韋特說是「強顏的歡樂」。可能是我們面對著某種不想面對的問題，或是社會的壓力要我們不可小題大作，我們或許會對自己和他人假裝對每件事都不太在意。同時應付多種事務的嘗試可能會砸鍋。

（圖八十）

五角星王牌
Ace of Pentacles

大地的禮物：大自然、財富、安全感，喜悅的生活。在所有的「王牌」中，只有這張沒有「Yod」光點從天空落下。大地，以它的完整性和穩固的實存，擁有它自己的魔力。

我們已經在其他幾張牌上看見（尤其是「五角星十」），我們往往對這份魔力視而不見，只因為我們將它的產物視為如此平凡無奇。在此處，

那隻手是在一座花園中給予它的禮物，一個受庇護的所在，隔離於遠處隱約可見的荒野之外。文明，當它運作良好的時候，給予我們這份基本的保護。透過文明的運作，人們將自然界的素材塑造成一種安全而舒適的環境。

靈性的修煉引領我們辨識出尋常事物中的這份魔法——在自然界及文明之中——然後去超越它們，追求由那山嶺所象徵的更高知識。花園的出口形成一個拱門，很類似圍繞著「世界舞者」的勝利花環。當小阿卡納來到終點，「五角星王牌」再一次對我們示現，當我們準備好時，那通往真理的「門戶」總是敞開的。

逆位牌

由於物質禮物的存在方式，與其他「王牌」的禮物有所不同，它們更加容易受到濫用。逆位的「五角星王牌」可以象徵財富令人腐化的一切方式——自私，極端的競爭，缺乏信任，以及對安全感和物質安逸的過度依賴。

以另一種方式看，那座花園有時可以代表對於生活中的問題的「庇護」，無論這庇護是來自事件或他人。逆位時則是指這份保護已經終止了，此人必須自己應付他的問題；或是當離開這份庇護的時候到了，但此人卻留連不肯放手。就像逆位的「隱士」牌，它可以象徵拒絕長大——尤其是離開父母的庇蔭而獨立。

不過，在其他時候，逆位的「五角星王牌」也可以意味著認清（如同「聖杯八」）離開熟悉事物的時候到了，該要啟程上路，通過那道「門戶」，邁向智慧的山嶺。

第三部分
占卜

Part Three
READINGS

引言
INTRODUCTION

　　將塔羅用來算命——正式的名稱叫「占卜」——向來具有爭議性，至少從十八世紀「嚴肅」的神祕學塔羅研究開始以來便是如此。矛盾的是，當許多神祕學家對占卜嗤之以鼻，大多數人卻不知道塔羅除了占卜以外，還有其他的用途。

　　許多人至今仍相信是吉普賽人發明了塔羅牌，儘管有清楚的證據證明並非如此。兩者之間的連結仍然如此堅強，若是想以占卜為業，許多女人就會罩上鮮豔的披肩、荷葉邊的長裙，再加上一對金耳環（男人則會穿上燈籠褲、織錦背心，外加**單邊**耳環），然後取個類似「索索斯垂絲夫人」這樣的藝名來滿足大眾。

　　這些廉價的戲劇效果與塔羅占卜長久以來的連結，或許解釋了——至少一部分——許多塔羅學者對占卜的蔑視或缺乏興趣。將塔羅視為意識進

化的圖示及工具的神祕學者，自動貶斥了塔羅在占卜上的用途，像是預告「高大黝黑的陌生人」或神祕遺產的出現等等。然而，只看見占卜的妄用，而無視於它更為深刻的可能性，這些神祕學者同樣也限制了塔羅的真正價值。

在他的著作《塔羅圖像金鑰》中，亞瑟‧愛德華‧韋特對占卜做了如此的評論：「將算命的功能分派給這些牌，是一個長期不當應用的故事」。這將我們引至了一種有趣的弔詭。由於韋特和其他學者鄙視算命，他們事實上助長了占卜的誤用。由於他們貶抑的筆調，許多人心中深植了一種印象，認為預卜未來是種淺薄無聊的嘗試。至於他們為何還要提到占卜，我們只能猜測他們或出版商假設讀者大眾要求這樣做。畢竟，即使在今天，大多數人拿起一本塔羅書，關心的都是神祕的訊息，多過於達成心靈的轉化。當然，最暢銷的塔羅書為牌義提供了最簡單的公式──同時承諾了一切的知識。

比起他們幹嘛費事去提到占卜，更重要的是，很少神祕學家曾經做過什麼，去驅除占卜瑣碎膚淺的形象。這種忽視甚至延伸到整個小阿卡納。由於小牌與占卜的關聯，許多嚴肅的塔羅書即使有討論到它們，也都只是蜻蜓點水（韋特的評論只是針對大阿卡納）。在保羅‧佛斯特‧凱斯的著作《塔羅》（*The Tarot*）中，只在書後的某種附錄中提供了最精簡的公式。其他許多書籍都只討論大阿卡納。在現代的神祕學研究中，幾乎只有克勞利的《托特之書》（*The Book of Thoth*）深入探討了小阿卡納牌，將它們連結上一套複雜的占星體系。

至於占卜的方法，多數重要的神祕學研究僅只提供了最基本的資訊：幾種「牌陣」，亦即排列紙牌的格式，再為不同的位置提出公式化的說明。再一次，克勞利是例外，他提出了一種透過某種占星「時鐘」的占卜

方式，是種獨具克氏風格的繁複系統。

深層心理學與人本占星學的衝擊，使得許多當代的作者試圖為占卜尋求更為嚴肅的用途。遺憾的是，由於早先的作者以如此不經意的態度來對待占卜，他們創造了一種「公式」的傳統，令現代作家感到難以擺脫。因此我們在小阿卡納部分還是看到這類的解說，像是「尚未完全失敗；好運仍是可能的」（道格拉斯）；對牌陣的描述也是同樣簡略，附帶像是「最佳可能結果」的位置解說等。承襲克勞利和其他前輩，有幾本當代書籍，試圖連結其他體系來拓展塔羅牌的意義，除了占星學和喀巴拉，還延伸到易經、榮格心理學、譚崔，甚至中美洲神話。這樣的連結有助於增進理解，尤其是對那些對另一體系已有認識的人（例如，一本關於完形心理學的書，若是以塔羅的相應處來解釋其主題，而非顛倒過來，可能頗為有趣）。儘管如此，任何嚴謹的塔羅研究，其重點仍應是牌的本身，以及它們在冥想和占卜上的應用。本書的這個部分，希望至少提供讀者一點概念，塔羅占卜可以是如何複雜並深具啟發性的一種工具。

常識
COMMON SENSE

許多人說，塔羅占卜「嚇到」了他們。他們這麼說的意思，首先是一種不自在的感覺，怎麼會有任何東西能暴露他們的經驗，以及內在的恐懼與期望；第二，居然是一副紙牌能夠做到！或許他們初次接觸塔羅時是作為一種遊戲，尤其如果是一位親戚或朋友在算牌，因此他們不需付費。他們洗了牌，咧嘴笑了笑，因為他們覺得有點蠢；占卜者把牌排列出來，

或許還查了書，然後，令人驚異地，牌中透露出新工作的訊息，或是不忠實的情人，或者，如果占卜者比較敏銳，或許還能看出對疾病的恐懼，或是對父母的痛苦反叛。「你是根據你對我的瞭解編出來的。」他們會說，或是「你是從觀察我而推斷出這一切的，對不對？你並不真的是從牌上看出來的。」然後下一次，當有人提議為他們算牌，他們會笑一笑，說：「不，謝了，這玩意讓我發毛。」

事實是，大多數人的確害怕未來。他們不期待任何好事發生。他們會安於事物維持現狀──在痛苦與快樂間的一種平衡，包含老大一份的無聊、挫折、和低度的悲慘；但即使是這樣的穩定狀態都似乎不太可能。在大多數人眼中，事情只可能越來越糟，而且多半都會。

除了牌上透露的特殊訊息之外，塔羅占卜還會教導我們許多事情。其中之一是悲觀心態的深植人心。如果某個人占出的牌全都十分正面，閃耀著幸福的許諾，這人或許會說：「喔，是嗎？等我看見了我才相信。」但只要有一張牌暗示著麻煩或疾病，問卜者的反應就會變成：「我就知道，我就知道。我該如何是好？」抱持這樣一種心態，可想而知，當一副紙牌告訴他們可怕的訊息時，將會激起怎樣的恐懼，或是怨憎。

關於對紙牌占卜的接受度的問題，還有另外一面。去找塔羅牌師算命的人，往往帶著一種「考較」的心態。由於他們將占卜視為某種與「魔法」有關的事（雖然並不一定真的知道「魔法」是什麼意思），他們會希望牌師展現「法力」。對他們而言，占卜的價值在於它有多正確地符合他們已知的關於自己的事實，再外加，當然，一點新的資訊。要確定這位牌師很「準」，他們儘可能地隱藏關於自身的訊息。我記得有位女子來找我算牌，要尋求工作方面的建議。從頭到尾，她就只是面無表情地盯著我或是牌，完全不表示我所說的對她是否有任何意義。然而，占卜結束後，她

卻一張一張翻看這些牌，訴說它們是如何直接地呼應著她目前的經驗。

又有一次，我答應為一個朋友做一次「生命之樹」的占卜（見下文），作為她二十一歲生日的禮物。當她告訴一位女同事她要去算塔羅時，那個女人緊張地說：「噢，妳可千萬別去。妳不知道這些人會做些什麼。他們會到戶政事務所去查妳的資料，去查每一件關於妳的事，妳在哪裡出生，住在哪兒……」我的朋友沒告訴她，我早就知道這些事情了。

這類的人似乎沒有想過，如果他們只是來聽自己已經知道的事，再加上一丁點兒新的訊息，他們其實是在浪費時間和金錢。他們似乎忘了，自己不是來測試牌師功力的，而是要找人指點迷津。要是那位女子給我機會去深入探討那些牌之間的關係，而不是只在意我說得有多準，她所能獲得的關於事業的啟示，將會多得多了。

在這些恐懼與懷疑背後，其實存在著同一個問題：塔羅違反了「常識」（common sense），亦即，我們對世界共同懷有的意象，而這通常是社會教給我們的意象。我們可以將這種意象稱作「科學的」，儘管這所謂的「科學」，只是在這個詞嚴格的歷史意義上，專指十七世紀以來官方認可的科學家（排除了，例如，占星家和瑜珈士）所宣揚的觀點。反諷的是，自然科學本身，尤其是物理學，正在偏離一種嚴格機械論的宇宙觀。然而，由於文化的時差，大多數人仍然以十九世紀的觀點在思考「科學」。

如此，興起於單一文化——歐洲——的看待世界的「常識」觀點，佔據主導地位不過二、三百年，而且也已經開始衰退了。無論它有哪些缺點，我們不能否定這種觀點的成就。大部分譴責科學的人，除了一種對從未存在的、浪漫化的過去的懷舊之情外，無法提供任何替代。當前人類對大自然造成的危害，反諷地證明了人類已經在相當程度上克服了大自然一度給我們的巨大威脅——飢荒、野獸、疾病等等。但是接受科學的成就，

並不意味我們必須貶斥所有其他對人類知識有所貢獻的事物。

　　現代西方科學從一開始就是一種自覺的意識型態運動，刻意反對當時的宗教性世界觀。早期的實踐者與理論家，像是法蘭西斯・培根（Francis Bacon），都自視為革命者，倡導一種與自然的全新關係，其功能並不僅止於增加知識。科學，他們如佈道般地宣揚，將會創造一個新世界。即使到了今天，科學的機構仍保留著一種教條式的福音傳播者的特質。伊曼紐・維利科夫斯基（Immanuel Velikovsky）的名氣與人氣，至少一部分是來自於科學家對他歇斯底里的攻擊（在「容忍之國」荷蘭，科學家企圖讓政府查禁維利科夫斯基的書）。再看看近年由卡爾・沙根（Carl Sagan）和以薩・艾西莫夫（Isaac Asimov）等人所發起的組織，目的便是要攻擊占星學的普遍流行。

　　有趣的是，儘管傳統科學的聲望大不如前，它的世界觀大抵上卻仍未被質疑。帶著幾分理直氣壯與幾分混淆，人們為了地球生物所面臨的各式各樣的威脅怪罪科學家。然而所謂的「常識」仍然是十八及十九世紀的科學所創造的世界觀。這就是制約的力量。

　　那麼我們該如何描述這種「常」（共同、普通的）識的特性？首要地，它堅持事件、物體，或是模式之間只能有一種關係存在，也就是直接的物理因果關係。如果我推了什麼東西，它就會倒下來。這合乎常識。如果我想著某個東西，然後它倒了下來，這合乎常識嗎？或者我推了它的玩偶模型，然後它倒下來呢？

　　「有常識」的人會說「不」，如果事情真的這樣發生了，它就是個巧合──這個詞意味著兩件或更多事件之間有著一種時間上的關係；它們**同時發生**了，但卻沒有其他的關係。因果關係仍侷限於可觀察的實質行動。

　　但是科學，即使是在過去兩個世紀間，在它最堅持機械論的時期，也

必須將這個概念延伸到可疑的極限，以解釋這個可觀察的世界。地球和其他行星環繞太陽旋轉，這是可驗證的事實。我們可以計算這些不斷運行的天體之間的數學關係，其精確程度，讓我們得以根據這些已知天體的不規則運動來發現新的天體（海王星和冥王星就是這樣被發現的）。但是這些事實並不能解釋這是如何發生的。沒有巨大的手在推拉地球，讓它繞著太陽旋轉。但是這種運動的規律性，卻讓我們無法稱之為巧合。因此，科學家發明了「自然律」和「力場」這樣的概念。會說某個人以念力來弄倒椅子「不合常識」的同一個人，卻會覺得「萬有引力」讓地球繞著太陽轉再合理不過（在二十世紀，愛因斯坦的「廣義相對論」為巨大物體的運動，像是行星的運行，提供了一種較為複雜的解釋，但是大多數人仍然會訴諸於萬有引力的「自然律」）。

那麼早先的觀點又如何呢？那種基於「相應性」（correspondence），認為物體和事物之間的關係是出於其類似性的信念？在此，某人可以藉由弄倒椅子的玩具模型來讓真的椅子倒下來，是「合理」的。一個人出生時刻的行星位置能夠影響他的人格，也是合理的。

事實上，今天這兩種觀點是同時並存的，雖然「相應性」的觀點始終沒那麼「體面」。某些草藥植物外形類似人類的器官，許多人（尤其是「新時代」或另類治療師）會宣稱，它們有助於維持這些器官的健康，是合理的。其他人則會說，這兩種東西之間毫無關係，這才是合理的。這兩群人之間的「常」識，完全沒有共通性。

儘管「常」識的不「常」（共通），這兩種觀點有時也會重疊。想要向大眾辯護占星術的人，往往會訴諸萬有引力的「律則」，來解釋行星的影響力，儘管事實上，每顆行星據稱會發揮的影響模式，主要是決定於古文明分派給這顆行星的神話聯想。

假設我們接受較早的「常識」，這是否有助於我們接受「塔羅占卜能準確反映某人的生活」這個可觀察的事實呢？我們的確是根據「相應性」來解讀牌占的──洗過的牌所形成的模式，反映著事件的模式。儘管如此，許多堅定相信占星學之合理性的人，仍然覺得塔羅違背常識。在某人出生的那一刻，行星形成某種固定且明確的模式，那是遠溯自造物之初就決定好的，當萬有引力將行星配置在其可以預期的軌道上。但是洗過的牌就不帶有這份命定感了。再者，行星是巨大的天體，龐然雄渾地運行過天際。相較之下，紙牌就顯得如此輕薄瑣碎。我們如何能接受它呢？

對許多人而言，占星術的權威性來自於宇宙的浩瀚，而終極而言，是來自於神。像人類這樣渺小的東西，其性格會受到行星恢弘壯闊的運行的影響，似乎是合乎「常識」的。而即使人們說這話時可能會有點困窘，我們知道最初**是誰**讓這些行星和恆星開始運行的。但是洗牌的只是凡人。而且如果他們把牌再洗一遍，咦，會出來一種新的模式。那麼，第一次占出的結果，怎麼可能具有任何嚴肅的意義呢？

在最後這個問題背後，存在著一個非常重要的假設：只有固定不變的模式才是成立的。事實是，「相應性」的世界觀，可以和「自然律」的觀點同樣傾向於機械論的態度。兩者都假設神──或一切萬物的「第一因」──的存在。正如兩者都不曾解釋其運作機制是如何形成的──無論是自然律或黃道的模式──因此兩者其實也都不要求我們去擔心它。神或許啟動了這一切，但現在它可以自行運作。雖然一位好的占星師是用直覺來解讀星盤，但星盤本身卻是任何稍經訓練的人都能繪製出來的。

然而，塔羅則是動態的，非決定論的。並沒有固定的規則去規定一個人要如何洗牌。而且牌總是可以再次洗過。（我曾就一個問題做過多達六次的占卜，每次得到的回答基本上大同小異，雖然有著重要的「變奏」。

許多張相同的牌在每一次占卜中都出現了。然而，觀察到某件事情會起作用，並不能解釋它是**如何**起的作用。）

一九三〇年代，心理學家卡爾·榮格與物理學家沃夫岡·鮑立（Wolfgang Pauli）決定要研究「有意義的巧合」。榮格會對這個主題感興趣，是透過占星學和他對《易經》的實驗——後者嚇著了他，正如塔羅嚇著了大多數人那般。鮑立則是基於較為個人的因素而選擇了這個題目；巧合似乎就像一隻忠實的、往往也很笨拙的狗，始終如影隨形地追隨著他。

他們的研究，其實差不多只停留在宣告這樣的巧合確實存在，而且背後必定有著某種原則的階段。不過，他們的確為這個世界的語言添加了一個新詞彙：「同步性」（synchronicity）。當事件之間並沒有可觀察的原因彼此連結，但其間卻存在著某種意義，我們便說這些事件是「同步的」。舉例而言，假如我們需要查詢某一本罕見的書，而某人在完全不知情的情況下，帶著這本書造訪你家，我們便將這種連結稱為「同步的」。

人們時常將「同步性」這個詞當作護身符，用來抵禦沒有明顯原因之事件的哲學難題。當某件看似不可能的事情發生了，我們會說：「這是同步性」，藉以逃過不合常識的抨擊。榮格與鮑立，當然，將這個詞看得較此深刻得多。他們試圖暗示，有某種「非因果原則」（acausal principle）可以像自然律的因果法則般確鑿地聯繫著不同的事件。換句話說，如果我們以隨機的方式將訊息的片段連結起來，不帶有由意識導引的因果關聯，那麼這種「非因果的同步性」便會將它們以一種有意義的方式結合起來。這就是，當然，占卜時所發生的狀況。在這兒要留意的重點是，「同步性」原則只有在我們先把因果原則去除之後才能接手。換言之，某種會產生隨機模式的方法——任何一種都行，如洗牌，丟銅板等——是必要的，好讓這種原則有運作的機會。

就某方面而言，占卜其實是源自於一種比「相應性」更早的世界觀。我們可以稱這種觀點為「遠古觀點」，認為上帝或諸神無時無刻無所不在，積極地參與宇宙的命運和運作。在這樣一個世界中，沒有任何事情是因為任何律則而發生，而是因為上帝或天神要它發生。因此，讓春天跟在冬天之後來臨的，並不是萬有引力，而是偉大母神，而她也大可以選擇不讓它發生。

對於抱持這種觀點的人，與諸神溝通不僅可能，而且是必要的。他們不僅要讓諸神高興，或者至少不生氣，如果對眾神的意圖有些概念，也會很有幫助。無法仰賴自然律的可預期性，或是行星可受觀測的運行的人，只得發問。

他們能以兩種方式來與諸神溝通。首先，他們可以（現在的人仍然可以）進入一種恍惚忘我的狀態，來到天界造訪諸神，如同那些偉大的薩滿一向在做的。比較簡單，也較不危險的方法是，他們可以請諸神以密碼說話，亦即，透過骰子、動物內臟、鳥跡、蓍草，還有紙牌。

但是這些隨機的模式為何會構成神的話語呢？和「同步性」一樣，答案是，正因為它們**是**隨機的，正因為它們**確實**違反理性常識，它們繞過了人們逐時逐刻經驗生活的尋常方式。如同夢境，它們跨出了神智清醒的人類被邏輯束縛的正常語言。而藉由跨出其外，它們超越了它。

在這種遠古的觀點中，神存在於萬事萬物之中。神無時無刻不在對我們說話，然而，我們受限的感知能力，使我們無法意識到這種溝通。有這種限制存在也好。如同猶太傳說中，隨著阿基巴拉比（Rabbi Akiba）進入天堂的那三位拉比所獲悉，上帝的語言排山倒海，令人目盲，令人發狂。事實上，正如我們在本書第一部分說過的，小我的帷幕之所以存在，並不只是一種累贅的限制，也是將我們與宇宙的真實力量隔離的救贖恩典。祕

術訓練的目的，並不只是要移去那層帷幕，而是要訓練自我去妥善運用上帝語言的雷火電光。無論如何，作為凡人，我們若想從神明那兒——亦即，從超越我們受限感知能力的源頭——獲得些許訊息，我們需要一種方式，來繞過將我們與真理的世界隔離的護目罩。我們需要製造「同步性」。

任何可以製造出一種「隨機」模式的裝置都能滿足此一功能。人們用來賭博的所有道具，最早可能都是用來占卜的，而也都是出於同樣的原因——隨機性。骰子、打亂的紙牌，以及旋轉的輪盤，全都切斷了有意識的心智對結果的掌控。

指出塔羅某些古代的根源（我並非暗示塔羅本身遠溯自古老的年代，只是它的運作背後的概念是如此），並不能向現代的心靈解釋它。然而，這種遠古世界觀的某些面向已經開始回返，妥適地包裹在物理學及深層心理學的現代語彙中，而非天神與女神的神話語言。「同步性」就是一個這樣的術語。

現代量子理論暗示，在最基本的層面，存有並不依循任何規則或既定的規律。粒子的互動是隨機的，而我們所觀察到的自然律，實際上是或然率的總合，卻予人決定論的表象。這有點像是，當你擲銅板的次數夠多，正反面出現的次數就會趨近於相等，以致於有人會認為某種平衡的「律則」致使平均分佈成為必然。（的確，許多人相信「平均率」（law of averages）能夠主掌某個特殊事件的結果——「你先前每一次都失敗了，根據平均率，你這次一定會成功。」——然而或然率的整個重點正好相反，亦即：它無法預測特定的事件。）

當物理學正在侵蝕固定律則的宇宙之同時，現代心理學（至少是某些分支）也開始審視非理性的知識理論。遠古人類談及「另外的世界」或

「諸神的國度」，今天我們則是說「無意識」。名詞會改變，但是底層的經驗則始終相通：一個不具時間性的存在領域，其中的知識並不局限於感官所接收的意象。而用來「接觸無意識」的方法，也無異於數千年前用來聆聽諸神話語的管道——夢境、恍惚狀態（佛洛伊德派的自由聯想是一種較低階的版本），以及丟擲銅板。

我們獲致了一個概念：塔羅之所以管用，正是因為它不合常識。資訊是存在的，我們的無意識自我早就知道了。我們需要的是一種工具，作為接通表意識感知的橋樑。

如我們稍早曾指出，要達到此種層面的連結，這種「非常識」的同步性，並不依賴我們所使用的系統。塔羅、《易經》、骰子、茶葉渣，其實都能發揮同樣的功能。它們都能產出隨機的資訊。或許在未來，會有更為「現代」的製造隨機模式的方式出現。最為純粹的占卜系統，或許會是基於次原子微粒的運動與能量跳躍。因為在這種最最基本的層面上，我們可以看見「同步性」最重要的蘊涵：存有**並不**依循僵硬的、決定論的律則，其中一切事件都發生自固定的原因。然而與此同時，事件的確有其意義。或者更確切地說，意義會從事件中浮現。從次原子微粒隨機的衝跳和旋轉中，生發出固體的物質。從一個人生命中獨立的行動與經驗中，浮現了一個人格。而從塔羅牌的組合中，浮現了覺知。

如果任何工具都能提供意義，那為何要用塔羅呢？答案是，任何系統都會告訴我們某些事情，但是那某些事情的品質取決於該系統所包含的價值。塔羅包含了一套哲學，一份人類意識如何進化的略圖，以及人類經驗的浩瀚概要。翻洗這些牌，便將這所有的價值帶入彼此的互動中。

我們或許會議論，將一套哲學分派給這些牌，將會破壞它們在預測事件上的客觀性。人類的價值與詮釋侵入了一個原本很純粹的體系。這樣一

種概念，我想，是來自於對「客觀」的誤解。塔羅是客觀的，因為它繞過了意識的決定，但它並非不偏不倚的。相反地，它試圖將我們推往某些方向：樂觀、靈性，對改變的必要及價值的一份信念。

本書所提供的牌意，為占卜者留下了相當大的詮釋空間。事實上，這種空間是必要的。這是因為有經驗的牌師能夠注入他的工作的，遠遠多過於對這些牌和它們的傳統意義的詳盡知識。同樣重要的是敏感度——包括對牌的圖像，以及對那個坐在對面、忐忑而興奮地盯著牌面的人。一位好的牌師，不會只是重複傳統固定的牌意，而是會找到新的意義和詮釋，會延伸牌意的模式。

當有些人要求客觀的占卜，而不喜歡個人化的詮釋，也有一些人主張，占卜者根本不該採用任何特定的牌意，而始終應當從當下對圖像的「感覺」出發。不過，這麼做將會使占卜者受限於自身感知的狹窄範疇。而這些感知，將始終——至少一部分——來自他自身的經驗與文化制約。很少人已經達到能夠跳脫自身歷史之偏見的覺知層次。對大多數人而言，情緒會混淆我們的直覺。潛意識干擾了無意識（關於「無意識」與「潛意識」的區別，請見第357頁的註釋）。

信賴「感覺」的占卜者，既可能被引向真相，也可能被帶離了它。但是我們還有一個理由，應當參酌屬於這些圖像的傳統意義。如果我們不去運用前人注入這些牌中的智慧，那麼我們便是剝奪了自己獲益於他們的知識與經驗的機會。因此，卜者訓練的一部分，在於單純地研究這些牌，而另一部分則在於透過練習、冥想與創意工作，獲得個人的「牌感」。

塔羅占卜能教導我們許多事情，其中最寶貴的功課之一，就是這種客觀與主觀、行動與直覺之間必要的平衡。實驗科學「發現」大腦的兩個半球負責的功能並不相同；左半球（主管右半邊身體）處理理性與線性的活

動，而右半球（主管左半邊身體）則處理直覺、創意，和整合性的活動。這項「發現」，令人聯想起關於究竟是誰發現美洲的爭議：是哥倫布、雷夫‧埃瑞克森（Leif Ericson），還是聖布倫丹（St. Brendan）？正如印地安原住民早就在那兒住了好幾千年，神祕學者也早在幾世紀前就已經知道了左右腦的區分。

當問卜者洗好了牌，牌師——如果是慣用右手者——用左手拿起牌來，然後用右手將它們排開。我們這麼做，是為了再稍加強調直覺與表意識知識結合的必要。左手有助於導入敏感度，但是我們以右手來翻牌，是因為我們要用理性的頭腦去直覺地解釋牌的模式。

在本書的第一部分我曾寫到，占卜包含了「魔法師」與「女祭司」兩種原則——意識與直覺。我們可以進一步地說，進行塔羅占卜將有助於達成這兩種原則在實踐狀態中——亦即意志與開放性——的平衡與整合。每一次進行占卜，我們就是在施展意志，將一種意義加諸於由混沌所拋擲出的模式上。這種行動不僅暗示著「魔法師」（數字「1」），同時也呼應著「命運之輪」（數字「10」），後者承載著一幕對世界的靈視願景——還記得「沃斯版」的「命運之輪」是豎立在一艘船（意識）上，漂浮在存有之海中。然而，唯有當我們對牌的圖像及其對我們造成的衝擊開敞自己，由意識所施加的意義才會有真正的價值。因此，塔羅占卜不僅隱含著「女祭司」（數字「2」），也暗通著「吊人」（數字「12」）——這幅與生命如此緊密連結的意象，讓我們不再將自身視為與世界分離或對立的。而連繫「10」號與「12」號大牌的那張牌，也可以作為塔羅占卜本身的標誌：「正義」。她的天秤永遠是平衡的，這並非透過對相對事物的小心掂量——如此多的直覺來平衡如此多的客觀知識——而是出於對真理活生生的信受奉行。

第十一章
占卜的類型
TYPES OF READINGS

起步
BEGINNING STEPS

　　真正通靈的占卜者——他們比許多人想像中來得罕見——能夠只從一副牌中任意抽出幾張，不依特定模式地攤開來，以它們為引子進入一種出神狀態，或只是單純地從「無意識」的源頭中釋出訊息。

　　然而，對大多數人而言，「牌陣」能幫助他們在占卜中找出意義。占卜者從一堆牌的最頂端逐一翻開幾張牌，排列在特定的位置上，每個位置都有其獨特的意義，像是「過去的影響」、「希望與恐懼」等等。於是這張牌的意義就變成圖像與位置的組合，從所有的牌的象徵意義中，一個整體的模式便會（我們希望）浮現。

　　無論使用何種牌陣，首先是要洗牌。在此之前，還要先選擇一張牌

來代表當事人，或「問卜者」（querent）——許多塔羅作者如此稱呼洗牌的那個人。我們往往稱這張牌為「指示牌」（Significator）（並不是每個人都依循這種做法；有些人只在特定的牌陣中使用它，尤其是「塞爾特十字」）。我們選出「指示牌」，把它放在一邊，是為了兩個理由。首先，這樣洗牌的人就能專注在這幅圖像上，注意力不會東飄西盪。其次，這樣會把牌的總數減為七十七張，也就是「7」，代表意志，乘以「11」，代表平衡的數字。

有些作者建議在所有的占卜中都以「愚人」來代表問卜者。牌師們也時常依其偏好，選用某張其他的大阿卡納牌。我通常並不鼓勵這種做法，理由是大阿卡納牌象徵各種原型的驅力，而問卜者是一個完整的人，存在於特定的時空中。此外，取出一張大牌，也除去了這張牌出現在牌陣中其他地方的機會。

大部分占卜者偏好使用一張宮廷牌來代表問卜者。傳統上，「侍衛」是代表小孩（有些人將孩童與成人期的分割視為童真的喪失），「騎士」代表年輕人，「王后」代表女性，而「國王」則代表較為年長、成熟的男性。

讀過韋特的《塔羅圖像金鑰》的人，應該會記得他那令人困惑的分派方式：「騎士」代表年過四十的男人，而「國王」則是較為年輕的男性。這個系統是承襲自「金色黎明喀巴拉塔羅」（The Golden Dawn Kabbalistic Tarot）。在那副牌中，「騎士」是屬於「火」象，而「火」，如我們可以預料到的，對一個魔法師會社而言，是居於首位的牌組。因此，「金色黎明」的「騎士」係代表成熟的男子。但是「金色黎明塔羅」（以及克勞利的「托特牌」）根本不包含「國王」牌，順帶一提，也不包含「侍衛」；而是採用「騎士」、「王后」、「王子」，和「公主」。用「王子」來代

表比「騎士」年輕的男性十分合理，但是用「國王」就說不通了。在這一點上大部分占卜者並不依循韋特的指示，即使是在使用他所設計的牌。

傳統的體系包含一個年輕男性的象徵，但年輕女性卻付之闕如。由於女性並不會比男性更突兀地從童年跳到完全成熟的階段，我發現讓「騎士」代表男女任一性別是十分有用的，「侍衛」也一樣。事實上，由於「國王」與「王后」象徵不同的價值與生命取向，他們也可以代表男性或女性的問卜者。我從前的一個學生是位心理治療師，她以塔羅作為切入患者問題的一種方式，就是採用這種做法。

除非看見明顯的相異跡象，通常我會為女性選擇一張「王后」，男性則選「國王」牌。不過，我記得有位男士十分強烈地給我「寶劍王后」的印象，散發著她特有的哀傷感。當我給他看那張牌並加以描述，他完全同意。

牌師和問卜者一旦選定了人物，就得選擇牌組了。通常是由牌師來選擇，依循以下兩種方式：首先是髮膚的顏色。「權杖」，或是任何代表「火」象的牌組，對應金髮或紅髮的人，「聖杯」是淺棕色頭髮、淺棕色或榛果色的眼睛，「寶劍」是深褐色頭髮和眼睛，「五角星」則是黑髮黑眼。不需多加思考就能看出這種系統的缺點。除了籠統的武斷性之外，它會使大部分中國人都成了「五角星」，瑞典人都會是「權杖」，諸如此類。

一種比較客觀的系統是運用星座。如前所述，除了塔羅的牌組對應著四種元素之外，黃道的十二星座也各有所屬。大多數人都知道自己的太陽星座，即使不知，牌師也可以很容易地從他們的生日推算出來。當然，多數占星師會說太陽星座只佔命盤的十二分之一，其他元素的力量可能更強。

在我的占卜工作中，我發現讓問卜者自己來選擇牌組，以加強他的參與感，是很有幫助的。當我選定身分之後（「王后」，「國王」，「騎士」或「侍衛」），我將那四張相關的牌取出來，放在問卜者面前。如果這人對塔羅的象徵體系略有所知，我會請他不要考慮正規的屬性，而只憑他對這些圖像的反應來選擇。

通常我們不會去詮釋那張「指示牌」。它代表問卜者整個人，而非屬於那張牌的某些面向。不過，在某些情況下，這個選擇會變得十分重要。假設一位已婚婦人選擇「聖杯王后」來代表她自己；如果「聖杯國王」在牌陣中出現，它或許便代表她的丈夫，或者更準確地說——由於占卜是從問卜者的觀點來看這整個情境——代表她丈夫對她的影響。如果這位丈夫有不夠成熟或依賴這女子的傾向，那麼牌陣中出現的就可能是「騎士」，而非「國王」。

同一牌組中其他的宮廷牌也可能是指問卜者本人，而非其他人。如果問卜者選擇「權杖國王」來代表他自己，那麼若是出現了「權杖王后」，則可能是指他的一種較為「陰柔」面的欣賞性與接受性的浮現。如果問卜者本身是「國王」或「王后」，那麼「騎士」的出現，則可能反映出他的不成熟或退轉，或是一種較為年輕的態度。

我們可以將這種變化稱為「垂直」的變化——在同一牌組中的上下移動。「水平」的變化則是指同一種位階的牌，在不同牌組之間的變動。如果問卜者選擇「寶劍王后」來代表她自己，那麼「聖杯王后」的出現，就可能是指在她自身之中的變化。這種我稱之為「質變」（transmutation）的變化，往往帶有重大的意義。

如何詮釋宮廷牌——是代表其他人或問卜者的某個面向——這個問題對大多數人而言，始終是塔羅占卜中最困難的元素之一。通常它需要經

驗，以及對牌的強烈感覺，來協助解牌者找出正確的詮釋。即使是經驗老到的牌師，也往往會對不同的選項感到困惑。

選定「指示牌」之後，再來就是要洗牌了。如果問卜者並沒有要問某個特定的問題，我會請他把心放空，專注在雙手，或是那張「指示牌」上。如果這次占卜是關於某個特定的問題，我會請他專注在那上面，甚至請他把問題說出聲來，好讓它更加堅牢地固著在心中。

洗牌的方式並不重要，只要能徹底混合所有的牌，並使其中一些牌翻轉過來，好讓逆位的意義浮現。有時我會推薦一種方式，將牌面朝下放在桌上或地板上（許多牌師總是在他們用來包裹塔羅牌的絲巾上占牌），然後用兩隻手，像小孩玩泥巴那樣攪散所有的牌，然後我便會請問卜者將牌收攏回來。除了洗牌徹底之外，這種方法也帶有一種很好的象徵意義。任何一次塔羅占卜，都代表一種個人的模式，從可能之組合的混沌中浮現出來。即使我們只解讀其中的十張牌，這整副牌也都帶有最後洗過牌的那個人的印記。透過將整副牌打散，我們將它復歸於混沌；當我們收攏它時，它便承載了新的模式。

洗好牌後，問卜者必須以下面的方式將牌分成三疊：用左手從整副牌頂上取下一疊牌，放置在左方，然後再從這堆牌頂上取下一疊，再放到左邊。

現在由牌師接手了。而在此處，人們對整副牌應該如何堆疊回去，又有不同的意見。有些人就只是用左手拿起最右邊的那堆牌，將它放在中間那疊之上，然後再將這兩堆一起放到最左邊那疊之上。有些人則會將左手放在每堆牌上方幾英吋的地方，直到似乎有一股熱氣從其中一疊散發出來，然後將這疊牌堆放在其他兩疊之上。

無論是用以上何種方式，當牌重新組合後，牌師便用右手將牌逐張翻

開，依據選定的牌陣，放置在各張牌的位置上。牌陣有好幾百種。在本書介紹的三種中，一種是我自己發明的，另外兩種則是傳統牌陣的變貌。幾乎任何塔羅書籍都會介紹更多的牌陣。

「塞爾特十字」牌陣
THE CELTIC CROSS

長久以來，這始終是最為風行的牌陣。「塞爾特十字」係由它的形狀而得名——一個等臂十字架（中央兩張牌的上下左右各有一張牌），右邊再排列著由四張牌構成的「柱杖」（見圖八十三，346頁）。

如我們所能預期，評論者對於牌陣特定位置的意義，以及該如何描述它們，有著分歧的意見。有些人，像是韋特和伊登・葛蕾，提供了某種儀式，讓占卜者在排列牌陣時同時唸出：「這張牌覆蓋著他」或是「這張牌在他底下」。其他人則偏好較為常規的用語。只要維持一貫，使用哪種系統並無多大關係。以下描述的是我所使用的牌陣位置的意義。它們大致上依循傳統的體系，也做了某些變動。

「小十字」THE SMALL CROSS

在排出「塞爾特十字」的每一種方式中，頭兩張牌都會形成一個獨立的小十字，以第一張牌——稱為「覆蓋牌」——直接擺放在「指示牌」之上，然後再將第二張牌以水平方向橫擺在「覆蓋牌」上。

「覆蓋牌」通常代表某種作用於問卜者的基本影響力，某種一般性的情境，或是此次占卜的起始點。第二張牌——無論它的方向如何，我們都

以正位來解讀——在傳統體系中代表一種「相對的影響」，某種與第一張牌抗衡的因素。不過在實務上，這張「相對牌」事實上也可能會是支持第一張牌的第二種影響力。

舉例而言，假設「覆蓋牌」是「愚人」，顯示一種順隨本能的感覺，儘管其他的做法似乎更為明智。如果「節制」牌交叉其上，我們可以稱之為一種「相對」，因為「節制」通常代表謹慎。但如果與「愚人」交叉的是「權杖騎士」，這兩張牌往往傾向於彼此支持，而事實上，其他的牌可能會暗示當事人需要一種較為溫和的影響力，來平衡這所有的熱切。

在我的占卜工作中，我發展出一種稍微不同的方式來看待這頭兩張牌。我將它們稱為「中心」和「交叉」牌，而非「覆蓋」和「相對」牌。就其意義而言，我稱之為「內在」與「外在」的面向，或者有時是「垂直」與「水平」的時間，或只是單純的「狀態」與「行動」。「中心」牌顯示此人或此人之處境的某種基本特質，而「交叉」牌則顯示該特質是如何影響這個人，或是如何轉譯為行動。換一種方式來說，第一張牌顯示這人「是什麼」，第二張則是他「如何行動」。

（圖八十一）

請思考圖八十一的例子。「愚人」是指這個人的內在傾向是願意冒險賭運氣、順隨本能的。「節制」與它交叉，則意味當要付諸行動時，這人會傾向一種較為審慎的態度，將本能的能量與較為實際的考量融合起來。

　　另一個例子將有助於闡釋「小十字」——「塞爾特十字」中這個最有價值的部分。如果「中心牌」是「聖杯王牌」，這可能意味一個人生命中的一段快樂時光，或者更精確地說，一個幸福的機會，因為「王牌」代表著機會。如果是「聖杯十」與這張「王牌」交叉，這兩張牌便意味著此人認識到了這個機會，並會善加運用。但如果「交叉牌」是「聖杯四」，就會出現一種不同的意義，顯示出一種淡漠的態度，使這人無法欣賞生命給予他的事物。不過，這份淡漠並不會抵銷掉這個機會。

　　我一再強調這個小十字，是因為它非常重要。在某些占卜中，這頭兩張牌就訴說了全部的故事，其餘的牌只是在補充細節。如我在第一部分中曾描述過，「垂直與水平時間」這個概念，源自於對耶穌受難於十字架的象徵詮釋：「永恆」，由作為聖子的基督所體現，與「水平」移動的歷史——亦即，一個人類之死——交會了。對基督教神祕主義者而言，基督受難的事實容許他們——透過對十字架的冥想及其他與基督合一的法門——將一種「垂直」的時間感帶入他們自身肉體存在的水平事實中。在許多其他文化中，十字的圖像象徵地表的四個水平的方向，而其交叉點，也就是四象的會合點，則暗示「中心」本質上的垂直向度。因此，十字也象徵著塔羅本身，十字的四臂是四個牌組，而中心則是大阿卡納。

　　就占卜而言，十字的象徵可以展現一個人的本質——或內在的本體——可以如何與他在世間的行事方式相結合。有個占卜的實例值得在此一提，將有助於理解「交會的時間」的象徵意義。那次占卜是為一位不確定人生方向的男士所做的。一段長期的戀情正要結束，他選擇作為職業歌

手的事業也尚未成形。牌陣以「女祭司」開始，被「教皇」所交叉。「女祭司」有時又被稱為「女教皇」，現在「女教皇」遇上了「男教皇」，乍看之下代表著互相衝突的價值觀。「女祭司」代表本能、奧祕與靜止，而「教皇」，作為指導人們該如何過活的教義宣揚者，則代表正統、有計畫的行為，以及明晰的思考。因此，這兩者似乎象徵著彼此矛盾的生命取向。然而，我越是細看這兩張牌，看著它們的宗教意象，我越是想到「聯結」而非「對立」。這兩張牌彷彿幾乎是在為因應生活的方式開處方。「女祭司」指出，此人內心擁有長於直覺與領悟的特質，它或許永遠不會完全浮現，但卻能為他的生命賦予實質。另一方面，「教皇」則顯示，在日常生活中，他需要一套更為理性的行動計畫；需要去組織規劃，並做出明確的決定，以成就他所想要的。但是這些計畫和實際的步驟，如果能以他自身的本能與內在覺知、而非社會所接受的合宜目標及行為的概念作為後盾，將會運作得最好。正當我試圖解釋這些特質如何能夠彼此互補，這人插口進來，透露他一向將它們視為對立，在其間來回擺盪，先是順隨自己的渴望，或是直接陷入消極中，然後又擺盪到另一端，轉往方向明確的正統行為，像是找一份負責的中產階級工作，而非追求歌唱事業。在這次占卜中，我工作的一部分，變成對他說明這些特質可以如何共同運作。

「基礎」BASIS

在小十字之後，占卜者將下一張牌置於「中心」牌的正下方。這個位置代表此次占卜的「基礎」——某種情境或事件，通常發生在過去，但也並非絕對，致使造就目前的狀況。由於過去往往塑造了現在的我們，這張牌有時可以解釋所有其他的牌，並將它們串連起來。在一次令人印象深刻的占卜中，一位女士前來占算她與丈夫之間的難題，「皇帝」牌出現在

「基礎」位，指出她與父親的關係仍然支配著她無意識的性心理，並妨礙她解決目前的問題。

通常「基礎牌」並不會顯示如此廣闊的主題，而往往是指出一個先前的情境，尤其是當它與前兩張牌的數字或牌組有某種關連時。請思考這三張牌：「魔法師」被「聖杯五」所交叉，而其下是「寶劍五」（見圖八十二）。「魔法師」，作為此人的本體，顯現一個具有高度創造力與動能的強大人格。然而，那張「聖杯五」卻指出，此人的心思目前正被某種損失所佔據，致使那強大的人格被壓抑住了。就畫面而言，「魔法師」那華美燦爛的紅白色法袍，被黑色的斗篷遮蓋住了。不過，「寶劍五」則顯示，這份失落是以一場痛苦而恥辱的挫敗開始的。就是這場挫敗，令「魔法師」的火焰黯淡下來。但是從「寶劍」向「聖杯」的移動，顯示復原的過程已經展開。此人可以開始將這個情境視為一種遺憾，而非羞恥。讓這種轉變成為可能的，是「魔法師」的特質，目前雖然被隱藏住，但仍在此人生命中活動著。

「不久的過去」RECENT PAST

小十字左方的那張牌稱為「不久的過去」。這個名稱其實有點誤導，因為這個位置與「基礎牌」的差異，並不那麼著重在時序上，而是它們對當事人的衝擊。「不久的過去」是指影響當事人的事件或情境，不過其重要性已經消退或正在消退。它通常的確是指近期的事件，然而有時也會顯示久遠以前或十分重要的事件。在上面那位深受父親影響的女子的例子中，如果「皇帝」牌是出現在「不久的過去」而非「基礎牌」，它便是指這個障礙正在從她的生命中褪去，將不會在未來對她造成如此大的影響。

（圖八十二）

「可能的結果」 POSSIBLE OUTCOME

下一張牌是置於小十字的正上方。有人將這個位置稱為「可能的最佳結果」，不過，只消算過幾次牌就會知道這種樂觀標題的狹隘性。如果，舉例說，一張「寶劍九」出現在這兒，你便很難稱它為「最佳的」結果。因此，和其他許多人一樣，對這個位置我只是簡單地稱之為「可能的

結果」。由於「塞爾特十字」的最後一張牌被稱為「結果牌」，人們或許會覺得這兩個詞令人混淆。所謂「可能的」，我們首先是指此次占卜所呈現之影響力可能導致的一種較為一般性的傾向。在此時此刻它仍然是模糊的，也可能永遠不會真的發生。它只是意味此人正在往這個方向行進。

有時「可能的結果」與「結果」之間的關連是種因果關係。「可能的結果」或許是從「結果」而來。舉個簡單的例子，假設「結果」位出現了「五角星八」，而「可能的結果」則是「五角星三」。那張「八號牌」是指此人將會經歷一段辛勤工作與學習的時期，而「三號牌」則是指這份努力很可能產生期望中的好結果，即優異的技能與成功。

有時，相較於「結果」牌，「可能的結果」是指一種較為試探性的結局。這裡有個例子，是我在幾年前為一位正在謀職的女子所做的占卜。她想要知道獲得某個職位的機會，「結果」牌顯示出延遲與懸宕，但「可能的結果」卻顯示了成功。當這名女子前去探問，人力仲介告訴她，他們已經雇用了別人，但把她列入了候補名單。幾天後仲介打電話來，說那個「別人」改變了心意，現在他們要雇用她。「可能」變成了事實。

還有一種比較「可能結果」與「結果」的方式，尤其適用於這兩張牌彼此矛盾（而非如上例中那般彼此互補），或是兩者之間顯現某種直接的關係，像是屬於同一牌組或數字時。在這樣的情況下，我會將「可能的結果」解讀為某種可能發生、但卻不會發生的狀況。這時的任務就是去檢視其他的牌，找出為什麼是「結果」牌取而代之的原因。

假設「星星」出現在「可能的結果」，這顯示此人日後有可能變得非常自由，充滿希望，對生命開敞胸懷。再假設「惡魔」出現在真正的「結果」位，顯示此人受縛於一種壓迫性的情境。是哪兒出了錯呢？如果，舉例說，逆位的「寶劍九」出現在「基礎」位，這就給了我們一個線索，因

為它意味著此人內心懷有一種源自於過去的軟弱與恐懼的羞愧或恥辱感，而「寶劍九」所象徵的「禁錮」，阻礙了此人去實現「星星」的潛能。

這些例子將有助我們看見，一次塔羅占卜的真正意義並非來自特定的牌，而是它們共同組成的架構。

「不久的未來」NEAR FUTURE

塞爾特十字的最後一「臂」是落在中央小十字的右方。它的位置在「不久的過去」對面，名為「不久的未來」。這張牌顯示著某種情境，是當事人不久後必須面對的。它並不帶有「結果」牌般的「總結」性質，而是形成又一種影響力——在這兒是事件的影響。如果某個情境開始是某種樣貌，但結果卻非常不同，那麼其原因可能在於「不久的未來」帶入了某種新的情境或人物，改變了發展的方向。另一方面，如果「結果」牌在性質上與「不久的未來」非常不同，這可能是指那即將來臨的情境並沒有持久的作用。舉例而言，如果「不久的未來」是「權杖五」，而「結果」是「聖杯三」，這可能是指此人將會經歷一段與友人衝突的時期，但是這種衝突不會持久，最後會以更親密的關係與合作收場。這樣的資訊往往對當事人很有助益，藉由安慰他壞的情況不會持續而幫助他度過艱難的時刻。如果出現的是相反的狀況（亦即，從快樂的情況演變成糟糕的局面），占卜者只能期盼當事人能夠善用這份資訊。給人壞消息總是不比傳達好消息來得愉快。

在排好十字後，占卜者要排出最後的四張牌，在十字的右方由下往上排出「柱杖」。最後的模式是這樣的：

塞爾特十字牌陣

1. 中心
2. 交叉
3. 基礎
4. 不久的過去
5. 可能的結果
6. 不久的未來

7. 自我
8. 環境
9. 希望與恐懼
10. 結果

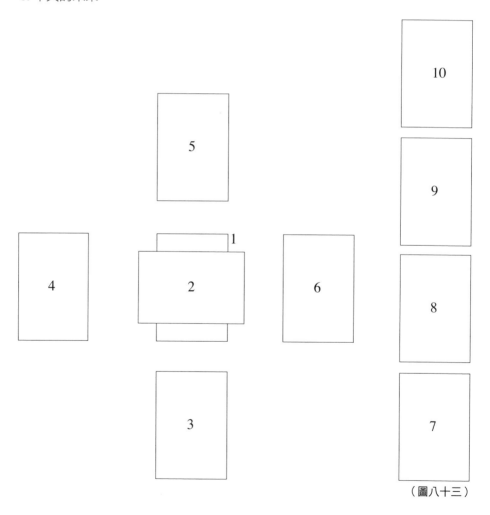

（圖八十三）

「自我」SELF

「柱杖」最下端的一張牌稱為「自我」牌，它並不是指問卜者整個人，而是他自身當中促成當前情境的某個面向。當事人展現了何種態度？他正在做些什麼，將會影響其他牌所描述的情境？假設，在一個以「聖杯二」為起點的牌陣中，「自我」位出現了「寶劍二」。這可能是指當事人感到難以敞開心胸，接受第一張牌所象徵的新關係。當事人緊繃、甚至懷有敵意的行為，將大大影響整體的情境，其結局將會顯示這種衝突的結果。

「環境」ENVIRONMENT

正如當事人會影響占卜的結果，他周遭的人及一般情境也會造成影響。我們將這第八張牌稱為「環境」牌，或是「他人」的影響。如果是一張宮廷牌出現在這個位置上，它通常是代表一個影響著問卜者的人。要不然，這張牌可能是指某個重要的人、或是某種較為一般性的情境所造成的影響。它往往會指出，這個環境是在促進或阻礙當事人正在行進的方向。舉例而言，在一次關於工作的占卜中，出現在「環境」位的逆位「權杖五」，將暗示著一種敵意、狡詐和背地陷害的競爭氣氛，使得工作極不愉快。

有時「環境」牌可能是指問卜者本人，而非他人。它顯示當事人是如何對其所處的環境做出回應。在我先前所做的一次占卜中，出現在「環境」位的「寶劍四」，顯示了當事人每當與周遭的人發生衝突就向後撤退的習慣。

「希望與恐懼」HOPES AND FEARS

在「環境」牌上方，是一個類似「自我」牌的位置，但卻有著更為鮮明的焦點。我們將這個位置稱為「希望與恐懼」，因為它顯示著當事人對未來的態度是如何影響著事件的發展。常常，這張牌在整個牌陣中幾乎佔有支配地位，尤其是當「結果」牌與「可能的結果」非常不同時，它指出「似乎可能發生的」終究不會發生。這張牌所展現的影響力，對當事人可能有益或有礙。假設某次占卜的主題是戀情，大多數的牌都傾向於成功，「可能的結果」出現了「聖杯二」。然而，「結果」牌卻是一張逆位的「戀人」，清楚地顯示了這段關係可能沒好收場。如果「希望與恐懼」牌是「寶劍三」，這就顯示了當事人對心碎的恐懼，妨礙了必要的情感投入。在其他時候，若是這個位置出現了一張十分正面的牌，像是「星星」或「權杖六」（兩者都意味著希望），則顯示此人的態度能夠創造成功。

有時這個位置，會與「基礎」位或「自我」位十分緊密地共同運作，由「基礎」牌解釋著當事人對未來態度的根源。舉例而言，如果逆位的「聖杯二」出現在「希望與恐懼」，而「基礎」牌則是逆位的「權杖八」，這便可能意味著嫉妒的背景，導致了一種十分負面的態度，有礙戀情的持續。

請留意在上例中，逆位的「聖杯二」可能是一種恐懼，但也可能是種希望。我們將這個位置稱為「希望**與**恐懼」，而非較常用的「希望**或**恐懼」。這種措辭反映出這兩者時常是一體兩面的事實（這一點原先是由我的一位心理治療師學生所指出的）。在工作上，人們往往會同時渴望並恐懼成功，而在戀情上，許多人會害怕他們所追求的愛情，或是半有意識地希望被拒絕。這種「希望」與「恐懼」的二元性，會在處理改變、或是從受限情境中掙脫出來的牌上，最為強烈地展現出來。

「死神」、「聖杯八」、逆位的「權杖二」，以及「權杖四」，全都處理著這種自由與改變的主題。此外還有逆位的「惡魔」、逆位的「寶劍八」，以及「星星」等。十分常見地，當這些圖像之一出現在「希望與恐懼」位，如果問卜者與牌師共同檢驗當事人對這張牌的態度，一種模稜矛盾就會浮現。禁錮比自由更有安全感。由於這種不愉快的成份——對愛（或成功）的恐懼，或是希望被拒絕（或失敗）——往往隱藏於表意識的渴望之外。發現這種矛盾，將有助於當事人致力創造他真正想要的。

在一次又一次的占卜中看見這種矛盾性，會教導牌師一些關於「制約」的基本事實。「潛意識」（亦即我們可稱之為「小我」較低層的受壓抑層面，詳見第357頁註釋）基本上是保守的，甚至反動的。它不僅會抗拒任何改變，無論是可喜或可厭的，而且偏好以處理過去類似情境的同樣方式，去處理所有的情境。對許多人而言，每個新朋友或新戀人都變成重複「爹地與媽咪」故事的舞台。我們以孩提時學會的處理問題的方式，面對每個新的問題或任務，無論我們能否成功地因應問題——這比起有著固定模式可依循所帶來的安全感，反倒沒那麼重要了。「潛意識」對安全感的重視，優先於其他的考量。而安全感是來自於重複。

且說，這種重複過去模式的隱藏機制有著內建的生存價值。當新問題發生時，我們能夠處理它們，因為「潛意識」會自動將它們與先前的問題相比較，然後套入現成的反應。除非一個人想要展開一種自我創造的刻意修持（如大阿卡納所概述的），這種體制會運作得相當不錯，或許也不該被干擾。然而，如果一個人發現戀情一段接一段地淪為嫉妒與怨恨，或是工作一個接一個地砸鍋，那麼他或許應該檢驗「潛意識」堅持讓新情境重複舊模式的情況。塔羅占卜可以是展開這種檢驗的方式之一，至少是個起步，它不僅強調過去的經驗，也著重我們真正盼望和恐懼些什麼。

「結果」OUTCOME

最後，是「結果」牌。這張牌匯整了所有其他的牌。此外，它權衡了所有的牌，顯示哪些影響力是最強的，而它們又如何共同創造出結果。有時這「結果」會是個事件。這時重要的問題成為，它是如何會發生，而不僅只是它是什麼。如果當事人覺得這個事件並不愉快，那麼他便可以審視其他的牌，找出是何種影響將情況推往這個方向，期待能夠有所改變。如果結果令人滿意，那麼類似的檢討將有助於增長這些原本已經很強的影響力，確使事件朝這個結果發展。

「塞爾特十字」，就像其他任何牌陣，包含了固定數目的牌。如果牌師和問卜者覺得牌陣的涵意模稜不明，他們可以不循固定模式地再翻開幾張牌，或是再做更進一步的占卜。若是多翻幾張牌，我通常限定自己不超過五張（有時也可以請問卜者選擇張數），儘管有時候，我們可以用初始的牌陣作為基礎，翻開整副牌中大部分的牌。通常，新手牌師會覺得隨機解牌較為困難，而避免這種做法。

有時我們可以針對第一次占卜中某張特定的牌，再做進一步的占卜，以獲得更多的資訊。我們可能對「不久的未來」位中所指涉的某個人有所疑問，在這種情況下，有些牌師會用這張牌作為「指示牌」，再做一次新的占卜。正如原始的「指示牌」有助於問卜者專注在自己身上，這張新的牌也能幫助他專注在這個特定的問題上。

占卜實例

A SAMPLE READING

在結束「塞爾特十字」之前，我想提出我在寫這本書的幾個月前所做的一次占卜，作為範例（我已徵得當事人同意，將它收入本書中）。

這次占卜是為一位女子做的，她剛剛通過了律師考試，不久前展開了一段新戀情，總地而言似乎對生活感到快樂與興奮。但是當我翻開牌陣，卻立刻接收到一種悲傷之感。信賴塔羅牌甚於我表意識的印象，我問她最近是否感到悲傷。令我訝異的是，她立刻給了肯定的答覆。

占出的牌陣如下：這位女子選擇了「五角星王后」作為「指示牌」。頭兩張牌是「權杖三」，被「聖杯騎士」所交叉。「基礎」牌是「死神」，「不久的過去」是「寶劍九」，「可能的結果」是逆位的「寶劍五」，而「不久的未來」是逆位的「世界」。「自我」牌是逆位的「聖杯六」，「環境」牌是「聖杯三」，「希望與恐懼」是「塔」，而「結果」牌則是「隱士」（見圖八十四）。

我一開頭為這位女子做了一段一般性的解說。她正在經歷一段過渡時期，許多舊有的模式正在褪去，其結果既令人振奮，同時也讓人害怕。那份悲傷的感覺，來自於她瞭解到她失去了什麼，同時也來自她已經長大、與童年切斷聯繫的事實。這種狀況並不會很快消解——甚至有每況愈下的可能，尤其若是她因顯示停滯的「不久的未來」而心生畏怯，進入一種非常負面的心態。不過，她周遭的人給了她許多支持，儘管最終她必須自己解決問題。

這一切，當然，都很籠統。接下來，我們逐一檢視這些牌。「覆蓋」（中心）牌，「權杖三」，首先指出她目前的成就——不僅從法學院畢

業，而且獲得第一名。因為當我們討論她先前的狀況時，她告訴我，在她進入法學院之前，她從未認真看待過自己的生活或能力。現在她達到了一個位置，不僅知道了自己的力量和智能，而她第一次嘗試便通過律師考試的成就，更為她未來的工作紮下了堅實的基礎。即使在我們討論到這些事實之前，它們的意義便已透過「權杖三」的圖像顯露了出來：那男子站在山巔，派遣他的船隊去探索新的國度。

但是「權杖三」還帶有另一種涵義，對此次占卜是十分適切的。它暗示著當一個人檢視自己的回憶時，所抱持的一種沈思的態度。事實上，這種對過去生命的審視，正是來自於這種成就感。她所成就的事物，令她覺知到舊日的生命是如何結束了。與此同時，那些向未知水域出發的船隻，也象徵著她的處境，不知下一步要做什麼，甚至她的生命未來將成為何種樣貌。

這種成就與探索的意象，除了指涉她的事業，也關係著她生活中的其他事物。她最近開始接受心理治療，還參加了一個叫做「療癒圈」的支持團體。這兩種活動都助長了這種更新與未知的感覺，因為當它們給予她對自己的信心與信任之外，同時也使得她更不容易去攀附過去的模式。

現在，「聖杯騎士」交叉在「權杖三」上方，而在這裡，這第二張牌顯得很像是第一張牌的結果。由於「聖杯騎士」意味著專注於自我，意味著向內省視，這兩張牌共同訴說著，在這女子生命的中心，此時此刻她正在思索過去，思考她人生的經歷，並且瞻望未來。但是「聖杯騎士」是所有「騎士」牌中最無涉於行動的——思量到實際的步驟，她發現自己十分躊躇。

小十字下方，「死神」出現了——第一張大阿卡納牌。「死神」強調著看見過去消逝的經驗。終其一生，這位女子都維持著某些模式：某些因

「塞爾特十字」範例

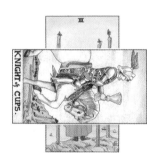

（圖八十四）

應世界、他人，以及自己的方式。現在，由於她的成就，這些舊有的模式不再適用了。幾乎毫無預警地，她發現自己與這些安全的模式斷離了，對於如何面對未來，卻沒有什麼概念。更多關於這些模式的資訊，在我們思考「自我」和「結果」牌時將變得益發清晰，但在這兒，重要的是看見舊日種種，無論它採取了何種面貌，都已經逝去。

請留意「聖杯騎士」與「死神」牌的相似性。由於那張大阿卡納是在「基礎」位——過去——而小阿卡納是在現在，我們可以將這位「騎士」視為從「死神」之原型出發的一種實際面的發展。也就是說，在底層，她正經歷著舊日生活的失落，但在表面上，她對接下來該做什麼感到缺乏信心——在實務及情感上皆然。

接下來的這張「不久的過去」直接來自於「基礎」牌。它展現了這兩個位置，可以如何存在於幾乎相同的時間框架中。換言之，並不是「基礎」牌先發生，然後過渡到「不久的過去」，而是，如同小十字般，「不久的過去」是衍生自「基礎」牌所顯示的一般性模式。且說，「寶劍九」意味著悲傷，哀痛。有時它也象徵哀悼亡者。在這個案例中，我們可以將「哀悼」想成一種隱喻。她所哀悼的人是她自己，因為我們已經在「基礎」牌中看見，某個東西「死去」了。那「某個東西」並非有害，它只是失去了意義。然而，她的人生已經越過這一階段的事實，並不能阻止她想念那種安全舒適的應對世界的方式。這張牌其實也並不暗示，她之所以思念舊日的自我，是因為她恐懼生命。這兒的悲傷是更為發自真心的，而且事實上，它與我在占卜之前所見到的喜悅和興奮，是同樣真實且同時並存的。

開頭四張牌著重於她的內心世界；接下來的兩張牌，則顯現了塔羅指出趨勢與事件、尤其是提出預警的能力。首先是「可能的結果」。逆位的「寶劍五」意味著挫敗，招致羞慚與恥辱。它在這兒的出現，顯示儘

管這女子所成就的一切，她的努力仍可能化為烏有。且說，有時「結果」牌會明顯牴觸「可能的結果」，顯示由於某種原因，此種可能性將不會成真。在此處，這種關係較為微妙。「隱士」牌是一個很好的指示，她將不會失去她已獲得的，但它也不保證任何事。它顯示她正朝著一個好的方向行進，但尚未抵達，至少在實際的層面上。因此「寶劍五」仍是一種可能性，而塔羅正在提醒她要盡其所能——善用朋友的支持，不要屈服於恐懼，尤其是在停滯期間——去避免這種結果。

　　逆位的「世界」意味著缺乏行動，不成功，無法整合事物。作為「不久的未來」，它顯示她的生活將會持續一段時間都不太穩定，在事業及其他方面都沒有太大進展。因此我們看見，當她的新自我無法獲致實際的成果時，被預示為可能的挫敗或許就會成真。塔羅預先警告她會有這段停滯期，這將有助於她度過低潮，而知道這只是「不久的未來」，而非最終的「結果」，也會對她有所助益。

　　「十字」之後，是「柱杖」。這四張牌中的第一張，逆位的「聖杯六」，落在「自我」位。而在這裡，對於「死去」的是什麼，我們找到了更為清楚的指示。這張牌，當正位時，顯現一個小孩在花園中，一個較大的人物正在給她禮物。它暗示著庇護、安全感，小孩的父母照應他的一切需求。不過，在這兒，這張牌卻是逆位的。連同其他的牌，尤其是「死神」與「隱士」，這幅圖像暗示著她已經推翻了這種封閉的、受保護的生活方式。在討論這張牌時，我們越發清楚，事實上，在這女子一生大半的時間中，父母都把她當作他們的「小女孩」。她容許他們這麼做，因為這會給她安全感。即使到現在——如她對我說明的——她的父母，尤其是她父親，仍然無法接受她已經長大，必須自己做決定、自己擔風險的事實。而當然，她自己也對這種改變感到難以適應。進入法學院是第一步。在那

之前，她從未足夠認真地看待自己，去做任何重要的事。然而，學校仍是另一種「花園」——一種她不必做任何決定、只需依循為她安排好的嚴格模式的所在。當她參加律師考試的時刻來臨，她變得很恐慌，事實上，她還曾求助於治療師幫她渡過難關。治療發揮了作用，但也產生了其他的效果。它令她看見，她不再是個孩子，不能讓別人為她做決定。悲傷的感覺來自於這份失落。

下一張牌在某些方面是整個牌陣中最為重要的一張，也是最容易解讀的。這張落在「環境」位的「聖杯三」意味著來自朋友的強大支援，尤其是指那個「療癒圈」和治療師。它的重要性，在於它顯示了她能從這些人身上汲取許多不具批判性的支持，這在她可能陷入停滯期、從而遭遇挫敗時尤為重要。「聖杯三」所代表的支持，並不帶有任何施捨或自我犧牲的意味。這三名女子一起跳著舞。她周遭的人只是單純地陪伴她，分享她的經驗，並且也讓她支持他們，藉此給了她力量。請留意「聖杯三」與「聖杯六」的對比。在這兒，這些女人全都是平等的；這張牌並不帶有任何庇護或縱溺的意味。

這張「聖杯三」與「中心」位置的「權杖三」有著「水平的連結」（兩張數字相同的牌）。「權杖三」圖像中——堅定地立於山巔的身影——落實的影響力，部分源自於環境所提供的支持。儘管回顧過往人生，以及探索新的領域，本質上都是孤獨的活動，她卻能從周遭的人身上汲取勇氣。

在「希望與恐懼」位，出現了一張塔羅中較為令人害怕的牌——「塔」。它意味著毀滅，崩潰，痛苦的經驗。顯然，它代表著這名女子的恐懼，害怕她所成就的一切將會煙消雲散。這份恐懼很容易成為一種自我實現的預言，導致逆位的「寶劍五」——尤其是缺乏立即的成功來激勵

她、消除她的疑慮時。

這份被過度放大的恐懼可以溯源自「聖杯六」，以及它的傾覆。她或許放棄了一種童稚式的受庇護的心態，她或許是以興奮的期待來看待她的生活，但是一部分的她仍然想著：「我怎能這麼做？現在只有我獨自一個人了。我不再受到保護了。我得為自己做決定。」而從這裡，她的想法又會轉變成：「我不能這麼做。我不夠堅強，一切都會土崩瓦解了。」

當對抗或延宕出現，這份恐懼將接管局面，使情況看來像是預期中的崩潰。而那半有意識的想法這時會變成：「瞧？我就知道我做不到。我為什麼要將自己割離？」在占卜的過程中，我們討論到「塔」牌可能也同時代表一種「潛意識」的希望。「潛意識」是一種非常保守又非常愚昧的官能（註），如果它將某種情境視為安穩或安全的，便往往會拒絕接受失去它。儘管「自我」知道，甚至是有意識地，它永遠無法回到父母的庇護之下。「潛意識」不接受現實。它可以輕易說服自己，眼前計畫的挫敗將會讓它返回安全的境地。

覺知到這種隱匿的心態，對於克服它大有助益，因為「潛意識」極度依賴「藏匿」。我們都曾懷藏某種祕密的焦慮，卻發現當我們把它說出口，這個念頭純然的愚昧，就把它逐出我們的腦海了。想想這類的經驗，

註：不要把「潛意識」與「無意識」搞混了，後者的特質包括了勇氣與真知。許多人把這兩者當成同義詞來使用，造成了許許多多的混淆。在這兒，我用「潛意識」這個詞代表當表意識心靈處理生活的外在現實時，所壓抑的一切——慾望、焦慮、恐懼、期望等等。「無意識」則意味著基本的生命能，那超越個人小我的存在領域。「潛意識」儘管有著潛藏的特質，實際上乃是小我的一種延伸。在某種意義上，它體現著小我的絕對轄區，那個它不與現實做任何妥協的領域。由於「潛意識」完全不顧及後果，它會讓你走到卡車前面，以規避不愉快的談話。另一方面，「無意識」則讓我們與超越個人自我的偉大生命浪潮相結合，藉以平衡我們，支持我們。大阿卡納中的「愚人」，便給了我們一種象徵這份重要連結的強大意象。

我們就能看出這一點。塔羅占卜可以藉由找出這份隱藏的訊息，並顯示它可能的結果——在這個案例中，即是「寶劍五」——而發揮這種功能。

「結果」牌是「隱士」。關於這張牌，我們首先要觀察的，是它並未顯示成功或失敗。相對於「權杖三」或「寶劍五」，它並沒有指出可能的實際發展。代之的是，它指向了這女子本身的特質，這將繼而展現她面對新處境的方式。

「隱士」最明顯的意義源自於它的名稱和基本的意象。它顯示此人將獨自面對生活。這並不意味著她失去或否定了來自周遭環境的支持，如果要說的話，它倒指出了儘可能汲取這份支持的必要。因為「隱士」意味著，無論別人能夠給她多大的幫助，她仍得獨自做決定。就像「權杖三」牌上的人物，「隱士」獨自佇立在山巔。

然而，「隱士」的孤獨，並不是為孤獨而孤獨。在大阿卡納中，它象徵著將意識從外在世界及事件中抽離的行動，以思考生命的意義。而當然，此意義的概念十分切合這次的占卜。以「隱士」作為「結果」牌，意味著這種種恐懼、耽擱，以及可能的挫敗其實都沒那麼重要——一旦這女子接受了她的處境。事實上，「隱士」直接象徵著心理治療。

同時，這張「隱士」牌也暗示著她將會成功地與生命和解。在它最為「原型」的面向中，「隱士」牌意味著智慧，透過抽離與內省所獲得的對靈魂的真知。「隱士」的山，如同「愚人」的樹，都象徵著「表意識」心靈與「無意識」智慧及生命能的連結。

因此，作為「結果」牌，「隱士」指出她將會理解並接受她對自身生命——半無意識地——所做出的改變。山嶺的象徵將這最後一張牌連結上了第一張——「權杖三」。這個連結繼而暗示了情感面與實際面的成功。

最後，「隱士」也象徵成熟。透過它的覺知，它延續了在逆位「聖杯

六」中展開的過程——顛覆童稚式的依賴。它對她顯示，當這女子克服了猶豫和恐懼，這情境將會自動化解。就長遠而言，「隱士」的山巔根本不是代表孤立，而純粹是代表這女子才剛剛開始體驗的一種特質——自恃自足，對自己的能力與判斷力的信心。

由於這張「結果」牌顯示的是一種演變的過程，而非結局，我決定再翻開一張牌，以獲得對事件最終的可能結果的指示。那張牌是另一張「三」號牌，「五角星三」。作為一張象徵成就與精通的牌，它顯示了在「不久的未來」中被延遲的長期的成功。

「工作循環」牌陣
THE WORK CYCLE

儘管威力強大，「塞爾特十字」牌陣主要仍是一種描述性的工具，對我們示現圍繞著某種情境的不同影響力。雖然它常常暗示某種行動的方針（「採取謹慎的態度，在你做任何事之前要先安排好每一件事」，或是「跟那個人不會有搞頭，如果放手讓他走，你會重新找到自我」），人們有時還是會發現自己困擾於這個問題：「我該怎麼做？」雖說塔羅並不常給出那麼具體的建議，像是「去學陶藝」或「去拜訪祖母」，它卻可能指出哪種行動或態度是一個人當時需要的，而把明確的細節留給他自己決定。舉個簡單的例子，「五角星八」可能是建議一個人「繼續進行你手邊的工作。它會花費時間，但最終會帶來好結果。」

在做完「塞爾特十字」占卜之後，有時人們還會想問一些其他的、更為幽微的問題：要是我依循一組不同的影響力，那會怎樣？要是我對未

來不採取這種態度，或是去探究另一件往事，又會如何？那會如何改變結果？換句話說，我可能做出何種改變？

　　為了強調「建議」的可能性，我設計了一種新的牌陣。這種牌陣一部分是以「塞爾特十字」為基礎，一部分則是以我自己對大阿卡納的排列配置為藍本。它有以下三點創新：首先，它的整個觀點傾向於建議，而非描述。其次，它是開放性的；在牌師解完最後一張牌後，他還可以翻開更多的牌，至多可達原本數量的十倍。當然對於任何牌陣你都可以這麼做，但卻不會是在特定的位置。而「工作循環」——這是我給這個牌陣的名稱——的結構，則容許占卜者重複、並一再重複原先的位置。其作用是讓占卜者能從不同的面向探究這個情境。

　　第三項創新是以組合的方式解牌。在許多牌陣中（當然不是全部；請見下文之「生命之樹」牌陣），都是將每張牌個別地解讀，儘管我們嘗試結合其意義，像是在「十字」中。然而在「工作循環」中，牌的位置原本就包含了組合的概念。讀者應該記得我對大阿卡納的詮釋：我將所有的大牌劃分為「愚人」加上每行七張牌的三個行列，每一行列展現一層不同的發展階段。讀者或許也還記得，每一行列又可進一步分為三部分。頭兩張牌代表這個行列的起點——此人在通過這一行列所展現的經驗時，必須運用的原型或特質。中間三張牌代表此一行列的基本工作——此人必須內化或克服的特質。最後兩張牌則顯示結果。如此，在第一行中，「魔法師」與「女祭司」代表生命的基本原型。「皇后」、「皇帝」和「教皇」則是當我們成長時，外在世界對我們展現的不同面向。「戀人」和「戰車」則象徵成功個人的發展。「工作循環」牌陣借用並改編了這種三部曲式的結構。

「工作循環」牌陣範例

A 內在（狀態）

B 外在（行動）

1 過去的經驗

2 期望

3, 4, 5 工作

6 結果

7 後續

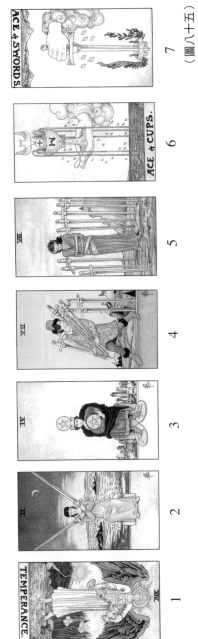

（圖八十五）

牌陣的佈局──位置與意義

占卜一開始，是以與「塞爾特十字」同樣的方式，選出一張「指示牌」，然後洗牌。同樣地，頭兩張牌形成一個小十字，解讀的方式也跟「塞爾特十字」差不多，或許較為強調「交叉牌」作為「中心牌」的一種結果或發展。

在小十字之後，占卜者一連翻開七張牌，排列在「指示牌」下方，而非環繞著它，令「指示牌」和小十字位在中央那張牌的正上方（見圖八十五）。

這一列牌構成了基本的循環，而此次占卜可以止於這九張牌。然而，如果解讀完這列牌後，占卜者和問卜者還希望獲得更多資訊，或者只是想探詢其他的可能性，牌師可以再翻開七張牌，排列在第一行下方，以此類推，直到牌意變得清晰。

在每一行中，頭兩張牌構成「起點」。它們具體的意義衍生自「塞爾特十字」，頭一張是「過去的經驗」，解讀的方式很類似「塞爾特」中的「基礎」牌。第二張是「期望」，是此人對未來的態度。在實務上，我們是以與「塞爾特十字」中的「希望與恐懼」大略相同的方式來解讀這張牌。這兩張牌合在一起，顯現了過往發生的事，以及此人的希望、恐懼，或者只是他相信將會發生什麼。

接下來的三張牌較為強烈地偏離了「塞爾特」的體系。它們顯現了我所謂的「工作」──此人可以運用或必須克服的情境、影響力或態度。在「塞爾特十字」中，牌的位置都是相當固定的模式。這樣就是這樣。而「工作」牌則指出了可能性，甚至機會。它著重於當事人是如何創造著這個情境──又能如何改變它。

當我剛開始使用這種形式的占卜時，我為這個區塊的每個位置都指派

了一種意義。中間那張代表「自我」，左邊那張是「他人」，而右邊那張則是「事件」。我很快就發現，與其將特定的意義指派給其中任何一張，不如單純地將它們視為這個人在此一情境中必須下功夫的特質，是一種可能性的組合，而一併加以詮釋。不過，我原先指定的三種意義仍然值得記在心中，因為在特定的占卜中，它們或許有助於點出某張牌的意義。

　　且讓我舉個例子，示範這三張牌是如何構成一個組合。假設有次占卜是關於全世界最愛問的問題：新戀情。一位女子遇見了心儀的人，但卻不知對方對她有何感覺，或是自己是否應該採取什麼行動。牌陣中的「工作」位置出現了「聖杯二」、逆位的「隱士」，以及「權杖五」（見圖八十六）。

　　現在，那張「聖杯二」顯然意味著對方也對她有意，就如同在「塞爾特十字」中一樣。但是在這兒，這張牌更進一步建議她向這位男士吐露情意。它同時也暗示，和這個人在一起將會令她獲益良多，而這段戀情，無論是長是短，將會對她的人生產生相當重大的影響。

 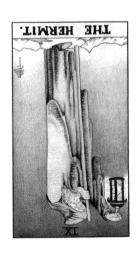 

（圖八十六）

「隱士」牌強化了這些概念。此處它倒立的位置並不是指不成熟，而是意味著現在不是保持孤獨的時候了。相反地，投入這段關係將令這女子獲益甚多。不過，「權杖五」卻暗示著此一情境包含著衝突。但由於這張牌是以正位出現，它並不是指某種當事人應該試圖去避免的痛苦，甚或是劇烈的混亂。實則，它顯示他們的爭執有種甦活的特質，有著振奮的作用，而非耗竭。而由於這張牌是出現在「工作」區位，它暗示著她應當運用這份透過衝突而釋放出的能量，而非試圖規避它。

「隱士」出現在另外兩張牌之間，或許意味著這位女子有一段時間過著與他人隔絕的生活，現在想要（或需要）返回世間。就一方面而言，她可以用這段新關係將她帶出自我的世界。另一方面，她會發現與他人打交道會帶來爭執和競爭，而她必須學習去接受並運用這些事物。

請留意這三張牌並不只是在顯示狀態，也指出了方向和潛力——要去下功夫的地方。現在讓我們來思考這次虛構的占卜之兩種可能的起始點，以及它們對這幾張「工作」牌的不同影響。首先，讓我們假設頭兩張牌是「聖杯五」和「聖杯三」，彼此以三只聖杯的意象連繫著。頭一張牌，作為「過去的經驗」，意味著某樣東西的失落——很可能是一段戀情的終結——而這也為「隱士」牌提供了背景。因此，「過去的經驗」告訴我們，「隱士」的階段是作為對某項事件的反應，但現在這女子已經可以放下它了。「聖杯三」則強化了投入新關係的概念。它顯示了一種非常樂觀的態度，這將可能帶領她度過未來發生的衝突。

然而，假設我們將起始點換成「寶劍」牌，尤其是「寶劍八」，後面跟著「寶劍四」。「寶劍八」是指一種受壓抑、孤立、困惑的經歷，而「寶劍四」則暗示，此種過往的情境令這女子傷痕累累，因為作為「期望」牌，它顯示一種從世間躲藏起來、避免與他人打交道的渴望。同時這

張「寶劍四」也代表一種恐懼——或是信念——她將會獨自度過一生，沒有人會闖入封閉的教堂喚醒她，帶她返回世間。

有著這樣一個起始點，這幾張「工作」牌將為此人指出一個重要的機會。它們告訴她，這份關係將能把她帶出孤獨的「隱士」狀態。重返紅塵的時候到了。而如果這次復出會帶來衝突與爭執，她也必須接受它們，甚至運用它們來讓她更熱烈地投入生活。

橫列中的最後兩個位置再次突顯了組合的概念。作為「結果」和「後續」牌，它們將「塞爾特十字」單用「結果」牌總結全局的方式推進了一步。「結果」牌是指事件可能的發展，而另一方面，「後續」牌則是當事人對這種發展的反應，或是它將會對此人的生活造成的影響。這種影響可能是某種經驗或態度。舉例而言，它可以是指因這「結果」而發生的一項事件或後續發展。如果是「聖杯五」後面跟著「聖杯八」，這會是說此人失去了某樣東西，或是某件事糟糕地收場，而由此緣故，這人決定離去，到某個新的地方，或是展開一個新的人生階段。

或者，「後續」牌也可能顯示「結果」在心理上的作用。一個經典的例子是「塔」牌後面跟著「星星」，意味在此人生命的一次劇變之後，隨之而來的是希望與能量的釋放。這個例子也說明了「不僅看見結果、也看到後續發展」的潛在重要性。如果占卜只到「塔」牌就結束了，而沒有呈現「星星」作為其後續，將會留給當事人一種絕望之感。

常常，第一行牌就會顯現一幅非常強烈的畫面，當事人將不再需要更多的資訊。然而，其他時候，這一行牌卻可能讓問卜者覺得有點兒困惑，或者只是想從另一個觀點來審視這個情況。若是這樣，牌師便可以再翻開七張牌，直接排在第一行下方。每個位置的意義還是一樣，而這七張牌也仍然聯繫著開展基本情境的初始小十字。然而，由於我們有了一個不同的

起始點，這一行牌將能讓我們以另一種方式來看待此一情境。

除了所獲得的新訊息外，這個方法也回答了一個許多人常常提出的關於塔羅占卜的問題：「如果我重算一次，就會出現不同的牌，那麼這些牌又怎能真有任何意義呢？」答案是，新出現的牌，將會從不同的角度來審視同一個情境。

十分常見的是，如果占卜者排出「塞爾特十字」，然後又重新洗牌，重新排過，許多同樣或類似的牌將會出現在第二次占卜中。在我為一對夫婦個別做的兩次占卜中（中間還隔著為另一個人的占卜），十張牌裡有六張是一樣的，其中那妻子的「環境」牌，就是丈夫的「指示」牌。「工作循環」牌陣，由於在設計上就防止了相同的牌的出現，往往更能展現出問題的不同面向。

有時第二行牌幾乎像鏡子般反映著第一行牌，這意味著這個情境是如此強烈地往此一方向前進，當事人不太容易去改變它。然而，其他時候，第二行的「結果／後續」牌將會顯示出一種明確的替代選項，那麼占卜者就必須仔細檢視起始點與「工作」牌。

占卜實例
A SAMPLE READING

有一回，我為一名女子做了一次占卜。她有個善妒的情人，理論上，雙方並不期待彼此只專一於對方，但這女子知道，如果她有了別人——而這個別人已經出現了——她的情人將會很苦惱。她想知道該怎麼做，於是我們進行了一次「工作循環」（見圖八十七 a，b）。

「工作循環」占卜範例

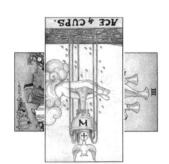

（圖八十七 a）

占卜 367

在開始占卜之前，我告訴這女子，在這種情況下「聖杯三」通常會出現，如果是正位，表示進展順利，若是逆位則否。牌陣一開始就是逆位的「聖杯三」，而「聖杯王牌」交叉其上。這種組合顯示，儘管有著猜忌和爭執，這個情況給了她許多快樂，只要她能好好處理。第一行牌十分正面地以「五角星王牌」展開，是為「過去」牌，而「太陽」則是對未來極為樂觀的「期望」。且說，「五角星王牌」除了顯示幸福和享樂之外，也帶有安全的意味，暗示某種受到保護而封閉的情境。有一段時間，這女子和她的情人很少跟旁人打交道，在兩人周圍建構起一座嚴密的情感「花園」，如同「五角星王牌」的象徵意象所顯現的（事實上，他們住在威爾斯鄉間一棟偏遠的小屋中）。

「太陽」牌顯示一個小孩騎馬奔出花園。現在這女子希望破園而出，探索更廣闊的經驗。而由於代表過去的「五角星王牌」現在已經轉變為「聖杯王牌」——至少是一種可能性，這幾張牌顯示她已經開始釋放自我，不顧安全感地傾瀉她的感情。

「工作」位似乎更進一步地暗示著自由。「星星」、「塔」和「世界」全都是最後一行的大阿卡納牌，首先展現著此一情境的力量。中央的「塔」牌象徵著牽涉其間的狂暴爭鬥和強烈迫人的情緒。它也暗示著她的穩定關係，會有被嫉妒與怨憤的雷電擊碎的危險。再說到「星星」，在這兒它並不特別是指「塔」牌之後的釋放（如果它位在這一行的終點則會是如此），實則，它是在告訴她，在這個艱難的情境中，她需要保持樂觀，並對自身的慾望和情感抱持極度的坦誠。而「世界」牌也指出了樂觀，暗示結合穩固關係與自由這兩種相對的目標仍是可能的。

然而，儘管有這種種正面的影響力，結尾的牌卻不是很光明。逆位的「寶劍八」後面跟著「惡魔」，暗示她將會試圖打破目前處境的侷限性。

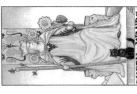

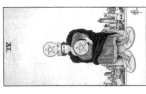

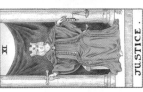

（圖八十七b）

「工作循環」占卜範例（續）

不過,「後續」牌卻顯示她可能無法成功脫身。「五角星王牌」快活而舒適的安全感,變成了「惡魔」般的壓迫,她與原來的情人都被困鎖在一種兩人其實都不想要的情境中。

為了尋求另一種觀點——也為了瞭解第一行中是哪裡出了差錯——我們又排出了第二行(見圖八十七 b)。

這一行開展得較為肅穆。「過去的經驗」出現了「寶劍七」,這指出她想打破生命侷限的半認真的嘗試。它也暗示著,先前她從未認真探究過這個問題,或是面對其中牽涉的真正難題。單只這張牌,就暗指出「惡魔」耀武揚威的原因——這女子從未試圖找出她必須如何做,從未面對她的情人或是兩人之間的問題。

第二張牌將這個概念做了更進一步的延伸。「正義」牌不只顯示一種希望,期待每個人都能「公平」,而非專橫或自私,它更展現著一種渴望,想要看清每一件事,並面對關於她自身的真相——**她**對自己的生命做了些什麼,又是如何因應其他人的反應。比起「太陽」,「正義」是種更為嚴厲、且強硬得多的態度,它象徵著對實相的執著,致力為她自己創造一個真實的未來。請留意「太陽」牌呈現著一個自由自在的小孩,沒有任何責任——「正義」牌的反面。

這一行的「工作」區位——「聖杯九」、「五角星四」,以及逆位的「命運之輪」——承續了這個務實的主題。「聖杯九」顯示了一種在情緒壓力與輕鬆享受之間取得平衡的需求。另一端的逆位「命運之輪」則指出她將能理清牽扯其中的一切幻象。它同時也顯示掌控局面的必要,拒絕容許事件的「巨輪」帶著她滾動到任何方向。於是「正義」就變成不僅只是一個希望,而是遠離消極被動及主觀偏執的首要方法。

在這三張居中的牌當中,「五角星四」是最有趣的,尤其是當它與

上方的「塔」牌相對照時。當那張大阿卡納顯示，她在每個人高張的情緒衝擊下粉碎飛散，這張「五角星四」卻顯示她在保護著自己。它指出儘管承受著來自兩個情人的壓力，她仍堅守著自身的需求，以及自己對當前情境的理解。它旁邊的兩張牌指出該如何做到這一點；首先是享受生活，並用這份樂趣讓自己堅強，其次是去理解到底發生了什麼，以及它為何會發生。右邊的逆位之「輪」指出一種必要——以及機會——去真正運用她對「正義」的期待，也就是說，努力去理解發生在她生命中這種種改變的真實意義。

在討論這兩個行列時，這女子說道，第一行在她看來像是她**應該**想要的，而第二行則是她真正想要的。她周遭的人成天高談著「自由」和沒有痛苦後果的開放關係，她感受到壓力，得去追求這種「太陽」式的行為。但事實上，她更關心「正義」，也就是真相。第二行的開頭比較嚴苛，也更實際，而其結果卻顯示了她所說的十分明智。「結果」牌是「權杖王后」，而「後續」則是「權杖六」。這張「王后」指出，藉由先講求「正義」，而非過度樂觀的「太陽」，這女子將會找到屬於她自己的一種力量與喜悅之感。她會變得更為獨立自主，而非倚賴外在的情境。從這兒出發，將會導向「權杖六」的自信與信念，這份樂觀，將能引領他人追隨她的腳步。

「生命之樹」牌陣
THE TREE OF LIFE

任何一次塔羅占卜都肇始於某個特定的時刻；透過描述各種影響力及

趨勢，它延伸到過去和未來。較短的牌陣往往只延展到足以闡明某個特定
情境的限度。當我們開始對牌有了更深的理解，我們或許可以尋求某種方
式來提供更為寬廣的圖像，示現一個人在世間的位置。「生命之樹」牌陣
需要使用一整副牌，它在範疇上類似占星命盤（但或許更聚焦於探討靈性
／心理層面），提供了這種更為完整的理解。

　　「生命之樹」的圖像源自於喀巴拉。我們可以在萊德牌的「五角星
十」中看見它，其型態如下：

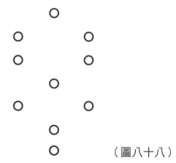

（圖八十八）

　　在以大阿卡納冥想時，我們主要是運用各個「薩弗洛斯」
（Sephiroth，那十個點位）之間的二十二條路徑或鏈結。在占卜時，我們
則是運用「薩弗洛斯」本身，將它們正統的名稱及蘊義加以改編，使它們
能被用來作為牌陣中的位置，類似「塞爾特十字」中的「基礎」、「自
我」等等，但有著寬廣得多的涵蓋範圍。喀巴拉的名稱和描述在本質上必
然是抽象的；它們包含著一種對宇宙之創生與結構的神祕描述，以及通往
對上帝之更精微知識的途徑。因此想要將這種強有力的意象用於占卜的塔
羅牌師，像是我自己，則選擇了較為世俗的意義來對應牌陣的位置。

「生命樹」的結構

　　在討論其意義之前，我們應該先簡要地看看「生命樹」的結構。「生

命樹」之中包含了兩種基本的模式，如下圖所示：

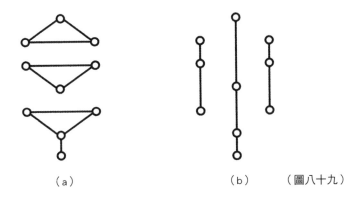

（a）　　　　　　　　　　　（b）　　　（圖八十九）

　　圖八十九（a）強調的是覺知的層次。最頂上的三角形最接近神，從祂那兒散發出原初的光點，創造出第一個「薩弗拉」（Sephirah，Sephiroth的單數形）。當這創造之光向下行經不同的三角形，它變得越來越稀薄，對某些人而言甚至變了質，直到來到最終那個單一的「薩弗拉」，它變成含藏在肉身與岩石與水的物質世界中。（這樣簡短的描述自然會大大扭曲喀巴拉的哲理，我在此處將之提出，只是為了對「生命之樹」占卜的背景略作說明。）

　　神光向下降臨的概念乃是以下述的方式運用在占卜中。由於我們希望去描述一個人的生命，我們將每個三角形視為此人的一個面向，使用一種類似大阿卡納三階層的三部曲系統。頂上的三角形係指此人靈性的存有，往上指向此人最高的潛能。中間的三角形往下指向顯化，代表此人因應外在世界、處理實際生活事務的方式。最底下的三角形又是向下指，但這次是進入自我的隱密領域。它代表「無意識」的驅力和想像的能量。我們也可以將這三個三角形理解為「超意識」、「意識」，和「無意識」。

　　最底下的位置不屬於任何三角形，它不似其他點位般代表某種個人的

特質，而是此人生活其間的外在世界。我們可以將它想成類似「塞爾特十字」中的「環境」位，但卻是在一種寬廣得多的層面上。

圖八十九（b）衍生自「兩極性」或「對立的力量」的概念。在喀巴拉中，「生命樹」的左右兩側象徵著上帝導引存有的方式。右邊的柱是「恩典」（Grace），傾向於擴展，其特質是擴張和開展。左邊的柱稱為「嚴厲」（Severity），則傾向於收縮，強調約束的特質。一個予，一個取，從而維持能量的守恆。但若是只有這兩種力量存在，宇宙便會激烈地左右搖擺，不斷地擴張和收縮。因此，中央的柱代表「協調」（Reconciliation），融匯並調和這兩種原則。請留意最後一個「薩弗拉」——象徵物質的存在——是落在中柱上。在物質世界中，各種原型的元素都融合為一種穩定的形式。

這種三柱的意象，以一種較不抽象的形式出現在韋特版的「女祭司」（以及其他好幾張）牌中。暗色的殿柱代表「嚴厲」，淺色的柱子是「恩典」，「女祭司」本身則行使著「協調」的功能，在完美的靜止中平衡著陰陽兩極。

正如在前述的三角形中，我們需要一種「實作的」版本；為了占卜的目的，對這「三柱」，我們也要有一套更為直接的詮釋。因此我們將一種重複的模式套用在每個三角形上。三角形左邊的點位傾向於該層次所產生的問題，右邊的位置描述正面方向的益處，中央的位置則描述該特質本身，對立的兩極在此融合為一。當我們探討個別的「薩弗洛斯」時，這種區別會變得更為清晰。

關於「生命樹」的結構，我想再提出一點。喀巴拉學者想像創造之光下降的路徑是「之」字形的，有時稱之為上帝的閃電，起始於第一個「薩弗拉」之上（因為上帝真正的本質始終是不可知且超越一切的），它的行

進路線是這樣的：

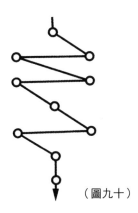

（圖九十）

在冥想時，我們主要是運用這幅圖像來幫助我們沿著各個「薩弗洛斯」前進，朝向我們在神祕狂喜中所體驗到的與上帝的合一。換句話說，透過冥想的修持，我們沿著那道電光逆向而行，彷彿是在將宇宙拆解開來，回溯到它的源頭。大阿卡納中擊中那座「塔」的閃電，便象徵著這道啟明之光。

另一種形式的冥想融混了儀式魔法，試圖隨著那道電光向下而行，或者說，將它召喚到施術者身上。這種將喀巴拉原則運用到魔法上的體系，稱為「實用喀巴拉」（Practical Kabbalah），它在很大程度上奠基於此一概念：正確的儀式和冥想，能將閃電之光——不僅是領悟，而且是強大的力量——接引到魔法師身上。施行此類祕術的人，會被警告不可為了個人的利益尋求這種力量，而只能將之用於服務人群。（魔法教本中這種對濫用法術的警告，有時會讓人聯想起色情書刊上的警語：「本資料僅供醫學用途」）。

牌陣的佈局

在占卜時，我們乃是以一種世俗得多的方式來應用這種閃電的型態，

以之作為排列牌陣的方式。要進行「生命之樹」占卜，牌師首先要像其他牌陣一般取出一張「指示牌」，將它擺在牌陣的最高處（顯然我們需要很大的空間來擺出七十八張牌）。當問卜者洗牌、切牌已畢，牌師就要取過牌來，開始依照下面的格式與順序，牌面朝下地擺出牌陣：

```
            1
    3               2
    5               4
            6
    8               7
            9
           10        （圖九十一）
```

　　「指示牌」自始至終都是牌面朝上，置於牌陣的頂端。當第一輪的十張牌排列完畢，牌師便在其上擺放第二輪的十張牌，如此繼續下去，直到每個位置上都有一疊七張牌。且說，取出「指示牌」會使整副牌剩下七十七張，也就是十一乘七。因此，現在牌師手上還會多出七張牌。許多喀巴拉學者談到過第十一個「無形的」薩弗拉，稱為「Daath」，或是「知識」。通常喀巴拉學者會把這個額外的「薩弗拉」擺在中柱上，在第一和第六個「薩弗洛斯」之間，也就是頂端與中央的三角之間。在塔羅占卜中，我們將這疊牌擺在旁邊，或是底下，在所有其他牌之後解讀它。我們並不將之與其他牌一樣依序排放、而是使用「剩餘的」七張牌的做法，強調了它的獨特性。這疊「Daath」牌並不屬於任何一般影響力的領域。有些牌師將之用來預示立即的未來。

　　當我剛開始使用「生命之樹」牌陣時，我將這疊「Daath」牌解讀為

一種總體性的評論，亦即適用於整個占卜的一份額外的訊息。後來我又發現了一種更為特定的意義：「轉化」。

在本書的第一部分，我曾描述過一種衍生自喀巴拉和現代量子力學的概念：任何變化都不是以逐漸演變的方式發生，而是從一種狀態跳躍到另一種。我們或許是以多年漸進的準備來引發改變，但實際的變化卻是一種越過某個深淵的跳躍。我們不再是某種東西，而變成了另一種。在此種轉化的時刻，有時我們能夠感受到那種潛藏於一切固定存有底層之本質的「空無」。有人將「Daath」描述為感知到這種混沌之真相的那個面向。也有人指出「Daath」透過其覺知與反思的特質，連結了「智慧」（薩弗拉2）和「理解」（薩弗拉3）。

將這些意義存於心中，我發現用「Daath」牌來描述某個人的轉變方式是饒富價值的。它與整個占卜密切相關，強調著此人在不同層面之間所做的連結。不同的「薩弗洛斯」／牌陣位置，往往顯示著明確有別的存在層面與狀態。「Daath」牌有助於我們看見人們是如何在這些層面之間移動。因此，我給它的名稱是「轉化」。

位置與意義
THE POSITIONS AND MEANINGS

那麼這些「薩弗洛斯」位置的意義是什麼呢？以下是我自己的列表，部分是以各家論述的建議為基礎。我將它提出來，作為一種可能的系統和指南。想要廣泛運用「生命之樹」的占卜者，將會嘗試設計自己的系統。

依循376頁的數字順序，牌陣位置的意義是：

1. KETHER／王冠——最高的靈性發展

這意味著此人最真實與最佳的特質，以及他到達這種層次的方式。「王冠」位未必總是會顯示非常正面或喜悅的特質。有些人是透過掙扎或悲傷而獲致他們最佳的發展。我記得在一次占卜中，「塔」牌佔據了「王冠」列正中央的位置，而隔著兩張牌則是「星星」。此人自覺很難以任何穩定的方式發展，而往往總是經歷緊張、爆發與釋放的循環。這個主題在整個牌陣的底端得到了呼應——「惡魔」牌出現在「Daath」列的中央。

2. HOKMAH／智慧

第二個「薩弗拉」，「Hokmah」或「智慧」，代表創造的智能，也就是此人朝向最高發展之目標行進的方式。通常它與「王冠」列息息相關，但強調著發展的過程，而非結果。舉例而言，如果「太陽」牌出現在「王冠」列，我們便會將它詮釋為喜悅和自由，因其自身而受到欣賞；而如果它是出現在「創造的智能」，我們便會將這些特質視為通往「王冠」所示現之結果的管道。如同第一列，「創造的智能」可能包括不愉快或棘手的牌，如果這是此人藉以成長的方式。

當這樣的牌出現時，重要的是不僅要考慮它們的功能——審視此人能如何創造性地運用它們——也需要考慮它們與同一列中其他牌的關係。例如，假設「權杖九」出現在「Hokmah」列。解牌者首先會強調這張牌所蘊含的力量與決心，而非僵硬死板。但假設「權杖四」也出現在這一列中，那麼這張「權杖九」就必須被解讀為一種防衛與開放的循環的一部分，兩者彼此輔助、互相反饋。

而由於這兩張牌是出現在「靈」三角（Spirit triangle）的第二列，我們對它們的理解將不僅是一再重複同樣經驗的循環，而是有如一個螺旋，

朝向「王冠」中示現的意象演進。

　　現在應該很明顯，「生命之樹」牌陣需要對塔羅牌及占卜有著豐富的經驗，才能妥為運用。占卜者不僅必須為每個位置解讀七張牌，還必須考慮每個位置與其他位置的關係。

3. BINAH／理解

　　完成這個三角的是「Binah」，理解。在喀巴拉中，「智慧」與「理解」的區別，主要是指涉靈魂思量上帝及其自身的方式。在占卜這種較為世俗的經驗中，我們可以將這個位置想成那些阻礙我們發展的經驗，或是悲傷和負擔。這裡的牌顯現此人的限制，而這時，較為正面的意象必須被調整，以符合這一列的意涵。同時它原始的標題，「理解」，則引領我們去思索這些限制如何能夠被克服。

　　中央的三角代表生活中較為尋常的面向，在這兒，我們先看兩邊的點位，再看中間。

4. HESED／慈悲

　　第四個「薩弗拉」代表世俗的獲益，這意味著此人一生中在工作、家庭、金錢、朋友等方面將會獲致的成就。通常這一列會強調成功的領域，而非失敗。它也可能指出世俗的利益對此人性格的影響方式。這三個三角形會構成一種模式，此一現象通常會隨著解牌的進展、而其間的聯繫似乎逐漸增強而變得越來越明顯。因此，這個「世俗獲益」的凡俗關懷，往往會反映著上方「創造驅力」的靈性覺知。而對「生命樹」上較低位置的理解，常常也會成為回溯並詮釋較高位置的關鍵。

5. GEVURAH／審判

在「世俗獲益」的對面，我們看見了「Gevurah」，或「審判」，代表著生命中的困難。這可能包括從金錢困擾到孤獨寂寞等任何狀況。在一次占卜中，這一列中的「寶劍王后」對我指出那位問卜的女子是個寡婦。

6. TIFERETH／美

三角形尖端的這個點代表「Tifereth」，「美」。占卜時，我用這個位置代表健康。用塔羅來診斷特定的健康問題可能會十分棘手，雖然也有人提出過這方面的建議——通常是將牌連結上占星相位，或是其他的系統。我發現較佳的做法，是從這一列牌中尋找較為整體性的概況，不只是看身體的狀況，同時也檢視情緒、心靈的健康。

有個建議：觀察哪種元素最佔優勢。「權杖」很強的話，通常此人一生中總體健康狀況良好，當然像「權杖十」或「九」這樣的牌，還有逆位的「權杖」牌，則可能相反。「聖杯」和「寶劍」傾向顯示此人的情緒和精神狀況，而「五角星」往往是指較弱的體質，或是照顧身體的必要。例如「五角星五」，便會是個明確的警告。若是大阿卡納佔優勢，則比較難以解讀，其意義需視出現了哪張牌而定。「力量」，當然，會是指整體健康良好；「節制」意味著可以藉由謹慎預防而避免疾患，而「惡魔」則可能顯示疾病，或是憂鬱妄想。有時一張單一的大阿卡納可能象徵某個已經，或將會出現在此人生命中的特殊狀況。這一列——以及整株「生命樹」——中的時間順序，始終是個困難的問題，尤其是對初學者而言。

第三個三角形探討的是「無意識」，尤其是「想像」與「性」的驅力。在本書的第一部分，我們討論過一個概念：「超意識」——靈性的能

量與覺知——是經過轉化並被意識到的「無意識」。因此，「生命之樹」往往會顯示頂上與底端兩個三角之間有著十分強烈的連繫，而中間的那層——也就是此人有意識的經驗——則構成兩者之間的鏈結。

先前我曾描述過，「潛意識」作為小我被壓抑的一面，與「無意識」——即此人的生命能——截然不同。這所有的三角形都沒有特別處理此種意義上的「潛意識」，這個隱藏的部分貫穿著整個牌陣，隨時都可能出現，展現問題、侵略性，或是未實現的慾望。遺憾的是，這個題目之浩大，使我無法舉出詳細的例子（我很抱歉縱容自己講出這樣的話，這很像是神祕學書籍中時常可見的隱晦暗示：「關於這個我只能說到這裡」）。在此我只指出，我們可以在一些表面的衝突上——例如，「寶劍二」作為一種障礙，出現在「創造驅力」列中——看見「潛意識」在運作。

7. NETZACH／永恆

第七個「薩弗拉」，「Netzach」，意思是「永恆」。它有另一個名稱：「勝利」。在這個體系中，我用它來代表「紀律」，即此人能夠將自身的想像力付諸運用的方式。此處的「紀律」，我並非指這個詞一般會令人聯想到的嚴格規則，而是指審慎刻意的訓練與導引，如同「五角星九」中那隻戴著頭罩的獵鷹所象徵的。在這樣的紀律之下，創造力會被增強、釋放，而非被削減或圈禁。因為這就是「無意識」的一種特質，我們越是去導引它，它便越能裨益我們的生活。這是大多數藝術家、以及嚴肅的神祕學修習者都知道的事。

大多數不曾刻意在「無意識」能量上下功夫的人，只是感覺它始終潛伏著。他們的生活似乎很平板，或者自覺毫無創造力。然而，對於某些人，「無意識」能量是如此地強大，它會自己破繭而出，帶來混亂，甚

至瘋狂。我記得曾為一位男士做過一次占卜（不是「生命之樹」），他在一連串強烈的（超自然）心靈經驗後，經歷了嚴重的精神崩潰。在那次占卜中，「五角星九」出現了，但還有「隱士」，指出他需要一位合適的老師，馴調這如此折磨人地爆發入他的生活的能量。「紀律」，在最佳的意義中，代表喚起「無意識」、並將之轉化為創造性能量的過程。

由於大多數人並不覺得被吸引，或被驅迫，去進行心靈或神祕學的修煉，我們通常會看見較為尋常的事物被反映在「紀律」中。它可能是藝術工作，但也並非必然。對某些人，「無意識」能量會表現在事業上，或是為親人創造一個溫暖的家。關於這個行列，重要的是它顯示了必要的訓練或工作，好讓此人能發揮其創造潛能。這一列中若是出現了代表受阻的牌，像是「寶劍八」，可能對整個牌陣都有著重大的意義，因為「無意識」能量的釋放，對我們生命的影響是如此之大。

8. HOD／回響

在這個三角的另一端，我們看見了「Hod」，或是「回響」。它的別名還包括「凱旋」，或「光輝」。這個位置在占卜上的名稱——「情與慾」——往往會令問卜者坐直了身子，傾耳聆聽。這個行列顯現此人的性驅力，以及這些慾望實際上的運作方式——簡言之，就是這個人要的是什麼，又會得到什麼。視個人而定，這一列牌可能也會對其他的位置提供關鍵的提示，雖然並不如我們可能預期得那麼常見。

請留意「情與慾」是出現在生命樹的「限制」端，而「紀律」則是出現在「擴展」端。此種結構反映出這個事實：我們的性驅力往往支配著我們，令我們去做平時避之唯恐不及的事，或是妨礙我們在其他的領域釋出潛能。另一方面，「紀律」則會運用我們的想像能量，朝著靈性轉化的方

向導引它。關於性愛的牌不一定會出現在「情與慾」，也可能出現在「紀律」位，暗示此人是通過愛來成長——以「戀人」牌中那對男女上方的天使所象徵的方式。對這些人而言，愛不僅是一種誘惑或陷溺，也是一種紀律。

我該補充的是，「情與慾」出現在「限制」端，並不一定是要我們將它解讀為一種問題。如果此處的牌顯示滿足與自由，那麼我們自然應當如是詮釋。

9. YESOD／基礎

第九個「薩弗拉」，「Yesod」或「基礎」，代表想像力，在許多方面它都是自我的真正基礎。大多數人都沒有經歷過自我創造的修煉，「無意識」從來沒有被意識到。對這些人而言，它仍然是人格的源頭和驅動力量。我們在作夢、幻想，和慾望這類的活動中——換言之，也就是我們一般說的想像力——都會瞥見這種能量。將「基礎」列稱為「想像」，我們指涉的其實不僅僅是這樣的表現形式。此處這個詞代表那份能量本身，蜷伏在有意識的人格底下，對外在世界閃爍著光芒。落在這一列的牌顯示著此人「無意識」的型態和基調。它們往往會十分直接地遙遙呼應著上方的「最高發展」行列。

10. MALKUTH／王國

在「想像」之後，是「Malkuth」，或「王國」，意味著此人周遭的「世界」。在這兒我們會看見外在的影響力、他人，以及個人和社會／政治的局面。通常，當然，這些外在力量的跡象在整個牌陣中都會不時出現。在一次占卜中，「皇帝」牌——代表那位問卜女子跋扈的丈夫——出

現在「健康」列的中央，也就是整株「生命樹」的正中央。然而，這最後一列牌卻強調著外在的作用力，也顯示了它們對當事人的影響。我們可以將之視為類似「塞爾特十字」的「環境」牌，但規模卻廣闊得多。

DAATH

　　終於我們來到了「Daath」。雖然我們在排出牌陣時，將它擺在「生命樹」之外，許多牌師還是會把它放置在「Malkuth」下方，排列出一株對稱的樹形，從而以圖形的方式展現所有位置底層的連結。

　　有時這些牌會清楚地指涉上面三個三角形之一所展現的某個特定的情境。通常我們不會像其他的位置那般，為「Daath」牌指派一種特定的功能。就像大阿卡納中的「愚人」，它在所有的位置之間移動，將事物結合在一起，協助籠統的模式在牌師和問卜者心中變得更為清晰。

　　整株「生命樹」的外觀，七十八張色彩鮮豔的紙牌，可以是種令人驚異的景象。有時我會拍下照片，留給我自己和問卜者。我會建議占卜者繪製一份「生命樹」的圖表，記下各個位置和每一張牌。將占卜過程錄音下來，對許多人也很有價值，日後可以重複播放，有助於消化如此大量的資訊。

　　如果牌師和問卜者展開一種定期占卜的計畫，那麼為「生命之樹」做筆記並錄音，可以令占卜更具效力。通常最好不要一開始就進行「生命之樹」，而可以先用一、兩種較小型的牌陣，對當事人的生命議題獲得一些概念。然後「生命之樹」將會為當事人提供一種全面性的概觀，在往後的占卜中，雙方都可以用它作為參考。

　　要進行這樣一種占卜，必須對塔羅牌、以及牌與牌間交織嚙合的方式

有著深刻的瞭解。當占星師解讀命盤時，通常可以事先建構好命盤，在對問命者解說之前先行思考它的方方面面。但是「生命之樹」，就像任何塔羅占卜，是在我們排出牌陣的同時直接解讀，效果最好。

也請記得，每個行列都包含七張牌。每個行列本身都是一個牌陣。有時這七張牌會以一組獨立經驗的面貌出現。但更常見地，它們會在此行列中形成一種模式。我們對它的理解可能是，例如，從左至右移動，幾乎像是一個故事；或者我們可能會聚焦於中央那張牌，作為一種支配性的主題，然後斟酌周圍的牌的位置，逐次加以解讀。我發現「對稱」往往是個重要的線索——第一和第七張牌往往彼此相關，還有第二和第六，以此類推。或者，右邊三張牌可能展現某種特性，而左邊三張則顯示另一種、或許是相對的特質。每個行列都有它自己的律動，自己的完美。

第十二章
如何運用塔羅占卜
HOW TO USE TAROT READINGS

　　塔羅占卜的價值，至少對問卜者而言，端視於此人事後依據它做了些什麼。對於那些出於好奇，或是當作遊戲來占牌的人，占卜或許就這樣與他們的人生擦肩而過，像是從觀眾席觀看的一場秀。但是這場秀關係著他們，而如果占卜有著任何真實的意義，他們將會希望讓它發揮某種實際的作用。

　　首先，牌師與問卜者必須理解這次占卜，才談得上運用它。因此占卜者必須培養解牌的技巧，而達此目的最佳的方式就是練習。當你剛起步時，不要以為馬上就能有深刻的理解；只要持續做下去。如果你無法看見事情是如何拼合在一起，或是對某張牌所有可能的詮釋感到困惑，不必擔心。一段時間後你就會發現，你會留意到初嘗試時可能悄悄溜過的訊息。

　　用功研習。不管是哪本書，只要是你覺得有價值的，學習其中描述的意義。然後開始製作你自己的塔羅書。找本好一點的筆記本，記下你對

每一張牌的描述、感覺，與體驗。你可以訴諸文字，也可以使用圖片、圖表，以及任何對你有意義的方式。將你所做過的占卜，以及你從中學習到什麼，記錄在同一本或另一本筆記中。如果某次占卜令你領悟到某張牌、某種牌的組合或是整副牌的新要點，把它也記下來。

　　不要將你已經學過的視為當然，以為你都知道了。我們每個人都帶有某些偏見，而隨著時間過去，我們往往會記得某些意義，而忘了其他。常常一張牌會不知所云，是因為我們堅持用某種出於習慣的死板方式去詮釋它，而另一種被遺忘的意義，卻能立刻撥雲見日。因此，即使你認為自己已將所有的牌熟習於心，也要三不五時回頭溫習你的書和筆記。你將會訝異於你「重新學習」了多少東西。

　　記筆記還有另一個目的。我們先前提過，塔羅占卜有助於我們獲致直覺與行動──也就是「女祭司」與「魔法師」──之間的平衡。記筆記是一種發展此種平衡的實際做法，因為它結合了你自己的感想，以及你從書本上學到的概念。如果你是那種信奉書本或老師的人，製作自己的塔羅書對你尤其重要。你是占牌的人，而在任何情況下，這些牌都是攤開在你的面前，而非其他任何人。欠缺對畫面做出直覺反應的能力，你將永遠無法在可能的詮釋中做出抉擇，更別提針對該次占卜發掘新的意義了。

　　人人都擁有直覺反應的能力，但是如同其他任何機能，這種感知能力需要訓練和開發。記筆記對此也有幫助。它除了能為你留下永久的記錄，以供日後查閱，記下筆記的這個行動，也會令你的概念更加堅實。當你寫下筆記時，新的想法會出現在你的腦海，你會發現這將大大擴展原始的概念。

　　你也可以花些時間在牌的圖像上，訓練這種直覺。細看它們，混合它們，以它們來說故事。最重要的是，忘掉它們「應該」是什麼意思。忘掉

象徵的意義，將注意力放在牌的顏色、形狀，及其本身的觸感和重量上。

隨著牌師的功力與時俱進，占卜也將變得更具價值。我們從任何占卜中獲得的主要是資訊，但是資訊可以分為很多種。對於那些能覺知到形塑我們一切生命的靈性潛流之人，塔羅可以對他們顯示這些潛流此刻正在形成何種特殊的樣貌。對於其他人，塔羅占卜或許會示現某個特定情境或決定所衍生的可能發展。尋找新工作，開展新戀情，繼續寫小說——這些全都是世俗的議題，看來似乎與大阿卡納的神祕蘊涵天差地遠。儘管如此，這些事物是大多數人在塔羅占卜中看見的；而事實上也是我們真正的發展方式，因為它們是我們投入人生的途徑。它們構成了從靈性潛流中升起的實相。塔羅占卜能幫助我們檢驗這樣的行為和決定所導致的結果。

那麼，塔羅占卜能為我們提供資訊。但要依據這份資訊採取行動，尤其是當它違反我們的心意時，仍然十分困難。

我們可以想出無數託辭，去否定塔羅占卜的有效性。在一種層面上，我們告訴自己：「這只不過是一疊紙牌。」但即使是那些不致如此輕易打發塔羅預言的人，也或許會想：「既然我知道了它這麼說，我可以想辦法讓事情不會變成這樣。」大約在我剛開始算塔羅時，有一次我占算了某件我想去做、但卻知道相當危險的事。塔羅牌指出了災難，並十分清楚地呈現了災難的樣貌。於是我告訴自己：「嗯，既然我看見了危險，我可以設法避免它。」我照自己的心意去做，然後，分毫不差地，情況演變成塔羅預測的樣子。沒學到教訓的我又算了一次牌，期待的不是真相，而是一些寬慰打氣的訊息。當時我在使用一本解說牌義的書，當我查閱「基礎」牌時，書上給了這樣的詮釋：「未能聽從忠告。」

依據塔羅占卜做決定的問題在於，我們永遠不知道若不如此情況會變成怎樣。假設有位大學生考慮輟學，而塔羅牌強烈地勸阻她。如果她聽從

占卜的指示，她將永遠不會知道若是她依循自己的心意，結果會是如何。當然，占卜的整個意義，就在於它會告訴她可能發生什麼，但是，她始終仍會納悶，假如這不是真的呢？一則預言，尤其是來自一副紙牌，永遠無法傳達與實際經驗同等的衝擊。光是好奇心就足以讓人做出災難性的舉動。

要克服好奇心與內心的渴望是需要勇氣的。若干年前，我曾讀到詩人艾倫‧金斯柏格（Allen Ginsberg）的故事。他和戀人想要生個小孩，於是進行了一次占卜，我忘了是用塔羅還是《易經》，得到了負面的預測。他們放棄了生孩子的想法。我不知道他們多麼想要小孩，但我記得當時很欽佩他們抗拒這份渴望的力量。我曾因塔羅牌預示了不愉快的結果，而沒去參加一場可能很有價值的研討會。我能夠承認塔羅所指出的真相，至少是我自己可能造成這種情境的部分。即使如此，我還是很想忽略這份訊息而依然前往。要阻止自己這麼做十分困難。

我們可以想出一些絕妙的藉口，來規避占卜中顯而易見的真相。如果我們對塔羅牌夠尊重，無法直接斥之為無稽，我們往往會尋找某些「謬誤」的圖像，來推翻整個占卜。這張「結果」牌似乎跟這整個情境完全不搭嘎？不去參照其他的牌來解讀它，我們反而將這整個牌陣一筆勾消。

有些塔羅書建議牌師不要為自己占牌，因為會欠缺客觀性。有很長一段時間，我會去找一位朋友為我占卜，而她則來找我，因為我們兩個都不信任自己會誠實解讀自己的牌。當我開始為自己占牌，我仍覺得很難克服各式各樣規避不愉快圖像的心理詭計。我最愛用的花招如下：我無法忽視我不喜歡的牌，也無法簡單地宣告它們是誇張或不實的。那樣似乎太明顯了。因此我會在整個牌陣中，尋找某張非常正面的圖像，像是「聖杯王牌」，然後對自己說：「嗯，這不可能是真的，這樣好的事不可能從這團

混亂中生出來。」然後我就會推翻這整個牌陣，理由是如果這一張牌不知所云，其他的牌也都不會靈光。我發現自己會玩的另一種花招是，非常不經意地洗牌、占牌，這樣如果有什麼壞牌出現，我便可以想：「嗯，這不能當真，我並沒有認真地占牌。」只有當我開始以對待任何其他人同樣的方式對待自己的占卜，仔細地洗牌，認真思考牌的圖像，試著找出某種行動（或不行動）的方向時，我才能夠為自己占卜。

占卜並不總會對一個問題提供「是或非」的清楚答案。它或許只是呈現錯綜複雜的趨勢和影響力。有時由於某種正在進行而無法輕易規避的事態，該次占卜並不涉及選擇。那麼特定的圖像和意義就會變得非常重要。塔羅能幫助我們找出該情境中的重要元素，那些需要特別下功夫的地方，以改變、或導致預測的結果。

人們或許會用這個想法，「既然我知道了，我可以想點辦法」來做為依從自己心意的藉口。儘管如此，這陳述仍然為真。或許我們有著十分悲觀的心態，或是誇大的恐懼，或是某種不合理的期待。承認這些，將有助於我們獲得更清晰的視野。或許我們過去的經驗影響著我們的行為，或是混淆了我們對未來的預期。有意識地覺知到這些，能讓我們踏上克服它的道路。又或許塔羅牌會讓我們看見某人心存妒嫉，或是懷恨在心；那麼我們便能採取行動，讓自己免於此人的影響。或者，如果牌上顯示著來自某人的愛與支持，我們便知道可以信賴此人。

這一切都需要某種反應來讓它們成真。我們不能期待自己得益於某人的友誼，如果我們不讓自己對它開敞。牌師應該儘可能試著對問卜者指出明確的步驟，以善加運用占得的訊息。如果牌師無法建議某種具體的做法，那麼他也應該指出當事人需要努力的領域。

最重要地，解牌者必須學習從牌陣中建構出一種連貫、一致的模式。

新手牌師往往熟習了所有的牌，並進展到能熟練地解讀每一張牌在特定位置的意義，到了最後，問卜者卻發現自己陷入一堆歧異論點的大雜燴中，對於這一切要如何拼湊在一起，並沒有清楚的概念。一位好的牌師能用幾句話總結整個牌陣在傳達什麼。通常我會在占卜一開頭和結束時試著這麼做，將最重要的重點銘印在問卜者心中。「環境」牌是種支持還是障礙？此人的「期望」會有幫助，還是有所危害？這樣的「結果」是否會帶來有價值的「後續」發展？問卜者需要這些問題被回答，不只是以其錯綜複雜的樣貌，同時也要儘可能化繁為簡。一件事如何從另一件中衍生出來？「過去」如何影響了「未來」？當事人如何促成了整體的情境？

在首尾連貫之外，牌師還需要提供正面的態度。光是描述事情的面貌還不夠，問卜者想要知道他該做什麼，又不該做什麼。如果牌上顯示某種好事，當事人仍然需要知道如何促使它發生。如果牌上預示了災難，牌師一定要據實相告，但同時也要告知當事人——如果有任何辦法——能做些什麼。是什麼導致了這種不愉快的「結果」？這些影響力可以被改變或規避嗎？當事人該如何化解、或至少緩衝它？可有任何元素顯示其他的可能性？我們可以期待因禍得福，從中衍生出任何好事嗎？

如果該「結果」是由某種特定的行動方向所引起，此人該揚棄它嗎？當我們為某個人進行塔羅占卜，我們便擔負起將此人導引上正面方向的責任。

在「該做這個不該做那個」的明確建議之外，可能的行動還有一個更為廣闊的領域，衍生自四個牌組彼此平衡的方式。在對每個牌組的介紹中，我們討論過它們各自的問題，以及如何「添加」其他牌組／元素的方式。在實務中，這種「添加」往往很難做到，因為它意味著打破牌陣本身所顯現的模式。不過，也正因為這個理由，當牌陣顯示此人若是固守既有

的元素，將會走進死胡同時，它仍值得一試。

　　帶入外在影響力最直接的方式就是簡單的建議。如果牌陣指出當事人需要「五角星」落實的影響力，便可建議他試著多做些身體活動，像是運動或園藝，或是多將注意力放在世俗的事務上，像是工作、學習，或是忙於家務。如果牌陣顯示當事人需要「聖杯」的水象特質，那麼牌師便可強調他的夢境與幻想，並可建議冥想或繪畫這類的活動。對於「權杖」的需求，可藉由在身體上變得更為活躍來滿足，以及與他人競賽，或是啟動新計畫。而對「寶劍」的需求則需要一種清醒的、經過深思熟慮的態度來因應此人的處境。關於這些建議，重要的是它們延伸到了占卜的範疇之外。它們處理著牌陣中出現和沒出現的牌。因此，新手牌師應該審慎使用這種方法，務必避免自以為擁有超出實際的知識和掌控。

冥想
MEDITATION

　　到目前為止，我們已經探討過如何對占卜所得的訊息，做出實際的反應。但是塔羅占卜並非描述它的文字，而是一系列的畫面。對於某次占卜最直接的回應，有賴於在圖像本身下功夫。對於熟悉塔羅牌、或是有若干冥想經驗的人，直接與圖像互動是可能的，並有助於引發與該張牌相關的效果。此種程序並無模糊或神祕之處。它需要專注和直覺的感受力，而它也並非是要取代實際的行動。相反地，它有助於使這些步驟更加易於入手。如果「力量」牌出現在某次占卜中，作為我們在生活中需要的特質，為什麼不讓這張牌來幫助我們獲得它呢？

在實際的冥想之外，我也時常建議人們隨身攜帶某張牌，試著對它的存在保持覺知，不時取出細看，思考它的意義。持續的覺知也有助於令整個占卜維持在焦點中。

冥想也有助於引入牌陣之外的新的影響力。假如「星星」牌並未出現在牌陣中，但是作為牌師，我們認為它**應該**出現。換句話說，在我們看來，「星星」的原型正象徵著此人需要的特質。於是，我們可以讓問卜者觀看這張牌，並討論與它相關的概念。然而，若是能讓此人親身體驗這張牌，將會更有價值。

簡單地說，以塔羅冥想的方式如下：首先我們引導此人進入一種冥想的狀態；幫助他放鬆，深呼吸，釋放一切堆積在意識中的思緒和緊張。當問卜者達到這種狀態（稍有經驗後，我們便能感知得到），我們便開始給他暗示，引領他進入這張牌。這些暗示可能是對這張牌的描述，以設定場景（例如，對「皇后」牌，「你正在一座繁花盛開的花園中，一條小河從旁流過。有個女人斜靠在躺椅上……」），或是更簡單地，提示像是太陽、水、風等屬於這張牌之原型特質的意象。

通常這些開場的暗示越簡單越好。如果是去描述這張牌，我們不應試圖納入所有的細節。讓問卜者自己創造實際的印象。我們的功能只是導引者，引領他向前。有些人會用另一種方法，通常稱為「路徑導引」（path-working），因為他們用它來沿著「生命之樹」的路徑移動。在這種法門中，導引者幾乎從頭到尾都在講話，確使冥想者體驗到某些特定的意象。

我們可以讓冥想的經驗維持在這種基本的層面，也可以更進一步地推展下去。我們可以給予更複雜的暗示，並開始問問題——「你看見了什麼？」、「那個人在做什麼？」、「你可以聽見任何聲音嗎？」——好讓冥想者開始超越我們的指引，延展他的幻想。有時這種冥想將會讓此人以

一種新的方式體驗原型的元素。其他時候，它還可能更進一步，意象會自行轉化，從此人內心深處釋放出某種深刻的覺知。有好幾次，我帶領一班學生集體冥想，之後某個人會告訴我，這次冥想讓他化解了某種長久存在的問題，或是情緒的塊壘。當然，這樣的突破是來自於冥想者本人。他們已經準備好要超越目前的狀態，進入一種新的層次。他們已經準備好一段時間了，但是無法令自己跨越。冥想讓他們不知不覺地做到這點，直到它真正發生。

冥想也能幫助我們對某張特定的牌發展出更深刻、更為個人的體會。有一次，我為某位女士占算塔羅，她覺得「皇帝」這張牌嚴屬而遙遠，幾乎令人畏懼，當然也不吸引人。一開始我為她設定場景——一個狹窄的影像，旁邊是石礫的沙漠。接著場景開展成一片廣闊的平原，擠滿了「皇帝」的臣民。當我促請她描述這些人，她看見他們全都罩著頭巾——也就是沒有臉孔——俯伏著身軀，做著機械人般的工作。「皇帝」嚴峻的表情，讓人們不敢看他一眼。這些人就象徵著這個女子，和她對更深入探索這張牌的不情願。

接下來我要她做的正是這個——不僅要看著這個「皇帝」，還要向他走去。當她幻想中的自己依言而行，怪事發生了。那「皇帝」從一個專橫的暴君，變成了某種無害的玩偶，然後從他背後升起了一個巨大的鬼魂，或是精靈，美麗而和善。那女子的恐懼，和對「皇帝」所代表的社會結構的反感，轉變成一種對宇宙底層之靈性結構的感知。

這次經驗不僅使**那位女子**對「皇帝」牌的深層意義有了深刻得多的體會，對我也有同樣的作用。和她一起，我超越了「皇帝」代表社會的意象，領悟到這張牌更為奧祕的意義——象徵宇宙本身。每當我們引導他人進入冥想，我們自己便也參與其中。

然而，只有在我們自己累積了一些經驗後，我們才能引導別人進行這樣的練習。如果你剛開始嘗試冥想，你首先應該瞭解，你的經驗越多，冥想往往也進行得越好。如果你以前從未試過，可能你在第一次嘗試時就感受到強大的效果。不過更可能的是，你會覺得很難專注，或是因為努力坐著不動而腰酸背痛。繼續做下去，如果可能的話，找位老師上課，學習像是呼吸和姿勢等基本技巧。

　　我並不打算推薦任何特定的技法來讓你進入冥想狀態。關於這個主題有許多書籍和課程，而許多人也會發現他們必須試過幾種，才能找到最適合自己的方法。雖然這些冥想技法大都能夠稍加調整，而與塔羅結合，那些涉及觀想（相對於強調持咒或完全放空心思的）的法門將會最容易轉換。

　　不同的人會用不同的方式來將塔羅牌帶入他們的冥想。有些人一開始閉著眼睛，不去看牌，直到進入某種狀態；其他人則正相反。他們一開始便凝視著牌，直到與之達到某種合一狀態，然後才閉上眼睛，讓影像從那兒繼續開展。也有人伸直手臂拿著牌，然後慢慢拉近，移向太陽神經叢，將之帶入「氣場」。

　　無論你如何開始，我建議你運用這張牌所引發的意象和感受，而非你所學到的與之相關的象徵意義。讓畫面觸動你，容許你對它的反應浮出表面，然後讓它們飄離，以免阻礙任何更進一步的體驗。我有時發現這種方法很有用：凝視著牌，但目光不要聚焦，好讓象徵符號與形式消融，成為顏色和形狀。

　　其他時候，尤其是當引導他人冥想時，我會忽略掉實際的畫面，而暗示某種與之相關的場景。例如，對於「愚人」，我不去暗示那個穿著彩色服裝的特定人物，而會運用山頂和清朗陽光等較為簡單的意象。比較重

要的是讓冥想者，或是你自己，進入那個場景，而非一板一眼地依循那張牌。

動作或姿勢也有助於喚起某些牌的感覺。對於「魔法師」，你可以或坐或站，一手「指向天空」，另一手則指向大地。

有時冥想會僅止於對牌的某種覺知，或是發現關於牌、或關於你自己的新想法。也有時候，你會發現自己「進入」這張牌，亦即，發現自己置身於牌的畫面中，與其中的人物演出某種情境。這感覺可能會很逼真，讓你覺得自己整個人都身在**彼處**，而非**此處**。更可能的是，你對它的體驗會像是一場幻景般在你面前展開，你同時覺知到自己坐在地上，或是躺在床上。無論何者，要用文字描述這種強烈的經驗是很困難的。它們傳達著個人及原型的意義，因為當這些牌承載著蘊意至深的圖像，我們與這些意象的互動，卻是來自我們自身的需求與經驗。

許多人，像是鄔斯賓斯基（P. D. Ouspensky）和達戈斯蒂諾（Joseph D'Agostino），都曾試圖寫下自身的塔羅冥想經驗，作為某種範例或指導。在我看來，這些描述並不真能傳達塔羅牌甦活起來、或是冥想者變成牌的一部分的經驗。在這種時刻，每個人都會有不一樣的體驗。舉「力量」牌為例，你可能會發現自己和那頭獅子一同奔跑，或是被那位女子的花環所纏繞，或者你可能變成那位女子，或是獅子；甚至，就像有一次發生在我身上的，那女子會放獅子撲向你，撕你、咬你。

這裡還有一些建議。如果你沒有哪張特定的牌要以之冥想，你可以先做一次占卜，或者只是逐張瀏覽整副牌，直到某張牌攫住你的注意，吸引你進入它。然後將它放在面前，開始你常態的冥想。對畫面保持覺知，將你對這張牌的任何既有的想法放在一邊。眼睛或張或閉，以你覺得怎樣效果較佳而定；大多數人，至少在幻景開始後，比較偏好將眼睛閉上。試著

觀想、感受自己和牌中的人物和動物同處在那個地方。

　　如前所述，如果你是在導引別人進行冥想，你應該給他們暗示，讓他們進入牌的意象。若干實驗之後，你可能會發現，你也想在自己身上運用這類的暗示。對於「吊人」牌，我常用的意象是攀爬一棵大樹，在不同的高度暫停，看看腳下的大地和海洋，以及頭頂的天空和星星。或者你只想要一段對這張牌的描述，讓你能夠閉著眼睛聆聽。如果你想運用這樣的指引，你或許會發現，事先錄製錄音帶是很有用的，好讓你的表意識心靈無須分心去記憶接下來要進行什麼。試著分配時間，好讓你留下足夠的靜默空檔去反應。你可以在冥想錄音帶中加入一段開場的導引，指導自己放鬆，深呼吸，諸如此類。或者你也可以簡單地留下一段長長的空白。無論何種方式，大多數人偏好在一開始冥想時就播放錄音帶，讓指引自動播出，而無須去做有意識的決定。當然，你可以重複使用同一捲錄音帶，再為不同的牌做提示。或者你也可以錄製一捲通用的錄音帶，指引關於放鬆、與牌融合等步驟。

　　最重要的是，不要試圖指揮或控制將會浮現的東西。這點在導引別人或自己冥想時皆然。這其中有著微妙的分界。太少指引，冥想者的注意力可能會飄散；太多指引，就無法容許他的想像力創造自己的世界。和其他情況一樣，經驗是最好的嚮導。對自己和他人都一樣，試著不要去期待，也不要去恐懼你所經驗到的。大多數人不夠尊重自身的想像力。他們以為自己可以理解想像力呈現給他們的一切。如果他們突然看見妖怪的形象，或是惡魔，或死亡，他們會以為這意味著某種來自他們內心的可怕事物，某些他們不願面對的東西。但是想像力比這微妙得多。它是以自己的方式運作，依循它自己的規則。往往起初看似令人不安的東西，將會轉變成某種啟發靈感的訊息。榮格稱想像力為「無意識的器官」。如果你讓它主

導，它將會帶領你到表意識心靈想不到——也不敢去——的地方。

這一切對大阿卡納尤然，還有「門戶牌」。它們無言的「奇異」特質，引領我們遠遠超越與之相關的字面意義。與此同時，由於它們的確代表著某些特質，因而也能幫助我們獲致這些特質。如果說隨身攜帶一張牌有所助益，攜帶大阿卡納或「門戶牌」則效力更強。它們是強而有力的意象，有著各自獨特的作用。觀看「五角星九」，讓它滲入你的內心，便有助於**創造**紀律，正如同攜帶並觀看「五角星六」或「女祭司」牌，將幫助你把覺知聚焦於接受性的狀態。

創造「曼荼羅」
CREATING A "MANDALA"

到目前為止，我們已經討論過如何將單張牌的影響帶入我們的生活。但是一次占卜包含著許多張共同運作的牌。要讓某次占卜鮮活起來，我發現有種做法十分有價值：創造我所謂的「曼荼羅」——一個由好幾張牌構成的圖案。這個「曼荼羅」不僅可以包含出現在牌陣中的牌，也可以納入其他能夠支持占卜建議方向的牌。這種刻意加入其他牌的做法，再次擴展了「表意識」與「無意識」之間的平衡。占卜探入了「無意識」的知識領域，呈現出一幅當前情境的圖像。透過這個「曼荼羅」，以及刻意引進新的牌，我們便能延伸或轉化此一情境。

這裡有一個「曼荼羅」的範例，其中並不需要任何額外的牌。牌陣本身就提供了我們需要的所有圖像。下面的「工作循環」（圖九十二）是關於一位女性，她自覺孤立於周遭人群之外，雖然她有幾位顯然很不錯的朋

「工作循環」占卜範例

（圖九十二）

友。

　　「小十字」完美地描繪出此一情境：逆位的「五角星二」被「寶劍六」所交叉，顯現出她的核心情境——假裝享受生活和人際關係（五角星二），創造出一種「過得去」的感覺（「那些劍並沒有把船壓下」），然而她卻始終無法與周遭的人連結。她始終像是那艘小船上的女子，裹著壽衣，沈默無言。

　　我簡短地將其餘的牌解讀如下：逆位的「隱士」落在「過去的經驗」位，顯示了她的友誼的實相。同時，對照後端的「女祭司」牌，它暗示著她沒有學會創造性地運用她的孤獨感，去發展她的個人性。逆位的「寶劍八」落在「期望」位，顯示一種瞭解自我及身處情境的渴望，從而由之解脫。它同時也反映著問題的政治面，因為這女子的孤立感，有很大一部分來自她身為某個少數群體的成員，有著身邊的朋友都不曾有過的經驗。在某種層面上，她是孤單的。但她不曾欣賞自己的獨特性，反而容許自己去隱藏自身的經驗，以試圖融入周遭的人群。

　　三張「工作」牌是逆位的「權杖國王」、逆位的「死神」，以及逆位的「五角星十」。到目前為止，所有的牌都是逆位的；而其中幾張——像是逆位的「寶劍八」——招引著正面的解讀，在在顯示了改變的必要。那位「國王」描述了一種她需要對自己及他人採取的態度：堅強的心志，但卻能容忍困惑和軟弱。逆位的「死神」，象徵遲滯怠惰，顯示了無所作為的危險。當我們將它與上方的「寶劍六」相對照，將之轉為正立的必要就變得更為突顯了。那張牌展現著一場以亡者過渡到冥界為雛形的旅程。要將自身從孤立的船中、從未曾充分活著的感覺中解放出來，她將必須透過「死去」來完成她的旅程；亦即，釋放長期習於膚淺關係與內在孤離的人格。逆位的「五角星十」則指出，要做到這點，她將必須賭上目前處境的

安全感，將她舒適但卻受限的友誼推向更強烈的層次。

「結果」位的「寶劍王牌」顯示，要打開目前的局面，她將會需要——並能找到——堅強的態度，以及富於覺察力的敏銳心靈。這張「結果」牌的「後續」，「權杖八」，顯示這次放手一搏將會成功。這張牌傳遞著愛與友誼的暗示。它象徵著一場旅程——靈性的舟旅——來到了終點。最直接地，它意味著「寶劍八」的壓抑，轉化成了正面的能量。

接下來我們又翻開了五張牌，三張排列在「工作」牌之下，然後一張在中央牌下方，其下再排一張。（我之所以這麼做，而非排出另一列牌，並沒有特別的理由，只是個直覺的選擇——後來證明很有價值。）前三張牌進一步地為此情境提供了態度與取向。首先，逆位的「命運之輪」指出她希望造成的改變。逆向的位置暗示著困難，並強化了「五角星十」的風險成份（記得「命運之輪」的數字也是十號）。逆位的「五角星四」出現在逆位的「死神」之下。這既暗示著釋放能量的概念，並提示著當她挑戰友誼的模式時，也要維持生活的結構。第三張牌延續著這個意義。出現在逆位的「五角星十」之下，「聖杯十」強調當這女子擔冒這些風險的同時，她也必須對朋友真誠的愛保持覺知。它同時也指出這個概念：她不該懷疑與她共同生活的人，因為她從那兒得到了完全的支持，應當以信任回應這份禮物。

「女祭司」牌指出，在某種意義中，她仍然會是獨自一人，因為周遭的人仍舊不可能會有與她共同的背景和經驗。然而，「女祭司」的沈默不同於「寶劍六」的沈默。儘管對他人沈默無言，「女祭司」暗示著一種強烈的內在溝通，那是一種自我接受與自我瞭解，是無法以具體理性的言語對他人表達的。這張牌尤其是在對這女子訴說——她是一位詩人，不久前剛寫了一首詩，其中用了一種私密語言的隱喻，所表達的概念正是：有些

深刻的知識，唯有自已得以知曉。

在「女祭司」下方是「皇后」，陰性原型的另一面。如同在大阿卡納中，這兩張牌彼此互補，因為「皇后」意味著對生活和友誼的熱情投入，這並非「女祭司」之內在覺知的對立面，而是它的結果。從一種自我接受的位置，這女子便能開暢無礙地把自己給予周遭的人。

經歷了如此強而有力的占卜，這位女子想要更進一步地在這些圖像上下功夫。於是我們建構了一個曼荼羅，用於冥想和研究（見圖九十三）。我們以中央的「死神」牌開始，因為「轉化」始終是關鍵。在「死神」之下，左邊是「女祭司」，意味著內在的溝通必須伴隨這整個過程，好讓「死神」能創造出真實的效果。右邊是「寶劍王牌」，代表心智的敏銳。「皇后」在「死神」上方，帶來她所渴望的與外在世界互動的新方式。

接下來我們將牌放置在這個結構周圍的四個角落，始於左右下方的「寶劍六」和「權杖八」。這兩張牌代表著這趟旅程，以及它（被期待）的結束。頂上的角落我們用了逆位的「寶劍八」和逆位的「權杖國王」——希望採取的行動，以及要做到它的必要態度。最後，作為曼荼羅的「雙腿」，我們將「聖杯十」放置在「權杖八」下方，再將逆位的「五角星十」置於「寶劍六」之下。於是這些圖像看起來會是這個樣子：

曼荼羅範例

（圖九十三）

如果你有萊德牌，將它們按圖排出，靜靜端詳一會兒。如果是用它來冥想，你可以專注於一張牌上，像是中央的「死神」牌，或是讓整個圖案滲入心中，或可在各幅圖像間移動。由於這個曼荼羅包含了所有的元素，而以大阿卡納居中，將此影像帶入內心，便能藉以維持自身的平衡。

如果你細細研究這樣一個陣列，牌與牌之間便會浮現新的關係。「寶劍八」和「權杖八」是明顯的拍檔；「聖杯十」與逆位的「五角星十」亦然。而當我們將「權杖八」與逆位的「權杖國王」一併考慮時，它們也會提供新的意義；逆位的「寶劍八」和「寶劍六」也是如此。由於我們將原來的牌陣重新排列成一種幾何圖形，我們便能劃出連線和三角等連結，不斷發現新的概念和新的模式。就某方面而言，曼荼羅是以同樣的圖像創造出新的牌陣。

要建構這樣一種圖案，首先要從牌陣中選取最重要的牌，然後從中央擴展出去，試著「有機地」建構這個圖像。將作為支持的牌放在底部，而象徵目標的牌則置於頂端。如果有一些牌不在原始的牌陣中，但你卻強烈地感到需要這些牌所代表的特質，儘管把它們加進來。例如，你覺得需要「節制」，便可將它放在中央牌下方；或者，如果這次占卜指出對更高度意志力和紀律的需求，你可以將「戰車」和「五角星九」並列在曼荼羅的最上方，作為目標。以此方式，你便主導了這次占卜，開啟它去納入直覺告訴你的此人需要的特質。

第十三章
我們從塔羅占卜學到什麼
WHAT WE LEARN FROM TAROT READINGS

　　大多數人諮詢塔羅牌，是為了獲得特定的資訊。對塔羅瞭解較多的人，或許會將之視為尋求指引的工具。而那些進行一系列塔羅占卜、並依循其指引的人，將會把它們視為一種與生命變動不停留的模式保持和諧的方法。但是長期用塔羅為自己和他人占卜，將會讓你發現許多超越個人訊息之外的事物。

　　這些事物，我們已經看見過一些了。其一是人們對占卜的悲觀反應。另一個，更重要的，則是塔羅占卜是如何要求——**並因而創造出**——主觀與客觀、直覺與理性、立即的印象和既有的知識，以及左腦和右腦之間的平衡。這樣一種平衡，不是我們光是想要就能創造出來的。我們必須讓它滋長。塔羅占卜有助於令它發生。

　　但是塔羅還會教導我們其他事情。它教導我們去留意。當我們開始認識到人們行事的方式，以及世界對他們施加影響的方式，我們將逐漸養

成留意他人和自己一舉一動的習慣。假設某人一到放假就生病，這種情況可以持續多年，而此人卻從未串連起這兩件事，看清這所有的疾病都是潛意識的花招，以規避某些與假期相關的問題或恐懼。一次占卜便能讓此人覺知到這個問題——並讓牌師認識到潛意識的又一種手段。光是塔羅占卜的實踐，便能幫助我們觀察這些行為的詭計——在其他人以及我們自己身上。

　　一旦我們開始留意自己的所作所為及其結果，我們便會注意到各種各樣的事情，不僅是透過占卜，在日常生活中亦然；憤怒與信任、希望與恐懼的模式，我們對情境的反應可能是來自我們內心，而非來自情境本身。我們將更能意識到我們對待工作和朋友的方式，意識到我們轉移責任的傾向，無論是從我們身上推卸**出去**（「這不公平」或「都是你害的」），還是將它包攬**進來**（「這全是我的錯」）。例如，我們將會注意到，說「這全是我的錯」，往往是一種花招，以避免認清我們真正做了什麼。藉由讓它成為「全部」或「全不」，我們就比較容易規避對此一情境的真實評估。

　　事事留意，使得我們要陷入沮喪或操控他人，都變得困難了一點點。當我們開始觀察人們為何哭泣、或發怒，或指控他人的微妙原因，換成**我們自己**在做這些事時，我們至少會對自己有點兒瞭解了。

　　塔羅占卜讓我們覺察到，人性是多麼奇妙多變。當同樣的牌在無窮無盡的不同組合中出現，便明白顯示出人們總是能變出新的花樣。與此同時，這份新穎又總是呈現在潛藏模式的表面。透過占卜，我們概括地認識到過去是如何影響著人們，他們的期望與恐懼又如何塑造著未來。但是具體的過去情境與未來期望——總是會令我們訝異。

　　這兒我們再次學到「留意」的習慣。因為，如果我們開始根據權威的

書籍或過去的占卜來機械地解讀塔羅，我們便會昧於真相，而占卜也會變得淺薄而混亂。為過去的占卜做筆記，很好，但不要只是用它來作為未來工作的範本。而是，這本筆記將有助於提醒我們，人類行為的多樣性和不斷的推陳出新。

請注意，如同在創造平衡上，塔羅不僅幫助我們事事留心，它還迫使我們如此做──如果我們希望自己的占卜能有良好效果的話。塔羅占卜的作用就像是某種心靈的運動鍛練，能夠強化我們感知的肌肉。

人們如何對待從塔羅占卜獲得的訊息，教導了我們一些關於自由意志的重要功課。許多人將自由意志的問題視為一種「絕對事物」。我們若非不斷在做選擇，就是依照命運行事。放在一種較為現代的脈絡中，我們的所作所為究竟是當下那一刻的審慎抉擇，抑或是一生一世（或多生多世）制約的結果？

就塔羅而言，這就成為一個實際的問題了。如果我在任何時刻都是自由地行動，那麼紙牌又如何能預測我將會做什麼呢？如果直到我採取行動的那一刻，我的選擇都仍是完全開放的，占卜又能有什麼意義呢？難道有某種力量驅使我按照紙牌預測的方式行事？

如果我們放棄了「全有或全無」的絕對態度，這些問題就會變得簡單了。如此我們就可以說，是的，我們始終保有自由意志，但是我們鮮少行使它。我們的制約、過去的經驗，最重要的，我們對這一切的無知，往往會朝某些方向操控我們。占卜反映了這些影響力，並對我們示現其可能的結果。這些牌並不會迫使情況以某種方式發生，它們只是反映出這些影響力在現實生活中組合的方式。當採取行動的時刻到來，我們可以做出不同的決定。但我們卻不會。在生活中，一次又一次，我們出讓了選擇的自由，但卻鮮少意識到。我們允許自己的過往或制約驅動我們。我們之所以

這麼做，部分是出於無知，部分則是出於懶惰。依循制約，要比做出真正有意識的決定並據之而行容易得多。

當我「未能聽從忠告」，當我對自己說：「既然我占了牌，我可以設法讓那些壞事不會發生」，當我依照原本的計畫行事，結果產生了預期中的問題，我就是在示範我是如何「不去」行使自由意志。在我假裝依循自由意志的同時，我其實是在規避它。這類的事一再發生，而以塔羅問卜的行為，十分鮮活地向我們展現了人類否定自身自由的方式。就是這種自由與制約之間的關係，構成了塔羅能給予我們的最寶貴的知識之一。

塔羅還能教導我們關於「背景脈絡」（context）的寶貴功課。無論我們覺得某種特質在抽象上看來是如何地「絕對」，事實上它只會在其他作用力的網絡中影響我們。塔羅占卜以一種實際的方式對我們展現著這個事實，像是在那位試圖處理情人妒意的女子的案例中，一張通常被視為正面的牌，「太陽」，事實上卻會趨向於壞的結果，因為在對「太陽」的盼望中，她並沒有面對當前情境的需求，而是容許他人的想法來左右她的心意。

在背景脈絡之外，我們還學到生命的元素是如何彼此平衡。我們首先看到各個牌組和特定的牌是如何彼此結合，構成一種統合的情境，其中沒有任何牌組優於或劣於其他。占星師往往會發現問命者希望某些星座或元素主導他們的命盤，如果出現的是別的星座或元素，便會大失所望，甚至感到羞愧。

同樣地，對於某些對塔羅略有所知的人，如果某次占卜出現了許多「權杖」或「聖杯」，他們便感到寬慰；如果牌陣中有許多「寶劍」，他們則會害怕；如果是一堆「五角星」，他們則會覺得它瑣碎淺薄，甚至感到羞辱。有些人只願意接受包含許多大阿卡納牌的占卜結果，因為只有

「將牌」，以其蘊含的力量和靈性的覺知，對他們才顯得重要。

　　但即使大阿卡納也只構成一種元素，沒了其他，便了無意義。我們將它獨立起來加以研究，是為了它的智慧和對存有之強而有力的描述。但在實踐上，我們必須將靈性與世俗、快樂與悲傷、愛與憤怒融匯在一塊兒，以理解這個世界。

　　塔羅牌還教導著我們另一種平衡——「正義」的天秤所暗示的平衡。過去是如何關連著未來的可能性？我們如何結合自身決定的效應與外在世界的影響？當我們說我們為自己的生命負責，那是什麼意思？它意謂我們創造或控制著發生在自己身上的每一件事嗎？如同自由意志，許多人喜歡將責任想成一種絕對的概念。若非這個世界完全塑造著我們，就是我們對自身的生命保有百分之百的掌控。塔羅占卜直指核心地點出：一個人在任何時刻的境遇，都衍生自這些事物的組合。就算一個非常矮小的人不能指望成為職業籃球選手，他也不該認為他的整個人生都受到身高的宰制。

　　即使在理論上接受了這個概念，人們也仍然會問：何者最重要——境遇還是個人的責任？哪個因素真正控制著一個人？但是塔羅占卜論證了這個問題（以及類似問題）的無意義。在某些占卜中，「自我」或「希望與恐懼」位顯然居於主導，而在其他占卜中，「基礎」和「環境」位則是決定性的因素。這取決於當事人及其獨特的處境。

　　塔羅占卜有助我們發展對自身感受力的信心。這，一部分來自我們從占卜中獲得的知識，另一部分則來自做出抉擇並堅持它們的必要。某張牌的哪種意義適用於某個特殊的案例？某張宮廷牌是指問卜者、其他某個人，或是某種抽象的原則，像是「寶劍國王」意味著律法和權威，或「聖杯王后」代表創造力？當我們解牌的經驗逐漸增長，我們發現自己開始感知到這些和類似問題的答案。因此我們也對自身的理解力與直覺養成了更

大的信賴。

　　一次占卜涵蓋了多長的時間？對於「塞爾特十字」和「工作循環」，答案可以是從幾天到幾年，不僅是往前推，也可以往回溯。有時，對一個成人，占卜可以回溯至童年。同樣，「生命之樹」，雖然它通常是展現整個人生的概觀，有時也可以顯示較短的期間──如果當事人正在經歷一段劇烈變動的時期。

　　涵蓋時間的長短，尤其是在較短的牌陣，取決於兩件事。首先是此人的處境和詢問的問題。有些事情，像是實務或法律事件，以及某些情緒的狀況，可能產生一個在數日之內就會清楚呈現的答案。而其他事物──像是情感衝突、深刻關係、靈性，或藝術發展的演變──卻可能要經歷很長的時間，才會實現占卜的結果。這並不意味占卜在好幾年間都不會「應驗」。我們討論的不是預言，而是隨著時間過去而緩慢開展的持續模式。

　　其次是此人洗牌時所觸及的不同層面。有時問卜者可能只會召喚起持續短暫時間的表面狀況，有時則會進入經驗的核心。而即使在此處，占卜也可能顯現深刻的過往，或是反映此人未來發展的潛力。

　　問卜者所觸及的層面，也可能與此人洗牌的態度完全無關。通常洗牌的方式的確會造成差異，將占卜視為玩笑或遊戲的人，很可能會做出膚淺的占卜；而如果此人深刻思考了問題，仔細地洗牌，並試圖感受停止洗牌和進行切牌的確切時刻，通常便會產生具有某種意義的占卜。然而，有時即使是這樣審慎的態度，也無法穿透到立即未來的表面事件之下；而又有些時候，最不經意的洗牌者卻會突然發現，自己面對著整個人生的強烈意象。對解牌者而言，這樣的時刻是極為令人興奮的。

　　即使是問題本身可能也無關緊要。人們可能來問工作，但卻收到關於新戀情的回答，尤其是當這個問題比他們問的那個更佔據他們的心思。或

者，如同在那個女子發現自己的性能量被父女衝突所阻塞的案例中，占卜可能會從別的領域汲取預期之外的素材，來回答問卜者的問題。

那麼，我們如何知道占卜在告訴我們什麼呢？有些事情從牌的圖像便能明顯看出來。如果我們詢問工作，而出現的卻是「戀人」或「聖杯二」，那麼這次占卜便可能是關於愛情，而非工作。然而，作為一位新手牌師，你不能期待去發現所有的微妙訊息。只有經驗能幫助你找到通往迷宮中心的道路。當你持續占牌，你將發現自己能夠感知到這些東西。而這份提昇了的感知力，將會延伸到你生活中的其他領域。

有時，無論經驗多豐富、直覺多敏銳，我們還是會出錯。我們或許會把「戀人」牌看成一種象徵，而它其實是在預告與一位尚未結識的對象的戀情。從這種無法確切知道牌意的無能，我們其實可以學到一項非常寶貴的功課。我們覺知到自身的「**無知**」。我之所以用粗體字，是因為這個名詞根本性的特質。我們一生中建構的知識，其實大多是十分膚淺而外在的，**無知**存在於我們存有的基底。首先，我們無知於事物的本質。我們對世界的認知，受限於我們的感覺器官。要能看見這頁上的字，必須有光線從它們反射回來，被我們的眼睛收集到。然後視覺神經會將脈衝傳送到大腦，大腦再將脈衝轉換成別的訊號，將它們安排成有意義的模式，好讓我們的意識理解為語言。但是我們無法直接知道，以與某件事物融合為一的意義去「知道」。我們只能將宇宙轉換成脈衝、模式、象徵。

類似地，由於我們是以肉體的形式存在，我們必須在時間的界限中活出我們的人生。這意味著，我們無法實現全部的潛力，因為在我們僅有的數十寒暑中，我們始終必須選擇去做某件事而放棄其他。一個有能力成為舞者和商人的人，必須選擇其一，而放棄另一種。而無論他選擇何者，他將必須努力多年，才能真正達到目標。時間也意味著，我們往往無法知道

自身行為的結果，只因那結果可能會在未來許多年後方才顯現。有時我們行為的結果不會發生在我們身上，而是會影響別人。我們在某個地方所做的某件事，可能會在我們搬走、甚至死去很久之後才會影響到那兒的人。就這麼簡單，時間意味著事情必須先發生，我們才能知悉。

以「寶劍八」作為「門戶牌」來冥想，將能增長我們對「**無知**」的體認。塔羅占卜──以及當我們試圖解讀時所犯的錯誤──更加直接地示現了我們的「**無知**」。塔羅占卜事實上超越了時間，呈現涵蓋過去與未來的真確模式。塔羅牌的隨機模式引領我們繞過了意識的限制，然而那受限的意識卻必須解讀占卜的結果。因此，在同一時刻，我們體驗到宇宙的真實狀態──萬事萬物同時並存於其間──以及我們自身對之極度受限、為時間所桎梏的知識。我們同時體驗到真理和**無知**。

無知的另一面是**篤定**，對實相──而非我們受限的意識對之形成的印象和象徵──了然的狀態。許多人以為入神忘我，或是與神光的合一，就是神祕主義或祕術修行者的無上目標。然而如同塔羅的大阿卡納所示現，狂喜的閃電只構成道途中的一步。真正的目標是**篤定**，是「在先前只能猜測之處，現在已能知悉」的狀態。

任何一樁行為的真正原因是什麼？它的後果又會是什麼──不單是對做出這行為的人，也對其他人，無論識與不識？那些少數成就了**篤定**的人，能在行為本身當中看出前因與後果。關於這些，以及其他千百件事，我們其餘的人只能猜測。我們始終**無知**。

但即使我們無法猜到某次塔羅占卜的真實詮釋，這占卜本身卻超越了那種受限於時間的**無知**狀態。占卜本身帶有**篤定**，即使占卜者沒有。而如果我們對占牌夠用功，將所做的詮釋與後續的事件相比照，越來越能融入牌的畫面，發展我們的直覺，那麼我們偶爾也能得到**篤定**的經驗，知道某

些東西的真實意義。這樣的經驗自有其價值，但它對我們最大的助益是給了我們一種方向感，幫助我們感知到我們想要成就的境地。

最後，塔羅占卜的實踐還教導我們另一件事。由於牌對生命的態度並非中立，由於它們體現著某種取向和信念，而揚棄其他，它們會改變我們。我們漸漸開始——永遠是漸漸地——看見事物之間的平衡，在生命不斷的移轉與流動之中穩定的和諧。我們漸漸覺知到永遠等候在尋常經驗之外的「奇異」，我們學會辨識從存有接收的禮物，以及去理解並運用它們的責任。最重要地，我們開始掌握到塔羅始終敦促我們去領會的真理——宇宙，這整個宇宙，是活生生的。而我們對自身所能知悉的，對一切事物亦皆能知悉。

參考書目
BIBLIOGRAPHY

- 巴特勒，比爾（Butler, Bill），《*The Definitive Tarot*》（London: Rider and Company, 1975）
- 凱斯，保羅‧佛斯特（Case, Paul Foster），《*The Tarot: A Key to the Wisdom of the Ages*》（Richmond, VA: Macoy Publishing Company, 1947）
- 克勞利，艾利斯特（Crowley, Aleister），《托特之書》（*The Book of Thoth*）（New York: Samuel Weiser, 1944）
- 達戈斯蒂諾，約瑟夫（D'Agostino, Joseph），《*The Royal Path to Wisdom*》（New York: Samuel Weiser, 1976）
- 道格拉斯，阿菲德（Douglas, Alfred），《*The Tarot*》（London: Penguin, 1972）
- 艾良德，米區亞（Eliade, Mircea），《*Shamanism*》（Princeton, NJ: Princeton University Press, 1964）
- 葛蕾，伊登（Gray, Eden），《*The Tarot Revealed*》（New York: Bantam, 1969）
- 海區，依莉莎白（Haich, Elizabeth），《*Wisdom of the Tarot*》（New York: 1975）
- 卡普蘭，斯圖亞特（Kaplan, Stuart），《塔羅百科全書》（暫譯）（*The Encyclopedia of Tarot*）（US Games Systems, Inc., 1978）
- 馬洛禮，湯瑪斯（Malory, Thomas），《*Work*》（ed. Eugene Vinaver; London: Oxford University Press, 1989）

- 肖勒姆，哥舒姆（Scholem, Gershon），《*Major Trends in Jewish Mysticism*》（New York: Shocken, 1941）

    ——《*On the Kabbalah and its Symbolism*》（New York: Shocken, 1965）

- 韋特，亞瑟·艾德華（Waite, Arthur Edward），《塔羅圖像金鑰》（*The Pictorial Key to the Tarot*）（New York: University Books,〔1910〕, 1959）。本書所有引述韋特的文句均係摘自此書。

- 王，羅勃特（Wang, Robert），《*An Introduction to the Golden Dawn Tarot*》（Wellingborough: Aquarian Press, 1978）

- 威廉斯，查爾斯（Williams, Charles），《更高阿卡納》（暫譯）（*The Greater Trumps*）（London: Victor Gollancz, 1932）

索引
INDEX

東西命理館 011
78度的智慧

原著書名／Seventy-Eight Degrees of Wisdom
作　者／瑞秋・波拉克（Rachel Pollack）
譯　者／孫梅君
企劃選書／何宜珍　　責任編輯／劉枚瑛
特約編輯／李芸玫　　美術設計／林家琪

版　　權／葉立芳、黃淑敏
行銷業務／林彥伶、林詩富
副總編輯／何宜珍
總 經 理／彭之琬
發 行 人／何飛鵬
法律顧問／台英國際商務法律事務所　羅明通律師
出　　版／商周出版
　　　　　臺北市中山區民生東路二段141號9樓
　　　　　電話：(02) 2500-7008　傳真：(02) 2500-7759　E-mail：bwp.service@cite.com.tw
發　　行／英屬蓋曼群島商家庭傳媒股份有限公司城邦分公司
　　　　　臺北市中山區民生東路二段141號2樓
　　　　　讀者服務專線：0800-020-299　24小時傳真服務：(02)2517-0999
　　　　　讀者服務信箱E-mail：cs@cite.com.tw
　　　　　劃撥帳號：19833503　戶名：英屬蓋曼群島商家庭傳媒股份有限公司城邦分公司
訂購服務／書虫股份有限公司客服專線：(02)2500-7718
　　　　　服務時間：週一至週五上午09:30-12:00；下午13:30-17:00
　　　　　24小時傳真專線：(02)2500-1990；2500-1991
　　　　　劃撥帳號：19863813　戶名：書虫股份有限公司　E-mail：service@readingclub.com.tw
香港發行所／城邦(香港)出版集團有限公司
　　　　　香港 灣仔 駱克道193號超商業中心1樓
　　　　　電話：(852) 2508 6231　傳真：(852) 2578 9337
馬新發行所／城邦(馬新)出版集團
　　　　　Cité (M) Sdn. Bhd. (458372U)
　　　　　11, Jalan 30D/146, Desa Tasik, Sungai Besi,
　　　　　57000 Kuala Lumpur, Malaysia.
　　　　　電話：(603)9056 3833　傳真：(603)9056 2833
商周出版部落格／http://bwp25007008.pixnet.net/blog
行政院新聞局北市業字第913號

封面設計／張士勇
印　　刷／卡樂彩色製版印刷有限公司
總 經 銷／聯合發行股份有限公司　　電話：(02)2917-8022　傳真：(02)2915-6275

■2010年（民99）12月初版
■2024年（民113）1月9日初版12刷
定價520元
著作權所有，翻印必究
ISBN 978-986-120-436-9

Printed in Taiwan

城邦讀書花園
www.cite.com.tw

國家圖書館出版品預行編目資料

78度的智慧／瑞秋. 波拉克（Rachel Pollack）著；
　孫梅君譯. ---初版.-- 臺北市：
　商周出版：家庭傳媒城邦分公司發行，民99. 12
　面；17*23公分. --（東西命理館；11）
　譯自：Seventy-Eight Degrees of Wisdom：A Book of Tarot
　ISBN 978-986-120-436-9（平裝）
　1.占卜
292.96　　　　　　　　　　　　　　　99021969

郵政劃撥儲金存款收據
注意事項

一、本收據請妥為保管，以便日後查考。

二、如欲查詢存款入帳詳情時，請檢附本收據及已填妥之查詢函向任一郵局辦理。

三、本收據各項金額、數字係機器印製，如非機器列印或經塗改或無收款郵局收訖章者無效。

寄款人請注意

一、帳號、戶名及寄款人姓名地址各欄請詳細填明，以免誤寄；抵付票據之存款，務請於交換前一天存入。

二、本存單金額之幣別為新台幣，每筆存款至少須在新台幣十五元以上，且限填至元位為止。

三、倘金額塗改時請更換存款收據及影印本存單重新填寫。

四、本存單不得黏貼或附寄任何文件。

五、本存款金額業經電腦登帳後，不得申請撤回。

六、本存款單備供電腦影像處理，請以正楷工整書寫，並請勿折疊。帳戶如需自印存款單，各欄文字及規格必須與本單完全相符；如有不符，各局應婉請寄款人更換郵局印製之存款單填寫。

七、本存款單帳號與金額欄請以阿拉伯數字書寫。

八、帳戶本人在「付款局」所在直轄市或縣（市）以外之行政區域存款，需由帳戶內扣收手續費。

交易代號：0501、0502現金存款　0503票據存款　2212劃撥票據託收
本聯由儲匯處存查284,000本(100張)96.12.210x110mm(80g/m2模)保管五年　(拾大)

THE HERMIT.